選挙干渉と立憲政治

末木孝典
Takanori Sueki

慶應義塾大学出版会

目次

凡　例

一　史料からの引用に際しては、読みやすさを考慮し、適宜句読点を補い、原則的に送り仮名を片仮名から平仮名に、旧字を新字に直した。また、判読できない箇所には、□を用いた。闕字はそのまま引用した。

一　帝国議会における政党・会派の名称は、以下の略称を用いた。
自由党＝自由、自
弥生倶楽部＝弥生、弥
自由倶楽部＝自倶
改進党＝改進、改
議員集会所＝議集、議
独立倶楽部＝独立、独
中央交渉会＝中央、中
立憲革新党＝革
無所属＝無

序章

一　はじめに

およそすべての学問の進歩は既存の学説の誤りを正し、足らざるを補うことによってしか得られない。歴史研究の場合であれば、新たに見出した史料を用いて重要な研究課題に新たな説を唱え既存の説に挑むしかない。しかし、何が重要な課題なのかについては時代の変化や他の学問領域の進展により変わることもあり、重要な課題であっても史料上の制約により手つかずになる場合や、いつの間にか学界の関心が寄せられなくなる場合もある。日本政治史における明治期の選挙研究は、その両方が当てはまる。現状では明治立憲体制のなかで選挙がどのように行われたかという関心は高いとはいえない。その最大の要因は史料的制約という点に帰するだろう[1]。そのため通史においても、未だ憲法や選挙法に規定された制度の説明で済まされている。これから必要とされるのは、つくられた制度の中で何が起き、それに対して制度はどのように運用されたのかという実態解明である。

本書は『選挙干渉と立憲政治』と題し、明治二十五（一八九二）年に行われた日本の第二回衆議院議員選挙（以下、総選挙）に焦点をあて、最初にして最大の選挙干渉の実態に迫る。ただし、選挙干渉は明治時代の日本に限られた現象ではない。国、時代を問わず選挙に不正はつきものであり、特に行政府が立法府のメンバーをコントロールしたいという欲求は普遍的であろう。そのため、現代においても選挙干渉は未だ様々な国で行われ問題となっている。(2)そして、十九世紀に遡れば、日本よりも早く国政選挙を実施した国においても選挙干渉は行われている。例えば、フランスにおける一八六三年の総選挙では、恣意的な選挙区改定、行政機関による指令経路を使った圧力、反政府派に対する選挙妨害、投票所前における憲兵や警察による有権者への監視など様々な手段で政府に有利になるよう干渉が行われたことが明らかになっている。(3)あるいは一八六七年に男子普通選挙が実現した帝政期ドイツにおいても、初期選挙では郡行政官吏や警察官などの公職者による不正な干渉が行われ、選挙民からの議会への告発である「プロテスト」によって選挙が無効になった例が少なくない。(4)つまり、民主化の過程では初期に選挙不正が発生するが、その後干渉を含めた不正を予防し、選挙を適正に実施できる体制を整えることで段階が進むのである。その観点から見れば、本書において日本の特定の選挙における干渉や不正の実態を明らかにし、その特徴を考察することは、民主化の過程において権力の暴走を抑制する立憲政治が体制として機能していたかどうかを明らかにする普遍的な意味を持つといえるだろう。

では、日本の立憲政治の開始から第二回総選挙に至る過程を述べておきたい。

明治二十二(一八八九)年、大日本帝国憲法(以下、明治憲法)が公布され、衆議院議員選挙法(以下、選挙法)が制定された。明治憲法によって、天皇は国家元首として統治権を総攬し、その行使は憲法の条文に基づくことが定められた(四条)。行政に関しては国務大臣が天皇を輔弼し、責任を負うこと(五十五条)、立法に関しては帝国議会の協賛を必要とすること(五条)、司法に関しては裁判所が天皇の名において裁判を行うこと(五十七条)とされた。天皇は神聖不可侵で(三条)、責任を負わない存在であった(不答責原則)。そのため、輔弼にあたる国務大臣が天皇の代理として責任を負った（責任大臣制）。

以上の通り、憲法によって統治権の範囲は限定され、その行使は他の国家機関の関与を必要とすることで制限された。かかる憲法上の規定をもって行われる政治を立憲政治といい、かかる体制を立憲制と呼ぶ。なお、憲法公布以前に内閣と裁判所は存在していたが、帝国議会は新設された。そのうち衆議院は公選された議員で組織されるとされたが（三十五条）、詳細は憲法ではなく選挙法で定められた。

翌年七月一日に行われた第一回総選挙の結果は、民党（自由党・改進党）勢力が多数を占め、吏党（政府支持派）は少数であった。その後開かれた帝国議会・衆議院においては、超然主義を掲げ議会に基盤を置かない藩閥政府と議会多数派となった民党の対立が激しかった。第二議会では、特に民党の軍艦製造費などへの削減要求をめぐって第一次松方正義内閣と民党との対立は深刻になり、樺山資紀海軍大臣のいわゆる蛮勇演説の後、政府は議会運営を円滑に進めるため、選挙で政府支持の議員を増やすことを目指して二十四年十二月二十五日、衆議院を初めて解散した。すでに民党側は自由党の板垣退助と改進党の大隈重信が連携することで十一月に合意しており、政府側が追い込まれた形での解散となった。そのため形勢は明らかに政府に不利であった。このとき政府内は、政府党を結成するか、それとも超然内閣を貫き連続解散を辞さない構えで選挙に臨むかなど意見が分かれていた。そして、翌年の二月十五日に投票日を迎える第二回総選挙で、政府は政府党を結成することなく、全国で地方官、警察官、壮士らが民党候補の選挙運動を妨害し、あるいは有権者の投票を様々な手段で吏党へ誘導した。民党側も対抗したため騒動が発生し、各地で死傷者が出る事態となった。特に騒動が大きかった高知や佐賀では、保安条例が施行され、憲兵が治安維持に乗り出すまでの事態に発展した。

政府党結成を主張し干渉に批判的であった伊藤博文は、選挙後、枢密院議長を辞した。五月に召集された第三議会は選挙干渉の責任をめぐって紛糾した。選挙の責任者であった品川弥二郎内務大臣と、干渉に反対した陸奥宗光農商務大臣が辞職し、松方が総理大臣の座を降り、八月には伊藤が再び内閣を組織することになる。干渉に関わった地方官に対しても更迭人事が行われた。このように、選挙干渉はその後の政局を動かす政治問題に発展したのである。

二　研究状況

選挙干渉事件に関する研究は、高橋雄豺氏や中原英典氏が警察研究の一環として取り上げたことを嚆矢とする(5)。特に高橋氏の研究は、根拠となる史料が明示されていないという欠点はあるが、これまでで最も網羅的に事件の全体を描いている。また、県史や警察史の編纂が進む中で、地方史料が新たに発見され、選挙干渉に関する史料も徐々に蓄積されていった。

その後、自由民権運動が「ブルジョア民主主義革命運動」と位置づけられ盛んに研究されるようになると、自由民権運動研究者が明治十年代の自由民権運動史の最終過程として選挙干渉事件を取り上げる傾向が現れた(6)。これは当事件が強引な干渉を行う政府に対する自由党・改進党所属の旧民権家たちの抵抗、異議申し立てとして位置づけられ評価されたことが理由であろう。選挙干渉事件は「選挙大干渉」と表現され、多くは品川弥二郎内務大臣を中心とする内務省主導の弾圧として描かれた。特に、『高知県立自由民権記念館紀要』第三号は、「選挙大干渉百年全国集会報告集」として、各地の選挙干渉の実態を紹介した(7)。ところが自由民権運動研究自体は昭和六十年代をピークにして停滞しはじめ、研究の方向性が定まらない時期に入り、同様に選挙干渉事件研究も下火となった。ただし、この流れは、地方における選挙干渉の事例研究の蓄積につながっていく(8)。

その後、明治立憲制を内在的に評価する研究が始まり、初期議会はその端緒として扱われ、研究の蓄積が進んだ(9)。

その際、選挙干渉は初期議会期における一大事件としてとらえられ、藩閥政府と議会との対立の一環としてどう評価するか、意見が分かれた。

坂野潤治氏は、徳大寺実則侍従長の書簡などから、天皇が第二議会解散後の政局に憂慮を示し、松方、品川に対して、新議員には忠良な穏健派が望ましいとの意向を伝えたことを明らかにし、選挙干渉は、天皇のお墨付きを得た政府が、府県知事に指示し、更に府県知事はそれを県吏、警察に詳細な指令を発したものとする説を提示した[10]。本書では坂野氏の説を系統的指令説と呼びたい。伊藤之雄氏は、この坂野説を受けつつも、選挙干渉は明治天皇の発意ではないこと、天皇の行動は松方内閣の閣僚や伊藤博文らの民党を懲らしめようという意向をふまえた立憲君主的なものであったという見方を示した[11]。

では、選挙干渉によって高知県や佐賀県で流血の大抗争にまで発展したのも天皇の意向をふまえた政府の指示によるものであったのか、また、選挙干渉は政府内で計画的に準備され、系統的に指令が出されたものだったのか、という課題は残されたままであった。

この課題に対して答えたのが、佐々木隆氏であった。佐々木氏は、松方、品川などの選挙を監督する立場にいた者が府県知事などの地方官に対して選挙干渉を明確に指示した資料が見当たらないことや、激しい抗争で死傷者が多く出た地域の知事が薩摩閥や古参地方官であることなどから、流血の事態は政府の予期したものではなく、松方や品川と個人的つながりを持つ一部の知事が内務省の黙認を見越して暴走し、極度の政治的緊張の中、暴発的に発生したもので、政府の系統的指令によるものではないという新たな説を唱えた[12]。本書では佐々木氏の説を暴発説と呼びたい。この見方に対して、有馬学氏[13]、村瀬信一氏[14]、飯塚一幸氏[15]、五百旗頭薫氏[16]などが支持する立場をとっている。

佐々木氏の論証は、それまで取り上げられていなかった事件・実例および資料を根拠に全体の考察を行っているが、すべての事例に言及しているわけではない。例えば、「事柄の性格上史料に残り難いと見ることも出来るが、現存の品川の訓令や小松原の『秘牒』の内容は内務省の指令による、実力行使を含む系統的選挙干渉という通説に否定的である」[17]と述べている部分が示すように、指令を否定した資料を提示しているわけではなく、あくまでも指令を行った資料が存在しないことを根拠に全体の系統的指令説の否定を導いている。したがって佐々木氏が取り上げていない資料や新たな資料が出てきた場合には全体の主張も修正しなければならないだろう。また、選挙干渉の定義が明確になされていない点も重要である。佐々木氏自身が「何を以て『選挙干渉』とするかは微妙なところだが、天皇自身が実力行使や民党候補への直接抑圧を指示したとは到底考え難いところである」[18]と述べるように、定義によって結論が異なる可能性を示唆している（本書における定義は後述する）。同様に、「干渉の起らなかった府県が少なくないことも系統的指令説には否定的傍証となる。しかし、内務省・警視庁はその一方で『党報』告発で板垣拘束を狙った形跡が濃く、これを重視すれば通説を完全に否定し去ることは出来ない」[19]と述べている部分は、起こらなかった「干渉」の内容が不明であり、文脈からすると実力行使を指していると思われるが、果たして実力行使だけが干渉なのだろうか。[20]また、系統的指令説を否定する一方で、板垣拘束を重視すれば完全には否定できないと述べている。つまり、これまでの読まれ方とは異なり、佐々木氏の暴発説は実は自身が確信を持って断言した説ではないことがわかる。[21]したがって、佐々木説をもって系統的選挙干渉が否定されたとはいえない。部分ではなく事件全体を考察しなければ両説の当否は判断できないといえる。

暴発説の課題については、政府が選挙に対してどのように臨もうとしていたのか依然不明である点を挙げることができる。さらに、疑問が二点残る。第一に、知事の暴走を止められないほど当時の天皇や政府は統治能力に欠けていたのかという疑問であり、第二に、現場の知事の判断に左右されるほど天皇や松方・品川は選挙に対して楽観的で無策であったのかという疑問である。[22]

その後見るべき論争の進展もなく、課題は残されたままとなっている。現在の学界の動向をみると、佐々木氏の暴発説を通説ととらえる研究者の方が坂野氏の系統的指令説を通説ととらえる研究者よりも多いように感じる。ただし、従来の説にも見られなかった見解が二人の研究者から出されている。村瀬信一氏は、近年、著書の中で選挙干渉では民党優位の勢力分野を変えられなかったと主張している[23]。その理由として、第一にすべての候補が民党を標榜する事態が珍しくなかったこと、第二に政党所属か否かの境界線が不分明で周辺部・外縁部の人々を取り込みやすかったことを挙げている[24]。また、季武嘉也氏は、明治二十五年の選挙干渉について、「この程度ならばよくあること」であったが、実態以上にマスコミが「大々的に喧伝」したことで有名になったとして大規模な組織的干渉を否定し、ムラにおける騒擾が政府対民党の対立に結びついていたと主張している[25]。

さて、選挙干渉事件に対する評価は明治立憲制における明治天皇への評価と密接に関係している。研究史において、かつては主流であった「天皇制国家」という枠組みは、一九七〇年代に「構築主義的な国民国家論」が登場し主流になった現在はほとんど使われなくなってきた。ただし、その国民国家論には天皇制を組み込んだ研究が不足していることが指摘されている[26]。

鳥海靖氏は、天皇が明治憲法上の統治権をどのようにとらえ、実際に干渉にどのように関わったかという点が研究の空白部分になっていると指摘し[27]、実際の政治運営では天皇は大権を自らの意思で能動的に行使することはほとんどなく、明治立憲制は権力の割拠性が特色であると結論づけた[28]。坂野氏は、すでに述べた通り、徳大寺書簡などを根拠に天皇による選挙干渉と位置づけている。伊藤之雄氏は、坂野氏の主張を認めつつも、干渉は天皇の発意ではなく、天皇は「自らの判断で積極的に政治関与する専制君主ではなく、政府の助言にもとづいて政治関与する立憲君主に近い」と鳥海氏に近い主張である[29]。また、日本の天皇制は立憲君主制として英国に類似していることを主張している[30]。佐々木氏は、徳大寺書簡は天皇の「一般的な希望の表明」に過ぎず、選挙時の天皇の役割は「投票誘導容認ともとれる意思表示をしている」が「具体的方策を指示していたとは考え難い」ため、「政府への精神的支援の域を大きく出ない」と評価し[31]、その上で、この時期の天皇は藩閥内や政府内の調整に意欲的であったのに対して、政府と議会の関係については介入せず基本的に政府に委ねていたと具体的に論じた[32]。西川誠氏は、明治天皇の権力行使は存在し得たし、分野によって行使できる程度は異なっていたのではないかと指摘している[33]。永井和氏は、日本と英国の君主制に類似点を見出す伊藤氏の見解を批判している。永井氏によれば、日本の君主制は「輔弼親裁構造」が特徴であり、能動的君主と受動的君主というとらえ方を提示した上で、君主が「能動的」か「受動的」かは、専制君主制か英国型立憲君主制かを判別する第一義の基準とはならないという[34]。安田浩氏も伊藤氏の天皇制理解を批判し、「近代の天皇とは、基本的には輔弼に基づいて行動する受動的君主だが、限定的には自らの意思で親政的権力を行使する能動的君主としても現れる存在」と規定し[35]、輔弼と天皇の個人的権限行使の実態は、受動的な「委任君主」行動様式から、能動的君主としての「限定された親政」までが可能だったと指摘している[36]。

論点としては、天皇の政治関与の主導性の有無によって専制君主か立憲君主か、あるいは能動的君主か受動的君主か評価が分かれることがわかる。通説は、目立った主導的な政治関与はなく、権力行使に抑制的な立憲君主あるいは受動的君主と評価している。本書では結論において、天皇の政治関与の有無とその立憲政治上の意味について論じたい。

当事件研究の特徴は、これだけの論点がありながら未だ一冊も研究書が出ていないことにある。同じ第一次松方内閣でいえば、前年の大津事件に関しては、数多くの書物が出版され、論文も依然として毎年のように発表され続けている。日露関係の外交的要素があることが作用しているのかもしれないが、それにしても選挙干渉事件は事件としての知名度・重要度に比べて、全体をとらえた詳細な研究に乏しいのが現状である。

三　視角と構成

前節で述べたように、先行研究の視角には偏りが存在している。特に時期に関しては顕著で、主に二つの時期に焦点が当てられてきた。

第一に、第二議会解散から第二回総選挙の結果が確定するまでの期間についてである。明治二十四（一八九一）年十二月二十五日の衆議院解散の後、選挙運動が展開され、翌年二月十五日の投票日を迎える。原則的に十七日に開票が行われ、その結果は翌日から新聞各紙で報じられた。従来の研究は、解散から投票日までの民党と吏党の熾烈な争いに注目する研究が多く、投票から結果確定までの間に関しては投票箱の奪い合いを除けば研究の空白期間となっている。

第二に、第三議会開会から閉会までの期間についてである。この期間については主に議事録にもとづいて、開会から停会を経て閉会するまでの経緯が研究されてきた。選挙結果の確定した二月下旬から五月の議会開会までの二ヶ月余りの期間については、政府の吏党議員に対する働きかけが考察されているにとどまっている。

つまり、選挙運動期間と第三議会開会中という二つの時期に研究が偏っているのが現状である。また、取り上げる事例も限られた範囲で紹介されており、研究者がどのような基準で取捨選択したかが全く分からないまま自説が提示されている。これでは恣意的な資料の選択が行われれば、結論も恣意的にならざるを得ない(37)。そこで、本書では、これまで空白だった期間の等閑視されてきた問題を浮かび上がらせ、事例に関してはすべての選挙区を扱うことはできないが、典型的な選挙区を取り上げ、その中で網羅的に資料を収集し、これまでの研究と併せて選挙干渉の全体像に迫っていきたい。

次に資料に関して、従来の研究は、藩閥政治家・官僚の日記や書簡を用いたものと、地方の当事者の書類・書簡を用いたものとに大別できる。しかし、選挙は多様な立場の人々によって成り立つため、政治史研究における通常の政治過程を扱う方法では全体を理解できない。そのため、本書では、なるべく多様な資料を用いて多角的に分析する。その際、近年、公開状況が改善された資料を積極的に用いる。具体的には、国立国会図書館憲政資料室や国立公文書館、各都府県の公文書館が所蔵する資料、裁判記録、宮内公文書館所蔵資料、政治家の私文書を活用する。私文書については、政治家間でやりとりされる書簡を用いる方法が従来の研究では主流であった。本書においては、松方正義、品川弥二郎など関係する藩閥政治家の書簡以外にも、私文書に含まれている統計資料や各省の内部資料を積極的に活用し、公的資料を補うことを心がける。また、新聞については、資料価値を否定するものではないが、選挙報道では民党・吏党のどちらに味方するかによって真偽不明の情報が掲載されることが多い。相互に言い分が異なる場合もみられる。したがって、なるべく一次史料を用いて客観性を保つことに留意する。

すでに述べたように、本書は、単に選挙干渉事件という一事件を解明することだけを目的としているのではなく、当該期の立憲政治が体制として機能していたかどうかを分析することを目指している。特に指令系統の問題については、天皇の立場、政府の指示と知事の対応、現場の県吏、警察官、選挙管理者などの動き、事件に対する司法の機能に着目する。その上で当事件が政治史上どのような意義をもつか考察したい。また、選挙史で手薄な初期総選挙の実態を明らかにすることも目的としている。そのため、必要な部分では数量的に分析していく。(38)

なお、「選挙干渉」の定義について言及しておきたい。『国史大辞典』は次の通り定義している。(39)

政治体制の支配勢力（たとえば明治憲法下の天皇制の軍・官僚勢力）や政権をもっている勢力が、選挙に際して自己のためになる候補者の当選、あるいは対立候補者の落選を図って、本来、公正に運用しなければならない警察・検察の取締り規定や行政上の権限を政略的に、党派的に行使することをいう。大日本帝国憲法下の選挙では、この体制擁護と政権擁護の二種の選挙干渉がしばしば行われたが、それには反対派の選挙運動を過度にきびしく取り締まる「作為」の干渉と自派の選挙運動に対して取締りの手をゆるめたり、選挙違反を見のがしたりする「不作為」のそれと二様の方法がある。

従来の研究は、「作為」の干渉に重きを置きすぎ、立証が困難な「不作為」の干渉について看過してきたきらいがある。本来の職務を実行せず、選挙運動に従事する官吏の存在は暴力や強権とは無縁に見えるが、選挙に対する干渉に他ならない。特に選挙の開票を職務とする官吏が中立性を維持できない場合、重大な問題を引き起こすことは自明である。また、合法性に関しては次の選挙干渉の定義が参考になる。(40)

公権力の行使に携わる（特に行政府にある）者が、選挙に関して、合法非合法を問わず、あらゆる手段によって、組織的に、与党議員を有利に、野党議員を不利にするための行為

合法・非合法を問わないことで、法令の範囲内であっても干渉と認定できることになる。特に弾圧立法の存在する時代においては、合法性にとらわれると選挙干渉の実質を見失うことにつながる危険がある。

本書では、以上の二つの定義を用い、その行為が作為・不作為、合法・非合法いずれの場合も選挙干渉と判断しうるととらえることにする。

当時の選挙制度、投開票方式については現代と異なる部分が多々あるため、本論での叙述の前提としてここで説

明しておきたい。

第二回総選挙は先述の通り明治二十二年制定の選挙法と、翌年に制定された衆議院議員選挙法施行規則（以下、選挙法施行規則）にもとづいて行われた。有権者（選挙人）は直接国税十五円以上を納めた二十五歳以上の男子であり、候補者（被選挙人、立候補制は採用せず）は直接国税十五円以上を納めた三十歳以上の男子であった。全体の定員は三百名で一人区と二人区が設定された小選挙区制（二人区は二名連記）であった。同法は当選無効を争う当選訴訟の規定を置きながらも、選挙全体または一部の効力を争う選挙訴訟の規定を置かなかった。ただし、投票効力に関する選挙長の決定と、投票所管理者である町村長の決定に対しては訴訟を提起することができた(41)。

当時の投票方式は、町村長管理の各投票所において、有権者が投票用紙の所定欄に、候補者の氏名、自分の住所、氏名を記入し、捺印する方式であった(42)。投票終了後、町村長は投票箱を閉鎖し、投票明細書を作成の上、立会人とともに投票箱と投票明細書を投票の翌日郡役所に送致することになっていた(43)。

次に、開票作業は選挙会と呼ばれ、府県知事が任命する郡長が選挙長として責任者となり、全ての投票箱が到着した日の翌日行う(44)。作業を担当する選挙委員は三名以上七名以内と定められ、当日集まった立会人の中から抽選によって選出される(45)。作業は次の手順で行われる。第一に、選挙長と選挙委員が郡役所に集まった投票箱を開け、投票総数と投票人の総数を確認する(46)。第二に、選挙長は各投票用紙記載の有権者氏名、候補者氏名を順に選挙委員に朗読させ、書記に候補者の得点を点数簿に記入させる(47)。同時に選挙長は選挙委員の意見を聞き、有効・無効の決定を行う(48)。もし無効票があれば、その旨を選挙明細書に記載する。なお、この決定に対しては選挙会場内で異議を申し立てることはできない(49)。第三に、投票点数の記入が終わり次第、選挙長は各候補者の得点総数を朗読する(50)。第四に、選挙長は開票作業上の全ての事項を選挙明細書に記載し、選挙委員とともに署名する(51)。票数が同数の場合は年長者が当選となり、同じ日に生まれた場合は抽選と定められていた。立候補制ではないため当選者に対して承諾を求め、承諾した者に対して知事が当選証書を授与し当選者が確定する。投票現物は六十日間保存することと規定されていた。

本書の構成は以下の通りである。

全体として、先に実態を明らかにするため個別選挙区の事例を検討した後、総論的な内容に入り、干渉の系統性、組織性の考察を最後に行う構成になっている。

まず、各地域における選挙干渉の事例を扱い、その内容と性質について明らかにする。第一章は、これまで注目されていなかった富山県の事例を取り上げる。選挙期間中に発生した事件と、開票時の選挙長の不正に関して第四区で提起された選挙訴訟、当選訴訟の経緯と判決について、傍聴記事や判決を用いて論じる。第二章は、最も大きな騒動に発展した高知県における騒動・事件を取り上げ、全体の騒動をまとめた上で保安条例施行や憲兵派遣などについて公文書にもとづいて明らかにし、続く第三章で、開票時の選挙長の不正に関して第二区で提起された当選訴訟の経緯と判決について裁判資料などを用いて論じる。第四章は、高知県に次ぐ騒動となった佐賀県を取り上げ、特に大木喬任文部大臣と司法省に存在した大木派官僚の果たした役割や憲兵・歩兵派遣について、大木文書や公文書などを用いて詳細に検討する。第五章は、大きな騒動に発展しなかった地域の例として東京府を取り上げ、政治家と官僚の動きおよび警察の動きを検討する。

次に、選挙の結果と言論規制について詳しく検討する。第六章は、第一次松方内閣の選挙干渉は選挙結果や第三議会の議会運営に対して有効であったのかについて、政府の多数派工作や議員の議案に対する賛否パターンを中心に検討を加える。その際、議席構成と各議員の意思表示である議案賛否が一致しない点に着目する。第七章は、選挙時の政府による言論規制を取り上げ、内務省が演説会・新聞発行など言論に関する選挙運動に対してどのように集会条例や新聞紙条例を運用したか、前回選挙と違いがあるかという点に注目する。その上で、選挙干渉事件に関連した新聞の発行禁止・停止処分の実態を明らかにする。

最後に、それまで明らかにした選挙干渉の実態をふまえ、学説の対立している干渉の系統性、組織性について検討する。第八章は、最大の争点である干渉の命令系統について検討するため、政府の第二回総選挙に対する方針に関して、天皇の指示や事前に松方首相に提示されていた二案、松方・品川の内諭とそれに対する知事の反応を通じて考察するとともに、内務省の訓令と実際の動きをたどる。その上で系統的指令説と暴発説のいずれが実態に近いのかを示したい。そして、終章においては選挙干渉事件を政治史上、立憲政治上に位置づけるための考察を行い、結論を導き出す。

註

（1）楠精一郎「日本政治史における選挙研究」『選挙研究』第一四号、平成十一年、三三頁。

（2）大西裕編著『選挙ガバナンスの実態　世界編――その多様性と「民主主義の質」への影響』（ミネルヴァ書房、平成二十九年、一六頁）。例えば、フィリピンの一九九五年以降の選挙においては集計操作が疑われている。二〇〇七年には現職大統領が選挙監督者に集計操作を依頼して逮捕された（川中豪「東南アジア諸国の選挙管理――民主化後のフィリピン、タイ、インドネシア」同前書、五八頁）。また、一九八〇年代のメキシコでは、与党側が選挙結果の操作、投票箱の強奪や与党票の詰め込みなどを行った（渡辺暁「メキシコ――文民権威主義体制からの民主化と選挙」、吉川洋子編『民主化過程の選挙――地域研究から見た政党・候補者・有権者』行路社、平成二十二年、一八八頁）。

（3）永井良和『普通選挙の幕開け――フランスの先駆けと試練』（芦書房、平成十九年、一八五―一九六頁）。

（4）大内宏一「当選に異議あり――ビスマルク時代のドイツ帝国議会における選挙審査」（村岡哲先生喜寿記念論文集刊行会編『近代ヨーロッパ史論集』太陽出版、平成元年、二九―五五頁）。当該期ドイツ帝国議会の研究状況については、小原淳「政治文化としての帝国議会――帝国議会研究の成果と課題（2）」『和歌山大学教育学部紀要人文科学』第六六集、平成二十八年二月、参照。

（5）高橋雄豺『明治警察史研究』第三巻（令文社、昭和三十八年、二〇九―三四〇頁）。中原英典「『予戒令』小史」『レファレンス』第三三五号、昭和五十三年十二月。

（6）例えば、安在邦夫『自由民権運動史への招待』（吉田書店、平成二十四年）は、通史における終着点を選挙干渉事件にしている。

（7）『高知県立自由民権記念館紀要』第三号、平成五年十二月。

（8）例えば、以下の研究が挙げられる。太田健一「明治二十五年の選挙干渉――岡山県知事・貴族院議員の動向を中心に」『倉敷の歴史』第一六号、平成十八年三月。岡山敏明「書簡にみる岐阜県の選挙干渉」『岐阜史学』第九八号、平成十三年九月。伊藤克司「明治後半の衆議院選挙――阿子田積の見た運動人・有権者・候補者」『岐阜県歴史資料館報』第二一号、平成十年三月。新藤東洋男「明治二五年の選挙干渉事件と学校騒動――福岡県三池郡地方の場合」『日本歴史』第一九六号、昭和三十九年九月。森山誠一「選挙大干渉と石川県」『高知市立自由民権記念館紀要』第三号、平成五年十二月、三五―三八頁。尾形善次郎「佐賀県内に於ける選挙大干渉の経緯――佐賀新聞保存紙をもとに」同前、四六―五三頁。有馬学「第二回総選挙における永江純一の遭難手記」『九州文化史研究所紀要』第四四号、平成十二年三月。篠田充男「明治二十五年臨時総選挙における『土佐派』の対応について――資料紹介を中心にして」『高知市立自由民権記念館紀要』第二号、平成五年三月。公文豪「高知県における選挙大干渉について」同前、第三号、平成五年十二月。明神健太郎「選挙干渉と斗賀野戦争」『土佐史談』第一五八号、昭和五十七年一月。橋田庫欣「サイサイ騒動――明治25年総選挙に於ける幡多の暴動」同前。寺崎修「明治二十五年・選挙干渉事件の新資料――高知県第二区衆議院議員当選無効訴訟事件判決書」『法学論集』第四九号、平成六年三月。

（9）近年の視点では、明治維新を憲法の運用という新しい政治体制の完成までの長い過程ととらえ、初期議会を憲法の運用の決着時期と見ている。例えば、明治維新史学会編『講座明治維新五・立憲制と帝国への道』（有志舎、平成二十四年、一―四頁）。

（10）坂野潤治「明治天皇の選挙干渉――伝記と議会議事録を読む」『日本の歴史別冊・歴史の読み方七』（朝日新聞社、平成元年、二五―二六頁）。同『大系日本の歴史一三・近代日本の出発』（小学館ライブラリー、平成五年、二二二頁）。ただし、坂野氏は選挙干渉事件に関して詳細な分析を行ったわけではない。

（11）伊藤之雄『立憲国家の確立と伊藤博文――内政と外交一八八九～一八九八』（吉川弘文館、平成十一年、八六頁）。

（12）佐々木隆『藩閥政府と立憲政治』（吉川弘文館、平成四年、二〇〇―二一九頁）。同「干渉選挙再考――第二回総選挙と九鬼隆一」『日本歴史』第三九五号、昭和五十六年四月。同「明治天皇と立憲政治」（福地惇・佐々木隆編『明治日本の政治家群像』吉川弘文館、平成五年）。
(13) 有馬学「松方内閣の選挙干渉とは何か？」『日本歴史』第六〇〇号、平成十年五月。
(14) 村瀬信一「明治二五年初頭の政府党計画をめぐる若干の問題」（同前）。
(15) 飯塚一幸「初期議会と民党」（前掲『講座明治維新五・立憲制と帝国への道』）。
(16) 五百旗頭氏は「松方・品川らは……そこまでの選挙干渉を考えていたわけではなく、一部の知事が品川の訓令を過剰に解釈して暴走した」と解釈しているが、「政府は容赦ない選挙干渉を行った」という記述もあり、容赦ない「政府」とそこまでの干渉を考えていない「松方・品川ら」との矛盾については説明がない（五百旗頭薫「藩閥と民党」『岩波講座・日本歴史』第一六巻・近現代二、岩波書店、平成二十六年、一〇二頁）。
(17) 前掲『藩閥政府と立憲政治』二一三頁。
(18) 同前書、二〇四頁。
(19) 同前書、二一四頁。
(20) 同時代では、確かに品川弥二郎による干渉ととらえる見方もあったが、選挙干渉決議案は官吏の職権濫用を指摘し、議会審議でも行政による選挙権妨害を問題視するなど、当時から、単に暴力沙汰、紛争に発展したことをもって政府の責任を追求していたのではないことは留意する必要があるだろう。
(21) 佐々木氏の主張には肝心の部分に留保が多く、また、挙げている原因も知事の出自や地域事情に求めており、そのために結論が非常に弱くなっている。注意して読めば、佐々木氏の結論部分も、流血の事態は暴発したものと主張しているのであって、実際には選挙干渉はどのようなものかを考察したものではない。しかし、例えば成田憲彦「初めての解散と選挙大干渉」（『選挙』第五四巻、第一号、平成十二年一月、六頁）が、佐々木氏の説を「組織的干渉はなかったとする」と紹介しているように、広く誤解されている。
(22) 佐々木氏は、立憲君主としての明治天皇の抑制的な権力行使を強調し、明治立憲体制の近代性を主張するが、むしろ暴発説に立つことで明治立憲体制が知事を抑止する力すら有しない、統治能力に欠けた前近代的な体制であるとの解釈が可能になることについては論及がない。
(23) 村瀬信一『明治立憲制と内閣』（吉川弘文館、平成二十三年、一一六頁）。同「明治期における政党と選挙」『日本歴史』第五四四号、平成五年九月、二五頁。

(24) 第一の点については、かつて有泉貞夫氏が山梨県の事例で明らかにしたことをふまえているが(有泉貞夫『明治政治史の基礎過程——地方政治状況史論』吉川弘文館、昭和五十五年、一二三二頁)、全府県でそうであったわけではない。第二の点については、党所属の境界線が不分明で周辺部を取り込みやすかったというのは政府側からみても同じことであり、選挙干渉が不成功であった理由にはならないだろう。

(25) 季武嘉也・武田知己編『日本政党史』(吉川弘文館、平成二十三年、八五頁)。その当否については本論と終章で述べることとして、一点のみ言及したい。有馬氏が指摘したムラの騒擾が強調されているが(前掲「松方内閣の選挙干渉とは何か?」一四四—一四七頁)、では、なぜ一年半前の第一回総選挙では大事件が起きなかったのかと考えれば、やはり第二回総選挙における政府の選挙対策が第一回とは趣を異にするものであったのではないかと言わざるを得ない。ちなみに、前田英昭氏は、第一回総選挙では内閣が超然主義をとっていたため選挙干渉が起きなかったが、議会運営の経験から議会に「御用党員」を大量獲得することが望ましいと考え超然主義を自ら否定し、第二回総選挙では干渉に乗り出したと指摘している(前田英昭編著『選挙法・資料』高文堂出版社、平成十四年、二八九頁)。

(26) 前掲『講座明治維新五・立憲制と帝国への道』一七頁。

(27) 鳥海靖『日本近代史講義——明治立憲制の形成とその理念』(東京大学出版会、昭和六十三年、一六頁)。

(28) 同前書、二七〇—二七一頁。統治機構の割拠性に関する指摘は、先駆的には辻清明『日本官僚制の研究』(弘文堂、昭和二十七年)でなされている。

(29) 伊藤之雄『明治天皇——むら雲を吹く秋風にはれそめて』(ミネルヴァ書房、平成十八年、三〇八頁)。前掲『立憲国家の確立と伊藤博文』八六頁。

(30) 伊藤之雄『政党政治と天皇』(講談社、平成十四年、一七七頁以下)。また、瀬畑源「書評・伊藤之雄『昭和天皇と立憲君主制の崩壊——睦仁・嘉仁から裕仁へ』」(『歴史学研究』第八一九号、平成十八年十月)による、君主権の制限に関して日本と英国の君主制には違いがあるのではという疑問に対する反論として、伊藤之雄「近代天皇は『魔力』のような権力を持っているのか」(『歴史学研究』第八三一号、平成十九年九月)において、瀬畑氏だけでなく安田浩氏に対しても批判している。

(31) 前掲「明治天皇と立憲政治」三一八頁・三三六頁。安田浩氏は、佐々木氏の主張に対して、「この評価の仕方は、明治天皇に選挙法違反の具体的行為があったかなかったかを論じて、明治天皇を救出しようとする弁護士の議論を思わせる」、「どのような能動的君主も、詳細な具体的政治行為まで指示するわけではない」と批判した(安田浩『天皇の政治史——睦仁・嘉仁・裕仁の時代』青木書店、平成十年、一一三頁)。
(32) 同前論文、三三五―三三六頁。なお、佐々木氏は「明治天皇を『専制君主』と呼ぶことは到底出来ない」、「藩閥政府と議会の関係については天皇は専ら政府の意向を追認する形で行動した」と断言しながら、「明治天皇が政治に全く関与・介入しなかったと言うのは正しくないが、天皇が事々に意思表示をしたと考えるのも同様に正しくない」(三三六―三三七頁)とも述べている。佐々木氏の論理の特徴は、断言する部分と留保を加える部分とが混在し、結果として主張が曖昧になる点にある。
(33) 西川誠『明治天皇の大日本帝国』(講談社、平成二十三年、一六―一八頁)。ただし、西川氏も選挙干渉については現場の暴走という見方である(二六二頁)。
(34) 永井和『青年君主昭和天皇と元老西園寺』(京都大学学術出版会、平成十五年、三七二―三七三頁)。永井氏の主張する「輔弼親裁構造」とは、「自らは政務について発議することなく、臣下にゆだねつつも、ただ国家意志の決定に際しては必ず親裁するというシステム」で、「天皇が君主としての統治権を失わず、なおかつ政治的責任を負わなくてもすむように仕組まれた制度」(四九五頁)である。その点で天皇は「受動的君主」であることを要請され、「能動的君主」としての行動にはチェックがかかるとするが、個々の天皇が受動的であったか能動的であったかは制度・構造の問題とは別と認識している。
(35) 安田浩「法治主義への無関心と似非実証的論法――伊藤之雄「近代天皇は『魔力』のような権力をもっているのか」に寄せて」『歴史学研究』第八七七号、平成二十三年三月。同『近代天皇制国家の歴史的位置――普遍性と特殊性を読みとく視座』(大月書店、平成二十三年)。
(36) 前掲「法治主義への無関心と似非実証的論法」三六―三七頁。
(37) 米国における定性的方法論は一九八〇年代から始まった「KKV論争」で有名だが、日本でもG・キング他(真渕勝監訳)『社会科学のリサーチ・デザイン――定性的研究における科学的推論』(勁草書房、平成十五年)を皮切りに、翻訳出版が進んでいる。これは近年、日本でも社会科学における方法論に関心を向ける研究者が増えていることを示している。例えば、久米郁男『原因を推論する――政治分析方法論のすゝめ』(有斐閣、平成二十四年)がある。また、歴史研究との関連でいえば、保城広至『歴史から理論を創造する方法――社会科学と歴史学を統合する』(勁草書房、平成二十六年)が示唆に富んでいる。特に政治史研究に重要だと思われるのは、自分の理論に都合の良い資料を恣意的に取捨選択する「プロクルーステースの寝台」問題である。保城氏は、予め用意した理論や仮説に適合的な一次資料のみを証拠として挙げ、都合の悪い資料は無視するときに起きやすいと指摘し、それを避けるために仮説を絶えず可変にしておくアブダクションという方法を提唱している。また、事例からの一般化につきものの帰納的飛躍を回避するためにイシュー・時間・空間を限定した範囲での「事例全枚挙」を推奨している。本書においては、資料・事例の恣意的取捨選択をできる限り避けるため、選挙干渉事件という限定された時間の中において現れる論点を網羅的に扱っていくこととしたい。

(38) 現代を対象とする選挙研究はすでに様々な統計資料、サーベイデータを駆使して分析する手法が主流となっているが、選挙の歴史分析においては依然として資料に乏しいこともあり、数量分析にまで至っていない（例外として、川人貞史『日本の政党政治一八九〇―一九三七年――議会分析と選挙の数量分析』東京大学出版会、平成四年）。しかし、他国を対象とした選挙史分析では、すでに数量分析がなされている。例えば、英国の選挙を対象とした研究として、青木康『議員が選挙区を選ぶ――一八世紀イギリスの議会政治』（山川出版社、平成九年）や、青木康編著『イギリス近世・近代史と議会制統治』（吉田書店、平成二十七年）などがある。

(39) 杣正夫「選挙干渉」『国史大辞典』第八巻（吉川弘文館、昭和六十二年、三九五頁）。

(40) 前田英昭「日本の選挙干渉記（明治・大正期）」（前掲『選挙法・資料』二八七頁）。

(41) 衆議院議員選挙法施行規則第二十九条（『法令全書』明治二十三年、勅令第三号、八頁）。

(42) 衆議院議員選挙法第三十八条（『法令全書』明治二十二年、法律第三号、二七頁）。

(43) 選挙法第四十二条―四十四条（同前）。

(44) 選挙法第二条・第三条（同前書、二一頁）。

(45) 選挙法第四十七条（同前書、二八頁）。

(46) 選挙法第四十八条（同前）。

(47) 選挙法施行規則第二十三条（前掲『法令全書』明治二十三年、勅令第三号、七―八頁）。

(48) 選挙法第四十九条（前掲『法令全書』明治二十二年、法律第三号、二八頁）。

(49) 選挙法第五十二条（同前）。

(50) 選挙法施行規則第二十四条（前掲『法令全書』明治二十三年、勅令第三号、八頁）。

(51) 選挙法第五十七条（前掲『法令全書』明治二十二年、法律第三号、二九頁）。

第一章　富山県第四区

選挙干渉を指揮したといわれる品川弥二郎内務大臣は、松方正義総理大臣に宛てた書簡において、[1]

高知、大阪、富山等血ヲ見セハジメ、今日ヨリ十五日間ハ、寒中ニ血花ヲ散らス事も候半と憂慮仕候、行掛り、萬不得止事と存候

と、激しい選挙戦が行われている地域の例として高知、大阪、富山を挙げた。第三議会でも選挙干渉が激しかった地域として「高知、佐賀、石川、熊本、富山、鹿児島」[2]が挙げられている。にもかかわらず、これらの地域についてさえ本格的な研究は少ない。

例えば、富山県の中で最も干渉が激しかったといわれる第四区は当選訴訟によって当選者が変更になった全国三例中の一例であり、[3]また、第三議会での選挙干渉に関する演説でもたびたび言及され、訴訟判決と議員資格について国会質問書が提出されるなど国会でも選挙干渉の代表例として扱われた。だが、このように重要な事例についても残念ながら未だ研究がなされていない。[4]

本章はそのような現状にかんがみ、『北陸政論』[5]、『富山県政史』、『選挙干渉ニ関スル参考書類』[6]、さらには「世路

手記[7]」などの若干の新資料などを利用し、富山県第四区での干渉の実態と、提起された選挙訴訟[8]、当選訴訟について、できる限り詳しく明らかにしたい。

一　富山県第四区における選挙干渉事件

（1）富山県の政治的状況

富山県では明治十五年に北立自由党（明治十七年一月解党）、越中改進党（明治十五年十一月分裂、一部は改進党へ合流）が結成されて以来、稲垣示[9]を代表とする自由党系勢力と島田孝之[10]を代表とする改進党系勢力が競い合っていた。

明治十六年七月の石川県から分離後初の県会議員選挙では両勢力が議席を分け合った。しかし、大阪事件[11]で自由党員（富山県は稲垣示ら五名）が逮捕されると、十八年十二月の県議会の半数改選では改進党が全勝し、議席は改進党系十八名、自由党系四名と、改進党が圧倒的に優勢となった。その後、両党は一度は歩み寄り、二十年十月九日懇親会を開いたが、結局両党の意見が分かれ手を結ぶには至らなかった[12]。

二十一年七月九日には、大同団結運動が富山県にも波及し、自由党系七十二団体が統合して中越大同倶楽部（以下、大同派）を結成した。さらに翌年二月十一日、大阪事件で服役していた稲垣示が憲法発布の大赦令によって出獄すると、大同派は再び勢いを取り戻した。当時の警察官城戸与吉郎は、この頃の政談演説の様子を次のように書き記した[13]。

表１　富山県衆議院議員選挙結果（第１回–第３回）

	第１区（定員２名）	第２区（定員１名）	第３区（定員１名）	第４区（定員１名）
	上新川郡、婦負郡	下新川郡	射水郡	礪波郡
第１回	**関野善次郎（議集）2277** **磯部四郎 2202** 重松覚平 1870	**田村惟昌（議集）366** 片山修造（大同）237	**南　磯一郎（自倶）1654** 大橋十右衛門（改進）188	**島田孝之（議集）1608** 武部尚志（自由）1537
第２回	**岩城隆常（独立）1970** **原　弘三（中央）1854** 関野善次郎（議集）1693	**谷　順平（独立）493** 田村惟昌（議集）274	**稲垣　示（独立）1609** 本林　篤（改進）193	**武部其文（独立）1341** 島田孝之（議集）1300
第３回	**関野善次郎（議集）2952** **原　弘三（中央）1720** 重松覚平（自由）1279	**野村修造（改進）471** 伊東祐賢（自由）374	**稲垣　示（独立）1265** 岩間覚平 15	**島田孝之（議集）1570** 武部其文 1267

注１　衆議院事務局編『第一回乃至第七回衆議院議員総選挙一覧』（明治37年、44–45頁）より作成。
注２　太字は当選者を表わす。

……礪波郡の政党政派は相ひ互に牛李相ひ軋りて幾と日夜戦乱の如し八月中旬改進党員県会議長島田孝之の居村梅檀《ママ》野村に出張し改進派の演説を監臨したるに反対の自由党大同団結は激烈に反対攻撃し弁士を罵倒し弁士亦た聴衆を侮辱して互に相ひ争ふ結果終に満場総立となり会場に大動乱を起したり

これにより、自由党（大同派）と改進党の激しい争いはすでにこの頃から起きていたことが分かる。勢いに乗る大同派は、二十三年二月、県議会議員の半数改選において全勝したことで、議席は大同派一六名、改進派六名と逆転し、県議会の主要職は大同派が独占した。

このように県議会では自由党系勢力が優勢の中、二十三年七月一日、第一回衆議院議員選挙が実施された。富山県選挙区(14)の当選者は、改進党三名（第一区関野善次郎、第二区田村惟昌、第四区島田孝之）、大同派二名（第一区磯部四郎(15)、第三区南磯一郎(16)）で改進党が勝利を収めた。第四区は第四代県会議長・島田孝之（改進党）と初代県会議長・武部尚志（大同派）との大接戦となり、結局、島田一六〇八票、武部一五三七票の僅差で島田が当選した（**表1**参照）。

選挙後、富山の大同派は自由党勢力が集い新たに結成された立憲自由党が立憲改進党との協調を志向したことに反発し、石川、新潟の大同派らと国民自由党を結成し[17]、第一議会では吏党（政府支持）の立場をとった。翌年、離党者が相次ぎ同党が解党すると、稲垣示は立憲自由党との大同団結を再び図ろうとしたが不調に終わり、二十四年八月一日、富山の大同派のみで北陸自由党を結成した。

同党は第二回総選挙前に、政府に協力し吏党として改進党と戦うことを決めた。その理由としては、第一に民党の立場をとる改進党と国会開設以前から対立しており、その対抗上民党の立場をとりにくかったことがある。逆に政府に対しては国民自由党時代に政府支持の立場をとったことや、彼らが私淑する大同団結運動の指導者後藤象二郎が閣内にいたことで好意的姿勢がとりやすかった[18]。第二に、選挙前、長年敵対してきた改進党と、自らとの連携が不調に終わった自由党とが協力して政府と戦う姿勢を明らかにしたことが、さらに民党の立場をとりにくくした[19]。そして最後に、内務省が政府を支持する候補者を政党にこだわらず広く求めていたことが挙げられる[20]。

（2）候補者の選考

第二議会解散後、富山県の選挙運動が本格的に始まるのは、明治二十五（一八九二）年一月に入ってからである。改進党の前衆議院議員島田孝之は十日頃、東京から富山に帰郷し[21]、十九日の慰労会において改進党員ら一二〇名に推され再び四区の候補者となった[22]。同様に前議員の一区関野善次郎、二区田村惟昌も候補者として波乱なく確定し、前回大敗した三区だけは難航したが、最終的に本林篤に候補者を決定した。

一方、北陸自由党の候補者選考は、三区の稲垣示が決まったほかは難航する選挙区が多く、決定は改進党より大幅に遅れた。一区は一月二十七日の予選会で一旦は重松覚平を候補者に決定したが、重松が辞退したため岩城隆常に変更された[23]。同様に、二区も二月五日に一旦決定した正村五平が「年来の宿痾未だ癒えざるを以て遺憾ながら候補者を辞[24]」したため、翌日伊東祐寛に代わり[25]、さらには谷順平に変更となり[26]、北陸自由党機関紙『北陸政論』が

「第二選挙区の正義派〔北陸自由党――引用者註〕は候補者を定むるに就て最も苦心したる」[27]と認めるほどの混迷ぶりであった。他に一区には政府系候補者として婦負郡長原弘三が郡長を辞職し[28]、立候補したほか[29]、自由党の菅原滋治が立候補した。

四区においても候補の選考は難航した。当初内務省の選定により大蔵省の荒木正修が候補として選挙運動を行っていた。一月五日付の松方正義宛井上角五郎書簡によれば、四区候補者について井上が稲垣示、上野安太郎を呼び相談したところ、両人は次のように述べたという[30]。

礪波郡には在来武部尚志と申すものあり、今回は同人打出し可申覚悟、未た決せさるに付、上野近々帰郷、其上にて、荒木の方へ電報にて、様子相報し可申、夫迄ハ、荒木の辞職相扣へ候様致度、武部ニして、候補相辞し候ハヽ、荒木を勿論助け可申

これにより、稲垣らは、一月初めの段階では前回僅差で落選した武部尚志を擁立するつもりでいたが、決定には至らず、武部が候補を辞退するならば荒木を支援するという心づもりだったことがわかる。そして、ここで注目すべき点は、北陸自由党の候補者擁立について、松方正義―井上角五郎―稲垣示―上野安太郎という指令系統が出来ていたことである。井上は第二議会中から政府系議員のまとめ役をしており、第二回総選挙においても各地の政府系候補の擁立に尽力していた。前回僅差で敗れた改進党の「本丸」での雪辱を期して、政府でも富山四区を重視していたことがうかがえる。

結局、「選挙区の模様悪しきより知事より政府に具申し武部を立て、其際警部長は荒木氏をして断念せしめ、武部を立つる為め夜中微行して其選挙区に赴き選定したり」[31]と、荒木が選挙民に不評であったことから、知事は別の

候補の擁立を政府に具申し、荒木の代わりに先述の武部尚志の次男で県会議員の武部其文[32]が候補者となった。一月三十日付『北陸政論』は武部其文を四区候補として紹介する記事を掲載したが、その後も四区における候補選びの混乱が改進党側の格好の攻撃材料になったと見え、『北陸政論』は「我党の候補者は已に武部其文氏と確定し且つ荒木氏は運動を止めて帰京したる」と報じ[33]、投票日前日には、荒木と武部が候補者争いをしているとの風評を打ち消す広告を武部本人が出している[34]。

このような北陸自由党の混迷した候補者選考はどう考えたらよいだろうか。ここで「品川弥二郎文書」の「衆議院選挙議員候補者名簿」を手がかりにして考えてみたい[35]。これは内務省が全選挙区の候補者を「着実派」、「過激派」に分け、情勢を分析したものであるが、富山県の欄は次のようになっている。

まず、吏党候補を示す「着実派ノ候補者」欄は第一区「〇原弘蔵《三カ》、神保東作、予備石坂専之介」、第二区「米澤紋三郎」、第三区「〇〇稲垣示」、第四区「〇武部キブン《ママ》」である。次に民党候補を示す「過激派ノ候補者」欄は、第一区「改進〇関野善次郎」、第二区「自　伊藤祐《寛》クワン《カ》、改進〇田村惟昌」、第三区「岩間覚平、議長△堀二作、酒井ケイギ《坂井敬義カ》」、第四区「改進〇島田孝之、改　大矢四郎兵衛」である。また、「備考」欄は、二区に「着実派ノ候補者未定」と書かれ、四区は「着実派ノ候補者未定」が黒線で消されている[36]。

これによれば、内務省が当確を見込んでいた吏党候補は、一区原弘三、三区稲垣示、四区武部其文である。四区は備考欄の候補者未定の記述が線で消されており、武部が当初から決まっていた候補ではなく、「知事ヨリ政府ニ具申[37]」し決定されたことを裏付けるものである。また、候補選考が混迷した一区・岩城と二区・谷の氏名が記されていないことから、これは両者が政府による擁立ではなく、「知事警部長ノ選任[38]」によるものとの説を裏付けている。

よって、候補者の頻繁な変更は、知事、警部長らが政府と打ち合わせ、北陸自由党の予選会の結果を反古にしてまで、有望な吏党候補を急遽擁立したことが原因であるといえる。全国的にみても、政府はこの選挙において民党候補に対抗できる吏党候補の擁立を精力的に行った。例えば、実業界から奥三郎兵衛、原亮三郎、馬越恭平、原善三郎が出馬し、官界から黒田綱彦、平山靖彦、曽根荒助が当選した選挙区もあり、また九鬼隆一や地元の実業家、有力者などが吏党候補の選定に協力した地区もあった[39]。

富山の場合は、政府に協力的な北陸自由党が、井上角五郎を通じた松方首相とのパイプを活用し、吏党候補選定の受け皿となったといえる。

（3）選挙干渉事件

富山県の選挙干渉に関しては、例えば『富山県政史』の記述には[40]、

最初森山知事が内相の内命を受くるや、県下の各警察署長を官邸に招いて選挙干渉の内命を伝へたが、……森山は「今度の選挙は内務大臣の命令もあるから、政府の為になる様な人物を挙ぐる様確かりと働け。」と云つて、さすがに「干渉しろ」とは云はなかつた様であるが、「確つかりやれ。宜しいか。分かつたか。」を何回となく繰返して暗々裡に内命を含ませたと云ふことである。

とあり、森山茂知事[41]が警察署長に対し、暗に選挙に干渉するよう内命したことが記されている。また、『選挙干渉ニ関スル参考書類』[42]には、

官吏干渉の総指揮官は鈴木警部長にして森山県知事其顧問として後ろに控へ、鈴木警部長の配下には悉くの警

官県吏随へしも其中に就て帷幕の臣とも云ふへきは保安課長中西五六郎、富山警察署長大楽新蔵の二人にして、其他は各選挙区毎に一名の長をすへ、本部よりは主として干渉の方法を此者に伝へ、而して支部長は之を部下郡吏巡査に布命し以て上下一致の運動をなし吏党候補者を助け民党候補者を妨けたり

とあり、県警察幹部が選挙干渉の指揮をとっていたことが分かる。警察の動きに関しては、城戸与吉郎が次のように述べている。[43]

当時予は富山署の会計主任にして大楽より支出したる運動費各分署長へ配当したる千二百円なりし此時滑川分署に達する金銭携帯の飛脚は途中悪漢に掠奪せられたり其金額三百五拾円なり

大楽富山警察署長が運動費一二〇〇円を分署長に配ったということであるから、これが「政府の為になる様な人物を挙げる」ための豊富な資金源となったことが分かる。

このように、富山県の特徴は、知事を後盾として警察幹部が陣頭指揮をとり、豊富な資金を用いて選挙にあたったことである。

次に、『毎日新聞』二月四日付によれば、一月二十五日に四区・吏党側の秘密集会が開かれ、次の事項を決議したという。[44]

一民党の集会演説会は総て〇《ママ》官に於て解散すべき事
一決死隊三十名を募る事但遺族の扶助料を定む

一区内及隣郡より車夫其他破落戸を雇ひ壮士と共に民党方の選挙行通《ママ》の途上に妨害乱暴する事
一民党候補者は目付け次第に要撃する事
一各部落毎に親睦会を開く事但此地方は仏教地なれば先づ人心を激昂せしむるの手段として改進党の大隈伯は
　今度カトリック教派より運動費を取出して民党の運動に供すとのことを吹聴し一般愚民を激昂せしむる事

第一項の「〇官」は警官を指すものと考えられ、これは警察との関係を隠すため伏せ字を用いたと推測される。
また、第五項は、大隈重信が長崎のカトリック教牧師オリエンチスなる人物から運動費五万円を借り入れたとの流言を改進党への攻撃材料に用いることを指している。これは『東京日日新聞』他数紙の報道が発端となったものであるが、『大分新聞』の記者佐藤蔵太郎、帯刀次六両名が実際に仏国公教会派遣宣教師オリエンチスに取材したところによると、オリエンチスは大隈と面識も書状のやりとりもなく、流言について、「此れは長崎の教師に謀りて我国の公使に依頼し十分取糺積りです、外国人にして宗教に従事する我々が厳禁を犯して日本の政治上に関係したとは我々を讒したるもの」と強く否定したという(45)。また、同氏は日本の政治家では井上角五郎と明治十八年頃名刺を交換したことがあると述べた。

しかも、この問題について、渡辺昇会計検査院長は一月十三日、松方に「大隈党は目下頻リニ耶蘇教家之手を借リ、運動は勿論、金策を亜米利加《ママ》之司教ニ依頼シ、頗る好都合之運ニ相成候(46)」と報告している。選挙後の報告では、その流言により「日本在来ノ仏教信徒ノ輩ハ一層ノ疑惧ヲ抱キ、改進党ハ皆耶蘇教ナリ、ト云フノ帰向ニ傾キ、夫レカ為、議員ノ数ヲ減スル(47)」に至ったと分析し、「隈党は耶蘇教師ニ金ヲ借、其道を信し、其助を得テ、運動云々之辞柄は、余程相響候ものと見へ、実ニ別書之方策、乍早晩、感心歟、又可笑歟(48)」と、先のキリスト教関係者との関係を吹聴したことが改進党の選挙結果に不利に働いたことを伝えている。これらのことから、政府は改進党の議席を減らす目的で、大隈重信がキリスト教関係者に金銭を借り、選挙運動を行っているとの噂を流したといえるだろう。富山をはじめとする仏教徒の多い地域では、吏党がこの噂を有権者を激昂させる手段として用いたため、改進党候補が苦戦を強いられたということがわかる。

では、実際に四区ではどのような干渉が行われたのか、以下で述べていく。

1　島田孝之襲撃事件

二月三日、四区の民党候補島田孝之が壮士二名に襲われる事件が起きた。事件の状況については『東京朝日新聞』の次の記事が詳しい[49]。

同日午前九時二十分頃嶋《ママ》田氏ハ同県出町大字杉木なる西村方より近傍の湯屋佐藤豊助方に入浴に赴きし帰途突然物陰より現はれし二名の暴漢一人ハ一尺余の洋刀、一人ハ大工の用ふるポウトと称するものを打振りながら矢庭に同氏に切て掛りしより同氏ハ意外のことに喫驚して思わず其場に倒れしところを乗りかゝりて散々に切付遂に面部に五箇所の創傷を負はし其儘何れかへ逃去りたり

このとき島田を襲撃したのは荒井初太郎（北陸自由党員、壮士）らといわれている[50]。

同事件に関し、千々岩英一礪波郡長は森山知事に、島田の傷の具合について次のように上申した[51]。

……面部ニ負傷セラレ一時気絶セシモ暫クシテ回復シ其重ナル傷ハ右頬耳ノ辺ニ深五歩長七八歩其他四ヶ所何レモ軽傷ニシテ医師ノ診察ニヨレハ二ヶ所ハ刀痕ナリシモ刃物ノ鋭利ナラサリシカ軽傷ニシテ生命ニハ故障ナ

キ由

これにより、島田は刃物による傷を顔に五ヶ所負ったが、右頬の傷が一番深く他は軽傷だったことがわかる。この事件の際の警察の対応は、「実ニ緩慢ニシテ加害者ヲ見ス見ス逃亡セシメタリ」[52]というずさんなものだったといわれている。

北陸自由党機関紙『北陸政論』は、この事件を島田攻撃の好機ととらえ、四日付の「島田孝之氏仏教信者に殴打せらる」と題した記事で、あたかも島田がキリスト教信者から運動費を得ているために襲われ重傷を負ったかのように報じた[53]。同紙は、以後も島田が死に瀕しているかの報道を連日行い[54]、さらに投票日当日には「同氏は愈々昨朝を以て死去したる旨専ら風説せり」[55]とまで書いた。このように『北陸政論』は盛んに改進党候補に対して誹謗中傷をもって攻撃したが、改進党機関紙『富山日報』も同様に対立候補を攻撃し、互いに「反対党ならば是を非に書き、自党の事ならば非を是に書く」[56]という有様であった。

2　改進党懇親会乱入事件

二月五日には、改進党の懇親会に吏党壮士が乱入するという事件が起き、新聞は以下のように伝えた[57]。

本日富山県礪波郡荒川村に於て開会せる改進党の懇親会席上に壮士十数名乱入し乱暴を極む之が為め二人の負傷ありたり然れども警察官、及び会員の尽力を以て暴士三人を捕縛するを得たり

別の資料によれば、壮士は抜刀し乱入し、「会集警官ノ手ヌルキヲ憤リ終ニ暴漢ヲ縛ス」[58]と、懇親会場にいた者

が加害者を捕らえたという。

この時逮捕された壮士は、奥岩吉、山岸伊右衛門、野村馨の三名であり、彼らは予審終結後軽罪裁判所へ移送され[59]、四月二日、七日の公判を経て、二十二日、奥岩吉重禁錮三ヶ月、野村馨同一ヶ月、山岸伊右衛門同四ヶ月の判決を受けた[60]。この時の被告代言人は、柳田安太郎、山岸佐太郎、服部猛彦、そして武部其文であった[61]。対立候補者の武部が被告の代言人であるのをみても、壮士の襲撃が北陸自由党による妨害であることは明らかである。

3　投票妨害事件

二月十五日の選挙当日には、壮士による投票妨害事件が起きた。新聞『日本』が「第四区に於ては競争最も甚し昨日選挙場にて壮士抜刀乱暴をなし或は発砲して人を傷つけ騒動一方ならず遂に投票を中止したり[62]」と伝えた騒動は、『選挙干渉ニ関スル参考書類』によると、以下のような状況であった[63]。

出町東野尻子撫石動埴生立野藪波福岡石堤福野等ノ各村投票所ニテハ放火発砲抜刀ニテ民党有権者ヲ脅カシ棄権セシメタリ警官ハ毫モ咎メス且民党有権者ニ危険ナリトテ棄権ヲ勧ム民党有志ハ小サキステッキヲ持テ尚取上ゲラル

警察官は、吏党壮士が発砲、抜刀し、選挙人に対して棄権するよう脅しているのを黙認したのに対し、民党有志が小さなステッキを持っていてもこれを取り上げ、さらに危険だからと選挙人に対して棄権を勧めるという状態であった。

四区における警郡吏の干渉、壮士の暴行による棄権者は、六八四名を数えた[64]。投票日当日、棄権せざるえなかった選挙人は、以下のような文書を提出した。[65]

砲発抜刀暴行横行之儀御届

暴漢出没砲発抜刀暴行到らざるなく我々良民が安全に投票し能はざるは過日来認むる所本日に至り益甚だしく到底安全に投票権を執行し能はざる次第に付我々同志は不得止棄権致し候仍而此段御届候也

以上のように、四区においては、もともと政党同士の争いが激しいところに、県吏、警察が一方に肩入れするような行動をとったため、候補者襲撃、懇親会乱入、投票妨害など干渉事件が続発した。

（4）千々岩選挙長による投票無効決定事件

二月十五日の投票の結果、富山県の当選者は、一区岩城隆常、二区谷順平、三区稲垣示、四区武部其文の五名と決まった。当選者全員が吏党候補であり、改進党は全敗し、一議席も得ることができなかった。[66]ところが、四区の選挙会では、開票作業において投票を集計した際、千々岩英一選挙長（礪波郡長）が[67]、島田孝之への投票を大量に無効と判定し、立ち会いの選挙委員がそれに反発するという出来事が起きた。

この選挙における四区の有権者は三五五三名であったが、先述の投票妨害などによる棄権者が七四七名となったため、投票総数は二八〇六票であった。[68]二月十七日の選挙会での開票結果は[69]、武部其文一三四一票、島田孝之一三〇〇票、安念次左衛門他六票、無効一五九票となり、四一票差で武部其文が当選した。[70]無効票のうち一〇〇票以上が島田への投票と改進党支持者は考えたが、千々岩選挙長は投票無効との決定を下した。

選挙法によると、選挙長は郡長が務め、選挙会においては以下の事項を職務とすることが定められている。[71]投票箱を開き、投票の総数と投票人の総数を計算すること、投票効力の有無に疑義あるときにそれを決定すること、選挙明細書を作成し、選挙点検に関わる一切の事項を記入し署名することである。また、選挙会では投票の立会人から選挙委員三名以上七名以下が抽選で選ばれ[72]、以下の四点を職務として行うとされている[73]。投票箱を開く際に立ち会うこと、総数計算後の投票点検、投票効力の有無に疑義あるときに意見を述べること、選挙明細書に署名することである。

ところが、第四区の選挙委員(全七名)に選ばれた石崎宇三郎ら六名は、選挙会における千々岩選挙長による大量の投票無効決定に不服を唱え、選挙明細書への署名を拒絶した[74]。早速、十九日付の『富山日報』は電報欄に「礪波郡の選挙長は委員の意見を用ゐずして島田氏の投票二百八十票を無効となしたる[75]」ことを報じた。二八〇票は誇張であるにしても、選挙委員と選挙長の意見が対立したことがわかる。

この選挙長の投票無効決定が発端となって、四区の当選者をめぐる問題は、訴訟による一年以上に及ぶ長い争いになるのである。

二　選挙委員による不当決定取消訴訟

(1) 第一審

第四区選挙会で選挙明細書への署名を拒否した選挙委員は、代言人西永公平、桑田房吉とともに、選挙長を相手取り、投票無効決定の取消しを求めて、二月二十五日、富山地方裁判所(以下、富山地裁)に訴訟を提起した[76]。これが選挙委員による不当決定取消訴訟(以下、選挙委員訴訟)である。初公判は、三月十八日の予定であったが、被告代言人佐藤義彦が病気のため二十一日に延期された[77]。

富山地裁において開かれた二十一日の公判は、裁判長小林藹判事、陪席矢部成凭、宇野美苗両判事に加え、大井治義検事正が立ち会い、原告人石崎宇三郎と原告代言人西永公平、桑田房吉、そして被告人千々岩英一選挙長と被告代言人佐木龍次郎、佐藤義彦が出廷して午後一時半頃から行われた。

まず、被告側が弁論で主張した内容について、論点ごとにまとめて示したい[78]。
（ア）選挙終了後、選挙委員の資格は消滅する。したがって出訴権はない。
（イ）選挙長は郡長の職務の一環であるから、選挙後も資格は消滅しない。
（ウ）投票の無効決定は、原告にとって自己の投票についての訴訟ではないから、訴訟の対象にならない。
以上の論点により、被告側は原告に出訴権がないこと、つまり「無訴権ノ抗弁」による妨訴申し立てを行った[79]。

西永原告代言人は原告の出訴権に関し、被告側意見に次のような反駁を加えた。これも論点ごとにまとめて示したい[80]。
（ア）原告は選挙法五十二条[81]の規定により出訴権がある。
（イ）選挙終了後、原告の選挙委員資格が消滅するならば、被告も選挙長資格が消滅する。
（ウ）投票は人権に直接関係し、投票の不当決定は人権を侵害している。
その後、意見を求められた大井検事正は、原告に出訴権はないとの意見を述べ[82]、公判は午後二時半に閉廷した。

この訴訟の争点は、選挙法第五十二条は訴訟提起の主体として選挙委員を含んでいるかどうかという問題にあった。この点について、同法の注釈書は、「投票人此決定ニ対シテハ……始審裁判所ニ出訴シテ裁判ヲ仰ク可キモノト知ル可シ[83]」と訴えの主体を投票人に限定している。したがって当時の学説では、選挙委員である原告には出訴権はないことになる。

三月二十三日、富山地裁は以下の通り、原告の訴えを棄却する判決を宣告した[84]。

衆議院議員選挙法第五十二条ノ明文ニヨリ出訴権ノ無キモノナレバ被告代言人ノ妨訴申立ノ如ク本案訴訟ハ成立セザルニヨリ棄却スベシ……訴訟入費ハ原告ヨリ支払フベシ

また、大審院の判決によると、富山地裁は、選挙法五十二条後段の法文は選挙会場に参観した投票有権者等を指示するという法意であり、「原告委員等ヨリ云々施行規則第二十九条ニ基キ本訴ヲ提起シタルハ被告抗弁ノ如ク失当ノ訴訟ナリトス[85]」と宣告した。

この判決で、本案審理前に訴えを棄却された原告側は、大審院に上告した。

（2）上告審

大審院は七月九日に上告を受理し[86]、十月八日、上告を棄却する判決を宣告した[87]。

判決は、選挙委員の職務は選挙法第四十七条から第五十七条までの内容に過ぎないとした上で、以下のように判決理由を説明した[88]。

……他ニ何等所作上ノ視ル可キ者アルニアラサレハ其職務ハ閉会ニ伴ハレテ自然消滅ス可キ筋合ナリ左レハ選挙法第五十二条後段ノ法文ハ委員其者ニ応用ス可ラスシテ一般有権者ヲ指シタルモノト解釈セサルヘカラス

判決は、選挙委員の職務は選挙会の閉会と同時に自然消滅するものであるから、異議申し立てを規定した選挙法

第五十二条の後段は選挙委員ではなく選挙人を指しているものと解釈した。つまり、投票効力に関する訴訟の提起は選挙人にのみ認められるとの判断を示したのである。ゆえに、第一審判決と同様、選挙委員の出訴権は認められず、上告は棄却される結果となった。これは先述した被告側主張の論点（ア）から（ウ）を全面的に認めた判決になっている。

三　選挙人による投票無効決定取消訴訟

（1）公判

島田孝之への投票が無効と判定された四区の選挙人は、投票無効決定取消訴訟（以下、選挙人訴訟）を選挙委員と同じ二月二十五日に富山地裁に提起した。原告は小竹助四郎他七四名（訴訟代理人西永公平）及び長久太一（訴訟代理人桑田房吉）であり、被告は千々岩英一選挙長（訴訟代理人佐藤義彦、佐木龍次郎）であった。

当初、対審の日時は三月三十日と決められたが、二月二十六日、原告長久太一、代言人西永公平は富山地裁に出頭し、対審期日の繰り上げを請求した。[89] これにより初公判は三月二十三日に繰り上げとなった。[90] 以下、『北陸政論』の裁判傍聴記事に拠って公判の内容を追っていくこととする。

第一回公判の出席者は判事、検察官、原告側・被告側代言人いずれも選挙委員訴訟と同じ構成であった。まず、佐藤被告代言人（以下、被）は原告側の訴訟委任の承認に関して疑義を呈したが、小林裁判長は却下し、被告側の妨訴申し立てについて弁論を求めた。

佐木（被）は、本訴訟は、棄却された選挙委員訴訟と事件も原告・被告も同一のものであり、権利拘束中のものであるから速やかに訴訟を棄却すべきと主張した。(91) これに対し、桑田原告代理人（以下、原）は、権利拘束は同一の事件は裁判を別にしてはならないという意味であるが、本件はそれには該当しないゆえ妨訴される理由はないと反論した。

裁判長は、「民事訴訟法百九十五条二百六条の権利束拘《ママ》は本訴の如き場合を規定したるにあらされは被告が妨訴の申立は棄却する」(92) と、被告の妨訴申し立てを棄却した。

第二回公判は、三月二十八日午後〇時三十分より富山地裁において開かれた。(93) まず、佐藤（被）は、原告の訴訟委任の承認について取り調べを再度求めたが、(94) 小林裁判長は許可せず、原告が申請した無効投票、選挙人名簿、選挙明細書に対する証拠の取り調べを命じ、第二回公判は閉廷した。証拠取り調べは翌二十九日に終了した。(95)

第三回公判は三月三十日午後一時から開かれ、いよいよ本案審理が行われた。

はじめに、西永（原）は訴訟人から長谷川久右衛門の取り下げを願い、続けて選挙長が選挙の際に、投票の有効無効について選挙委員や他の選挙長と基準を定めたという点については認めないと発言した。佐藤（被）は取り扱い基準を定めた証拠として、「当時監督として出会し居りし富山県属」(96) を証人申請した。別の資料によれば、佐藤（被）は公判で、この県属に関して次のように述べたという。(97)

元来開票ノ当日被告（選挙長）ガ無効有効ヲ決セシハ一々当日監督トシテ派出シタル県吏二名ノ意見ニ従ヒ且選挙委員ノ意見ヲ聞キ一定ノ標準ヲ定メ該標準ニヨリテ決シタルモノニテ被告ノ専断ニテ決シタル者ニ非ス云々

これにより、選挙長、選挙委員以外に県職員が有効無効の決定に関与したことがわかる。この申請に対し、桑田

（原）が「選挙場は選挙長と委員より成立し県属は選挙の決定に与からざれば証人として出廷せしむるの必要なし」[98]と反対すると、小林裁判長は被告側の証人申請を却下する旨を言い渡し、本論について弁論することを求めた。

本論に入ると、西永（原）は投票五七票について、被告が無効決定した手続きを五種類に分けて論じた。[99]ここではその論点ごとにまとめて示しておく。

（ア）第一種「被選人の不認知」については、選挙法第五十一条第五項は誤字、汚染により選挙人、被選人を認知し難きものを無効とすると規定しているが、本件投票には認知できないものはない。

（イ）第四区の候補者は武部其文、島田孝之の二人であるから、たとえ嶋田孝三や島由教之と書いてあっても、選挙法第五十一条第五項の但書「明ニ其ノ姓名ヲ認知スルコトヲ得ルモノハ此ノ限ニ在ラス」[100]により島田孝之の分とするのが適当である。但書は重要な権利を無効にしないよう定めたものであるから広義に解釈すべきである。

（ウ）第二・第三「選挙人名簿に名当なきもの及び選挙人の不認知」については、投票を選挙人名簿に対照すれば明らかになる。

（エ）第四・第五「選挙人の住所不記及び不明」[101]については、選挙法第五十一条無効の項には住所に関する明文がないことから勿論有効である。

これに対し、佐藤（被）も五種類に分けて原告側に対する反論を行った。[102]

（ア）第一種について原告は投票に誤字なしというが、これは不当であり、誤字の有無は投票を熟覧すれば判然することである。

（イ）無理に島田孝之と判定することこそ選挙長の不当決定である。但書は、明らかに認知できるものを有効とするとの法意であり、なるべく狭義に解釈すべきである。

（ウ）第二・第三は、実際に投票をみれば判然とする。殊に第三種は書き方が悪いゆえと原告はいうが、類似の姓名をもって憶測して決定することは選挙法に許されていない。

（エ）第四・第五は、選挙人の住所が選挙人名簿と照合できないため無効としたもので、正当な決定である。

立会検事の大井検事正は、「選挙法第五十一条の第五項は多少誤謬ありてと某《ママ》と見認め得らるゝ以上は凡て有効とするの法意ならん又住所の記載なきも投票は有効なるべきものと信す」(103)と原告側の主張と同様の意見を述べた。

（2）判決

選挙人訴訟の判決は、四月四日、富山地裁で宣告された。主文は以下の通りである。(104)

被告選挙長カ無効ト決定シテ甲第一号証第六節第一乃至第五ニ掲クル投票中原告等カ為シタル投票七十五票ノ中富田宗右衛門村岸孫九郎岡嶋助三郎遠藤与三平平田原右衛門癨師嘉作ノ分ニ当ルベキ六票ヲ除キ其他六十九票ヲ有効ナラシメントスル原告請求ハ至当ナルニ因リ右六十九票ハ悉ク之ヲ有効ナリト判定ス然レドモ前富田宗右衛門外五名ノ分ニ属スベキ六票ヲモ共ニ有効ナラシメントスル原告請求ハ不当ナルヲ以テ此ノ六票ニ関スル原告請求ハ之ヲ棄却ス従テ訴訟費用ハ其十分ノ一ヲ原告ニ於テ其他ハ総テ被告ニ於テ之ヲ担当スベシ

判決は、原告七五人分の投票のうち、六票を除く六九票を有効と判定し、訴訟費用は原告が一〇分の一、残りを被告が負担するよう命じるものであった。内容は五種類に分けられた無効票について個別に判断を下した上で、第一種は五三票、第二種は七票、第三種は三票、第四・五種は六票がそれぞれ有効との判断であった。(105)

争点となった第五十一条第五項但書については「本項但書ノ誤字云々トアル誤字トハ被告代理人カ解釈スル如ク

単ニ画若シクハ点ノ増減アリタル場合ノミヲ指示スル如キ範囲狭隘ナルモノニアラズ(106)」と、判決は広義に解釈した。また、第一種の内五二票については、「一見被選人島田孝之ナルコト明了《ママ》ニシテ何故ニ被告ガ此等ノ投票ヲ指シテ被選人誰タルカヲ認知シ難キモノト做シタルヤ殆ンド其理由ヲ了解スルニ苦シム(107)」と述べ、明らかに島田孝之への投票と判断できるものであったことが分かる。

したがって、原告の主張通り、選挙長は吏党側に有利になるように本来有効である島田票を無効としたと結論づけることができる。しかも、千々岩選挙長は後日、森山県知事、鈴木警部長に次ぐ多額の慰労金を受け取っており(108)、これは投票無効決定により武部を当選させたことへの報酬である可能性が高い。

さて、この判決によって島田の得票数は一三六九票となり、よって武部に二八票の差をつけて逆転したことになる。武部と島田の票差はもともと四一票であったことをみれば、先に挙げた明らかに島田への投票と判断できる第一種の五二票の判定のみで、すでに得票数は逆転している。とすれば、『北陸政論』がいかに判決を批判し、裁判官を中傷しようとも、島田の得票が武部を上回ることは誰の目にも明らかであった。

選挙人訴訟で原告側が勝訴したことを受けて、五月九日、第三議会において、改進党所属の衆議院議員丸山名政、高須峰造、鳩山和夫の三名は、副島種臣内務大臣に対し、ただちに武部其文の当選を取消し、島田孝之の当選証書を発行するように求める質問書を提出した(109)。質問書によれば、内容は大きく二つに分けられる。

第一に、衆議院議員選挙法施行規則第十三条は、投票効力に関する訴訟は出訴、上告の為にその判決の執行を停止しないと規定しているから、判決結果に従って、富山県知事は武部其文の当選告示を取消し、島田孝之の当選告示をしなければならない。しかし、それを実行しない知事に対して内相が処分を下さないのはなぜか。

第二に、第一回総選挙において、茨城四区の次点者赤松新右衛門が選挙長を相手取り投票決定取消を求めた訴訟で、水戸地方裁判所が下した原告勝訴の判決を受け、安田定則茨城県知事は当選者森隆介の当選を取消し、赤松の当選を認める告示をなした。したがって同様の例である富山四区について、内相が前例に反する知事の行為を是認するのはなぜか。

第一の当選者の変更については、選挙法第八十七条により裁判の確定後に行われるべきものであるから、質問書の主張にはやや強引さがみられる。一方、第二の質問は前回選挙で茨城県知事が当選証書を書き換えたことを当時の内相が不当と判断しなかった前例があるにもかかわらず、今回、内相の対応が前例と矛盾している点を追及している。

これを受けて、副島内相は、五月二十五日、答弁書を提出した。(110)答弁書は、第一の質問に対しては、富山地裁は投票効力に関して判断したに過ぎず、「選挙明細書ヲ更正スレバ夫レニテ富山地方裁判所ノ判決ハ十分ニ執行セラレタルモノ」と回答した。また、第二の前回選挙の前例との矛盾に関しては、「事実ナリト雖モ此処分ハ本大臣ノ指令ニ基キタルモノニ非ズ且行政上允当ナラスト認メタルヲ以テ今此例ニ依準セズ」と、その処置が不適切であったため前例として依拠しないことを述べ、富山県知事に対して当選状の書き換えを命令する必要はないと結論づけた。

四　島田孝之対武部其文当選訴訟

（1）提訴

島田孝之の代理人砂川雄峻は、訴状（三月二十七日付）を大阪控訴院に提出し、武部其文の衆議院議員当選無効を求める訴訟を提起した。(111)島田本人は、選挙戦での負傷後も「警戒注意」し身を潜めており、訴訟は「同志者」によって行われた。訴訟後も「吏党兇焔尚ほ身辺を去らず」、島田は周囲の勧めで京都に「潜伏」した[112]。

訴状によれば、原告は選挙明細書の謄本（甲第一号証）と無効投票と決定された選挙人の交名書（甲第二号証）を提出し、選挙訴訟の際と同様に、無効とされた投票五種類の有効を主張した上で、以下のように記している[113]。

右甲第一号証第六節第一ヨリ第五マデノ投票ハ有効ニシテ無効ニアラズ之ヲ正当ニ有効ハ有効トシテ数ヘナバ被告ノ当選ハ無効ニ相成ルヤ勿論ナリ而シテ右有効ニシテ無効ト決定セラレタル投票百五十三票中十四票ノ外即チ百三十九票ハ原告ニ属スルモノナリ故ニ原告ハ被告ノ衆議院議員当選ヲ無効トスルノ訴訟ヲ提起スルノ已ムヲ得ザルニ立至リ申候

さらに、訴訟期限に関しては、当選人確定の告示がなされた二月二十七日より起算して[114]、三〇日以内の訴訟期限を遵守していることを述べている[115]。

（2）中間判決

当選訴訟の初公判は、四月二十七日午前十時より、大阪控訴院民事第三部にて藤林忠良判事が担当し野村検事の立ち会いで口頭弁論がなされた[116]。原告島田孝之の代言人は砂川雄峻、桑田房吉、被告武部其文の代言人は渋川忠二郎、吉田長敬、平岡萬次郎であった。

被告代言人は、選挙法第七十八条の規定により、二月二十五日の当選議員氏名の告示から[117]、原告が控訴院へ出訴した三月三十日までに三三日が経過し、訴訟期限が過ぎていることを申し立て、中間判決を請求した。原告代言人は本案審理に入ることを求めたが、裁判長は中間判決を必要と認め、それについて弁論を始めるよう指示した。

原告代言人は選挙法第八十八条「当選訴訟ニ付本章ニ規定シタルモノ、外総テ普通ノ訴訟手続ニ依ル(118)」を挙げ、民事訴訟法第百六十七条に基づく里程猶予を認めるべきと主張した。里程猶予とは、原告が裁判所の所在地に居住していない場合、法律上の期間を住居地と裁判所の距離に応じて八里ごとに一日伸長することをいう(119)。

ここでの争点は、原告の訴状提出が選挙法第七十八条の三〇日以内という訴訟期限を過ぎていたことから、民事訴訟法第百六十七条の里程猶予が認められるかどうかという点にあった。北畠治房大阪控訴院長は、四月二十九日に中山寛六郎内務省参事官と面会した際、訴訟の見通しについて、「富山県ノ事ハ事実上島田勝訴ノ模様ナリシカ被告ヨリ申立アリテ該訴訟ハ開票告示ヨリ三十三日ヲ経過シテ起シタル訴訟ナレハ本院ニ於テ受理スヘキモノニ無シ(120)」と述べている。控訴院長は、訴訟内容自体は島田勝訴と判断しながらも、被告側が申し立てた出訴期限超過をもって受理されない訴訟であると認識していた。また、翌月二日に開かれる公判の内容についても、「提訴ノ期日ニ里程ヲ取除クノ規定ハ始審裁判ヽ《ママ》決ノ時ト是地裁判所ト裁判所トノ間ノ事ヲ規定シタルモノニテ此□ノ事ニハ里程ヲ除クノ規定スヘキモノニアラス」と述べ、争点となっていた里程猶予が適用されない見通しを示した上で「島田敗訴ナリ」と断言した(121)。

五月二日、大阪控訴院は被告の請求による中間判決を以下のように宣告した(122)。

本案ハ出訴期限ヲ経過シタル後ニ出訴シタルモノトス従テ出訴ノ効ナキモノニ付之ヲ棄却ス、訴訟費用ハ原告人ニ於テ負担スヘシ

判決は、「訴訟法にある里程猶予日限に関せず(123)」と、里程猶予の適用を認めず、訴訟期限経過を理由として原告の訴えを棄却した。北畠控訴院長の述べた通りの結果であった。

これを不服とした原告は、大審院に六月四日付上告状を提出し、二十一日に弁論の上、上告は受理された。上告理由は次の一点のみであった[124]。

……本案は当選告示の日より卅日を経過したる出訴なれども路《ママ》程期限内に出訴したる訴訟なれば棄却せらる可きものにあらず何となれば選挙法第八十八条に依り普通法に於ける路《ママ》程猶予の期限を有す可きものなればなり猶ほ行政訴訟の提起者が法定期間の外に路《ママ》程猶予期間を有すると同じければなり

原告の上告を受けて、七月九日、大審院第二民事部は以下の判決を宣告した[125]。

大阪控訴院カ本件ニ付言渡シタル判決ヲ破棄シ更ニ弁論及ヒ判決ヲ為サシムル為メ仝院ニ差戻ス

判決理由は以下の通りである[126]。

若シ原判旨ノ如ク其他毫モ猶予ヲ与ヘサルモノトセハ法条中特ニ其明文ナカラサル可カラス且ツ夫ノ天災等抗拒ス可カラサル事項ノ為メニ期限ヲ経過シタル者ニ対シテモ亦普通ノ民事規定ニ依リ原状回復ヲ許ス可カラサルモノトナルヘシ豈ニ斯ノ如キ不当ノ条理アラン然レハ原状回復ノ如キハ勿論本件ノ場合即チ里程延長ノ為メ日数経過シタルカ如キモ亦議員選挙法第八十八条ニ依リ普通民事ノ規定ニ随ヒ相当ノ猶予ヲ与フ可キハ当然ノ筋合ナリトス

つまり、大審院判決は、訴訟期限を経過した場合でも、選挙法第八十八条により民事訴訟法上の里程猶予が適用されるとして、大阪控訴院への差し戻しを命じたのであった。

差し戻された大阪控訴院では、八月十二日、口頭弁論が開かれた。このときの争点は、投票の効力を争うことが当選訴訟の理由に包含されるかという点であった。被告は、本件の争点は選挙法第七十八条と選挙法施行規則第二十九条の解釈にあると述べ、これについて原告は、選挙法施行規則は選挙法後に発布した勅令であるから、法律の効力は勅令に制限されるものではないと主張し、被告は、勅令であるが選挙法の不足を補っているものであるから効力は同一であると反論し、訴訟棄却の中間判決を求めた。[127]

九月八日、控訴院は「被告の拒弁相立ず依て本案に対し被告は答弁すべし」と口頭で言い渡し、この申し立てを棄却した。[128] 大阪控訴院は原告の主張を認め、勅令である施行規則は法律である選挙法を変更、制限するものではないと判断し、投票効力をめぐって当選訴訟を提起することは適法であるとした。[129]

中間判決を不服とした被告は大審院に上告した。上告の趣旨は第一に、選挙法第五十二条、第二十六条により、「七日ノ期間内ニ選挙長ニ対シ始審裁判所ニ出訴スルニアラサルヨリハ他ニ投票効力ノ決定ヲ動カス道ナキコト明白ナリ」[130]というものであり、第二に「投票効力ノ決定ハ選挙法第五十二条ニ明文アル如ク選挙長ノ為スヘキ行政処分」[131]であるとして、行政処分への異議は法律に規定がなければ主張できないというものであった。

この中間判決後、控訴院の求めた本案審理の口頭弁論の期日はしばらく決まらず、原告は数回にわたって開廷を要求したが、九月十七日、被告は「嚮に選挙長が大審院に上告したる投票効力事件の判決まで」公判期日を延期することを願い出た。[132] さらに、十一月七日、大阪控訴院は同月十八日に予定されていた対審を中止する決定を下した。中止の理由は、民事訴訟法第百二十一条を根拠として「先きに言渡したる判決に対し上告し訴訟記録大審院へ回送相成候に付」というものだった。[133] つまり、先述した被告が大審院へ上告した当選訴訟の中間判決が出されるまで本案審理は中止するということである。

十二月一日、大審院は、被告側の上告を棄却する判決を宣告した。大阪控訴院判決を全面的に踏襲した判決であった。判決の理由は次の通りである。[134]

当選訴訟ノ理由ニ制限アラサル上ハ仮令投票ノ有効無効ヲ以テ本件訴訟ノ理由トスルモ是レヲ以テ当選訴訟規定以外ノモノト為スヲ得ス

（3）本案審理と判決

被告の請求による中間判決が十二月一日の大審院判決によって決着し、延期されていた本案審理がようやく開始された。大阪控訴院で開かれた本案審理の公判は、選挙人訴訟と同様に選挙長による無効投票の判定について争われた。

明治二十六（一八九三）年一月十二日の第一回公判では、投票実物と選挙人名簿の取り調べを裁判長が許可して閉廷となった。[135] 二十三日の第二回公判は被告代言人が投票を取り調べ、[136] そして、二十五日には口頭弁論が行われた。[137] 原告側は選挙長が九〇票を無効としたのは違法で、そのうち七三票は有効であると主張し、被告側は原告主張の七三票中三五票は原告の得票と認めるが、無効投票中一三票は被告の得票であるから差し引き一九票、被告が上回っていると主張した。立会検事は、選挙長の無効決定は「疎漏且つ不法」[138] であるとして、原告の主張は至当のものとの意見を述べた。

公判を終了し、一月三十一日午前十一時、大阪控訴院民事第三部若村判事は、[139]「武部其文ノ当選ハ全ク無効ニテ

表2　富山県第4区当選訴訟判決一覧

年	月日	裁判所	判決種類	判決内容	判決理由
明治25年	5月2日	大阪控訴院	中間判決	妨訴による棄却	出訴期限超過
	7月9日	大審院	中間判決	差し戻し	里程猶予認定
	9月8日(注)	大阪控訴院	中間判決	妨訴却下	投票効力
	12月1日	大審院	中間判決	妨訴却下	投票効力
明治26年	1月31日	大阪控訴院	本案判決	原告勝訴	無効投票の判定
	5月17日	大審院	本案判決	原告勝訴	無効投票の判定

注　『明治二十五年・大審院判決録』は9月25日とする。

原告島田孝之訴訟ノ趣意至当ナリ故ニ島田孝之ヲ以テ当選人トス」[140]という本案判決を口頭で宣告した。これにより島田孝之の当選が認められ、敗訴した武部其文は大審院に上告した。

大審院は、四月十五日頃、武部の上告を受理し[141]、五月十七日、当選訴訟に対する本案判決を宣告した。判決主文は「本件ノ上告ハ之ヲ棄却ス」[142]というものであり、これによって、最終的に島田の当選が確定し、武部の議員資格は失効となった（表2は判決一覧をまとめたものである）。

上告人（武部）の上告要旨は次の四点である。第一に、原告提出の上申書記載の選挙人七三名中七名は氏名が上申書と異なっているため無資格者の投票であるのに、控訴院が有効と認定したのは違法である。第二に、選挙人の住所が記載されていない投票は無効である。第三に、無捺印の投票は無効である。第四に、選挙人が郡村等の記載の際、版木を押捺して筆記に代えたことは違法である。

これらについて、大審院は、上告要旨の第一点から第三点までを上告の理由なしとして斥けた。第四点の主張に対しては、大審院は被上告人（島田）の陳述を採用し、投票所に備えてある活字を借りて筆記に代えたものと判断し、「本項論述スル所ハ事実認定上ノ非難ニ属シテ上告ノ理由ナシトス」[143]として、これも斥けた。

結局、先の選挙人訴訟で、すでに実際の投票を証拠として取り調べた上で六九票が有効となっている以上、判決理由にあるように、武部側は当選訴訟の本案審理において、些末な事実認定に関して異議を唱えるほか抵抗のすべがなかったものと思われる。

以上の経過を経て、富山四区の千々岩英一選挙長による投票無効決定に端を発する訴訟事件は、島田孝之の当選と武部其文の当選無効という大審院の最終判決で決着した。

明治二十六年六月十六日、富山県の以下の告示によって、島田孝之の衆議院議員当選が正式に確定し、(144) 島田は第五議会から衆議院の議場に再び登場した。

○告示第六十六号

第四選挙区選出衆議院議員武部其文ニ対スル島田孝之ノ起訴ニ係ル当選訴訟大阪控訴院ニ於テ本年一月三十一日当選無効ト判定セラレ被告ニ於テ上告中ノ処客月十七日棄却相成武部其文ノ当選無効ト確定相成候ニ付更ニ当選人左ノ通確定ス

明治二十六年六月十六日　　富山県知事　徳久恒範

第四選挙区　　島田孝之

小括

以上、富山県第四区の選挙干渉事件と一連の訴訟について論じてきた。これによって明らかになったことは次の通りである。

まず、富山県の総選挙の構図は、政府に協力的で改進党と長年対立してきた北陸自由党候補が、県・警察の支援を受けて改進党候補と争うというものであった。政府の関与は吏党候補者の選定にみられた。

富山県の「民党の本城」と目された第四区においては、改進党候補である島田孝之やその支持者に対し暴行事件が起き、選挙当日も壮士の横行がみられるなど荒れた選挙戦となった。これらの事件に対し警察は迅速に対応せず、当日も逆に棄権を勧めるなど吏党に肩入れする行動をとった。また、訴訟の結果から、同区選挙会における千々岩英一選挙長の投票無効決定は不当なものであり、中立であるべき選挙長が特定候補（吏党）に有利になるよう恣意的判断を下したことが明らかになった。選挙干渉事件としては一般に暴行や騒動が例に挙げられることが多いが、むしろ中立であるべき選挙長が不当な決定を下し、選挙結果を操作することほど、行政による選挙干渉の手段として悪質なものはないだろう。

また、佐々木隆氏は、選挙干渉は松方首相に近い薩摩閥や古参地方官が政府、内務省の黙認を見越して暴走したために発生したとの説を唱えているが[145]、富山県の森山茂知事はそのどちらでもなかったにもかかわらず、選挙前に第四区の選挙長（郡長）を交代させ、民党候補を落選させた郡の郡長や警察幹部に報奨金を与えるなどの形で関与し、干渉は他の地域に比肩する激しさであったことから、富山県は佐々木説に当てはまらない事例であるといえる。

さらに、選挙委員訴訟に始まり、当選訴訟で島田の当選が確定するまでの公判の模様、論点、判決をそれぞれ詳細に示し、いずれの訴訟でも、被告となった千々岩選挙長、武部其文はともに本案審理に入るのを極力避け、無訴権の抗弁や権利拘束などの妨訴申し立てによる訴えの棄却をねらう戦術をとったことを明らかにした。これは本案審理での不利を自覚していたためと考えられる。選挙人訴訟における投票実物による判定により島田票が武部票を上回ったことで、実質的に島田が正当な当選者であることは明らかであって、当選訴訟では手続き上の問題や事実認定上の些末な問題の議論に終始した。結局、大審院の最終判決にもとづく島田の当選確定によって、行政の不正は正されたのである。

その後、政府・地方官による選挙干渉に対して世論の批判が強まったことで[146]、島田の当選確定から半年後に行われた第三回総選挙の結果は、改進党三、北陸自由党一、中央交渉会一となり、改進党は第一回総選挙で得た議席数を回復することができた。島田は第四回総選挙まで武部に勝利し、四期連続当選を果たした後、政界を引退した。一方、武部は第十一回総選挙に当選し、晴れて衆議院議員となった。

註

（1）明治二十五年二月一日付松方正義宛品川弥二郎書簡（松方峰雄、兵頭徹編『松方正義関係文書』第八巻、大東文化大学東洋研究所、昭和六十二年、二九七頁）。

（2）『帝国議会衆議院議事速記録』第四巻（東京大学出版会、昭和五十四年、四八頁）。

（3）富山県第四区の島田孝之対武部其文、岩手県第一区の谷河尚忠対上田農夫、高知県第二区の片岡健吉・林有造対片岡直温・安岡雄吉の三例である。

（4）本章の元となった論文発表後、村上一博「明治二五年における富山県礪波郡の衆議院議員選挙関係訴訟（上・下）」（『法律論叢』第八五巻・第六号、第八六巻・第一号、平成二十五年三月、七月）が発表されたが、新たな論点・事実は見当たらない。

（5）『北陸政論』は北陸自由党の機関紙である。また、改進党の機関紙『富山日報』の明治二十五年中の記事は残念ながら現存していない。わずかに他紙の引用や、「有松英義文書」（国立国会図書館憲政資料室蔵）の「明治二十五年中新聞発行禁止取調表」に掲載されている分が確認できるのみである（第六章参照）。

（6）『選挙干渉ニ関スル参考書類』（衆議院事務局、明治二十五年）。この資料は、衆議院事務局が、第三議会における審議に際して民党が集めた各地の選挙干渉の実態をまとめたものである。この調査結果をもとにして演説が行われた。

（7）「世路手記」（乾・坤・人三冊、滑川市立博物館蔵）は滑川町助役を務めた城戸与吉郎氏（慶応元年―昭和十七年）の手記を編年体に編集したものである。富山新聞社『越中の群像』（桂書房、昭和五十九年、二六―二七頁）は、この「世路手記」を「滑川分署の警察日記」と題して紹介している。

（8）通常、選挙全体または一部の効力を争う訴訟を選挙訴訟というが、当時の選挙法にはその規定がなかった。ただし投票効力に関する選挙長の決定と、投票所管理者である町村長の決定に対しては提訴することができた。よって、この投票に関する訴訟を選挙の一部の効力を争うものととらえ、ここでは選挙訴訟と呼ぶことにする。なお、通常の意味の選挙訴訟が規定されるのは、明治三十三年の選挙法改正からである（『法令全書』明治三十三年、法律第七十三号、二〇五頁）。選挙法の沿革については、自治省選挙部編『選挙法百年史』（第一法規出版、平成二年）参照。

（9）稲垣示（嘉永二年八月二十日―明治三十五年八月）は富山県の自由党指導者である。明治十八年大阪事件に参加し、軽禁錮五年の判決を受けた。衆議院議員四回当選。

（10）島田孝之は、嘉永三年五月三日、富山県礪波郡般若野村島新の農家島田三郎の長男として出生。明治八年新川県第十三中学区取締、十一月同中学区教務監督。十年十月青森県属。十二年野辺地警察署長。十四年四月、職を辞して郷里で北辰社を設立。十五年五月越中改進党結成。九月石川県会議員当選。十六年四月富山県会議員当選。十九年十月富山県会議長。『北辰雑誌』発刊。二十二年二月十一日、県会議長として県民を代表して憲法発布の式典に参列。衆議院議員当選四回。三十年富山日報社長。三十一年中越鉄道社長、富山農工銀行頭取。明治四十年一月十五日、五八歳で死去。著書に『薄游小稿』（非売品、明治二十五年）、内山松世編『湘洲詩鈔』（内山松世、大正十四年）。

（11）大阪事件研究会『大阪事件の研究』（柏書房、昭和五十七年）を参照されたい。

（12）富山県編『富山県史』通史編Ⅴ・近代上巻（富山県、昭和五十六年、二九一頁）。

（13）前掲「世路手記」乾の巻、四八―四九頁。城戸氏はこの当時、高岡警察署内勤及び政談演説筆記係であった。

（14）選挙区の区割りは、第一区（定員二名）は上新川郡・婦負郡、第二区（定員一名、以下同じ）は下新川郡、第三区は射水郡、第四区は礪波郡であった。

（15）磯部四郎（嘉永四年七月―大正十二年九月一日）は、議員に当選した後、明治二十三年十一月、議会に出席することなく議員を辞職し、大審院判事となったが、二十五年五月九日、弄花事件で大審院検事を辞職し代言人となった（弄花事件及び磯部の検事辞職については、楠精一郎『明治立憲制と司法官』慶應通信、平成元年参照）。磯部の議員辞職を受けて行われた十一月十八日の補欠選挙では立憲自由党の石坂専之介が大同派の重松覚平を破って当選した。

（16）第三区を地盤とする稲垣示は、大阪事件での服役により、選挙法第十四条第四項に抵触したため、立候補できなかった。詳しくは、寺崎修「自由民権家の出獄と公権回復――大阪事件関係者の場合」『法学論集』第五一号、平成七年三月、三三九―三四〇頁、参照（同『自由民権運動の研究――急進的自由民権運動家の軌跡』慶應義塾大学法学研究会、平成二十年所収）。

(17) 国民自由党所属の議員は、山際七司、遠藤秀景、南磯一郎、綾井武夫、前田案山子の五名であった。
(18) 前掲『富山県史』通史編Ⅴ・近代上巻、五〇一頁。
(19) 大日方純夫「初期議会をめぐる大隈重信と立憲改進党——第二議会前後を中心として」『早稲田大学史紀要』第二一号、平成元年三月、参照。
(20) 稲垣示は、政府から吏党結成の内旨を受けて富山に戻ったといわれている（『富山県政史』第四巻、富山県、昭和十六年、三八八頁）。また、政府は民党候補の中でも政府に協力的な温和派に対しては吏党候補として支援した。当選者のうち、弥生倶楽部（自由党系）の一〇名、議員集会所（改進党系）の三名は「着実派ノ候補者」として扱われた（第六章参照）。
(21) 『北陸政論』明治二十五年一月七日付。以下、明治二十五年の資料の年次は省略する。
(22) 『改進新聞』一月二十六日付、『毎日新聞』同日付。
(23) 『北陸政論』二月四日付。
(24) 『北陸政論』二月九日付。
(25) 同前。
(26) 『北陸政論』二月十二日付。
(27) 「第二区の候補者（改）」『北陸政論』二月九日付。
(28) 「富山県報」二月十二日付（富山県立図書館蔵）。
(29) 「世路手記」には、「此時婦負郡長原弘三なる人官僚側より推されて衆議院議員候補者に立ち其筋の後援を得て遂鹿界に競争したることあり」（乾の巻、六四頁）とあり、原が官僚によって選ばれ、後援を受けたことが分かる。
(30) 松方正義宛井上角五郎書簡（松方峰雄、兵頭徹編『松方正義関係文書』第六巻、大東文化大学東洋研究所、昭和六十年、三〇六頁）。
(31) 前掲『選挙干渉ニ関スル参考書類』五七頁。
(32) 武部其文は、文久二年二月、富山に武部尚志の次男として生まれ、二松学舎に学び、明治十七年明治法律学校卒。十八年代言人資格取得。明治二十三年富山県会議員、地方森林会議員。明治二十四年八月、北陸自由党に参加。衆議院議員当選二回。昭和四年四月十二日死去。
(33) 「礪波郡昨今の政況」『北陸政論』二月九日付。

（34）『北陸政論』二月十四日付。
（35）「衆議院選挙議員候補者名簿」（「品川弥二郎文書」国立国会図書館憲政資料室蔵）。
（36）武部の丸印は黒色で書かれ、島田の朱色の丸印は黒色横線で消されている。
（37）前掲『選挙干渉ニ関スル参考書類』五七頁。
（38）同前。
（39）前掲『藩閥政府と立憲政治』二〇五頁参照。
（40）前掲『富山県政史』第四巻、三九〇頁。
（41）森山茂は、天保十三年九月二十五日、箸尾保規の子として生まれ、森山履道軒の養子となった。明治元年兵庫裁判所書記、二年二月外国官書記となり、二年から九年までの間に計七回朝鮮へ出張。八年外務省権大丞、十二年元老院権大書記官、十三年同大書記官、二十年同議官を経て、二十三年七月から二十五年八月まで富山県知事。明治二十七年四月から大正八年二月まで貴族院勅選議員を務めた。大正八年二月二十六日死去。
（42）前掲『選挙干渉ニ関スル参考書類』五七―五八頁。
（43）前掲「世路手記」乾の巻、六六―六七頁。
（44）『撰挙実録』（民友社、明治二十五年、一三八頁）も同じ議決内容を挙げている。
（45）『毎日新聞』二月四日付。
（46）一月十三日付松方正義宛渡辺昇書簡（前掲『松方正義関係文書』第九巻、昭和六十三年、九五頁）。ただし、オリエンチスはフランスから派遣された宣教師であるが、文中ではアメリカの司教から資金を得たとされている。
（47）二月二十七日付松方正義宛渡辺昇書簡・別紙二（同前書、九八頁）。
（48）二月二十七日付松方正義宛渡辺昇書簡（同前書、九五頁）。
（49）「島田孝之氏遭難の模様」『東京朝日新聞』二月九日付。
（50）前掲『越中の群像』二六頁。
（51）二月三日付、第二二五号「前衆議院議員負傷ノ件ニ付上申」（「明治二十四年・機密文書」富山県公文書館蔵）。
（52）前掲『選挙干渉ニ関スル参考書類』六五頁。
（53）『北陸政論』二月四日付。

(54)『北陸政論』二月九日付、十二日付。
(55)「島田孝之氏死せしとの風説」『北陸政論』二月十五日付。
(56)前掲『富山県政史』第四巻、四〇一頁。
(57)『大阪毎日新聞』二月八日付。
(58)前掲『選挙干渉ニ関スル参考書類』六五頁。
(59)「予審終結」『北陸政論』三月二十日付。
(60)「殴打創傷事件の宣告」『北陸政論』四月二十三日付。
(61)『北陸政論』三月二十七日付、四月一日付。
(62)『日本』二月十八日付。
(63)前掲『選挙干渉ニ関スル参考書類』六五頁。
(64)同前書、六〇頁。
(65)「富山県選挙長の不正（裁判の結果）」『国民新聞』四月七日付。
(66)第三議会では、原が中央交渉会、その他北陸自由党員は独立倶楽部に所属した。
(67)千々岩英一は一月八日に相馬朔郎と交代し、射水郡長から礪波郡長に就任した。この交代自体が第四区への干渉のためではないかと衆議院でも問題視された（前掲『帝国議会衆議院議事速記録』第四巻、六三頁）。
(68)前掲「富山県選挙長の不正（裁判の結果）」。なお、『第一回乃至第七回衆議院議員総選挙一覧』（衆議院事務局、明治三十七年、四五頁）は、有権者数三四一二名、棄権者六〇五名としているが、これは書類消失により正確な数字ではないため、『国民新聞』を引用した。
(69)三月二十七日付「訴状」（前掲『富山県政史』第四巻、四〇四頁）。
(70)前掲『第一回乃至第七回衆議院議員総選挙一覧』四五頁。なお、『北陸政論』二月十九日付は、島田の得票を一二四六票と報道し、前掲『富山県政史』（第四巻、四〇〇頁）、前掲『富山県史』（通史編Ⅴ・近代上巻、五〇八頁）も同じ数字を掲げているが、これは誤りである。
(71)前掲『法令全書』（明治二十二年、二一―二九頁）。
(72)同前書、二七頁。

(73) 同前書、二八―二九頁。
(74) 三月二十七日付「訴状」(前掲『富山県政史』第四巻、四〇六頁)。
(75) 『北陸政論』二月二十日付。『富山日報』の記事を紹介している部分を引用した。
(76) 「耶蘇党の訴訟三昧」『北陸政論』二月二十六日付。
(77) 「負惜み訴訟の対審」『北陸政論』三月十九日付。
(78) 「負惜訴訟の公判」『北陸政論』三月二十二日付。
(79) 民事訴訟法第二百六条第一項に基づく(『法令全書』明治二十三年、法律第二十九号、三三九頁)。
(80) 前掲「負惜訴訟の公判」。
(81) 選挙法第五十二条「投票効力ノ有無ニ付疑義アルトキハ選挙委員ノ意見ヲ聞キ選挙長之ヲ決定ス此ノ決定ニ対シテハ選挙会場ニ於テ異議ヲ申立ツルコトヲ得ス」(前掲『法令全書』明治二十二年、二八頁)。
(82) 前掲「負惜訴訟の公判」。
(83) 磯部四郎『議院法衆議院議員選挙法及貴族院令注釈』明治二十二年、九四頁。
(84) 「第一負惜訴訟の宣告」『北陸政論』三月二十四日付。
(85) 『明治二十五年・大審院判決録』(復刻版、文生書院、昭和六十一年、二七四頁)。
(86) 『東京日日新聞』(附録)七月十日付。『朝野新聞』同日付。
(87) 前掲『明治二十五年・大審院判決録』二七一―二七四頁。
(88) 同前書、二七三―二七四頁。
(89) 『北陸政論』二月二十七日付。
(90) 『北陸政論』三月二十三日付。
(91) 民事訴訟法第百九十五条第一項「権利拘束ノ継続中原告若クハ被告ヨリ同一ノ訴訟物ニ付キ他ノ裁判所ニ於テ本訴又ハ反訴ヲ以テ請求ヲ為シタルトキハ相手方ハ権利拘束ノ抗弁ヲ為スコトヲ得」(前掲『法令全書』明治二十三年、法律第二十九号、三三六―三三七頁)、権利拘束による妨訴の抗弁を規定した同第二百六条第三項による。
(92) 「第二負惜訴訟の公判(承前)」『北陸政論』三月二十六日付。
(93) 第二回公判からは被告代言人佐木龍次郎の代わりに服部猛彦、山岸佐太郎の二名が新たに出廷した(「千々岩氏の代言人」『北陸政論』三月二十九日付)。
(94)「第二負惜訴訟第二回の公判」『北陸政論』三月二十九日付。
(95)『国民新聞』三月三十日付。
(96)「第二負惜訴訟第三回の公判」『北陸政論』四月一日付。
(97)前掲『選挙干渉ニ関スル参考書類』六五頁。
(98)前掲「第二負惜訴訟第三回の公判」。
(99)同前。
(100)前掲『法令全書』(明治二十二年、二八頁)。
(101)このときの選挙は、投票用紙に選挙人の住所、氏名を記入する方式であった。
(102)「第二負惜訴訟第三回の公判(承前)」『北陸政論』四月二日付。
(103)「第二負惜訴訟第三回の公判(承前)」『北陸政論』四月三日付。
(104)『北陸政論』四月七日付。判決は、七日、八日、九日、十日、十二日付に掲載され、同十五日付に富山地方裁判所書記課による訂正申し入れ記事が掲載された。なお、引用に際して平仮名は片仮名に改めた。
(105)元の論文において第一種を五二票と誤って記載していた。正しくは五三票である。
(106)『北陸政論』四月九日付。
(107)『北陸政論』四月十日付。
(108)前掲『選挙干渉ニ関スル参考書類』五九—六〇頁。配られたのは三月二十日で、森山知事二五〇円、鈴木警部長一〇〇円、千々岩礪波郡長六六円、荒川義太郎書記官五〇円、大楽典獄兼富山警察署長四八円、奥田貞濟下新川郡長三六円であった。
(109)前掲『帝国議会衆議院議事速記録』第四巻、五—六頁。
(110)同前書、二〇九頁。以下の引用は同書にもとづく。
(111)三月二十七日付「訴状」(前掲『富山県政史』第四巻、四〇三—四〇七頁)。
(112)四月六日付鹿島秀麿宛島田孝之書簡(「鹿島秀麿文書」五五六、神戸市文書館蔵)。
(113)三月二十七日付「訴状」(前掲『富山県政史』第四巻、四〇六頁)。
(114)当選人確定の告示は、「富山県報」(二月二十七日付号外、富山県立図書館蔵)に、告示第十一号として掲載されたが、告示の日付は二月二十六日付であった。

(115) 三月二十七日付「訴状」(前掲『富山県政史』第四巻、四〇六頁)。

(116) 『大阪毎日新聞』四月二十八日付。

(117) 先述の通り、「富山県報」の告示は二月二十六日付である。

(118) 前掲『法令全書』(明治二十二年、三二頁)。

(119) 前掲『法令全書』(明治二十三年、法律第二十九号、三三〇頁)。

(120) 「日記」四月二十九日条(「中山寛六郎文書」東京大学近代日本法政史料センター原資料部蔵)。中山の高知派遣については、第三章参照。

(121) 同前。

(122) 『大阪毎日新聞』五月三日付。前掲『富山県政史』第四巻、四〇七頁。なお、平仮名は片仮名に改めた。

(123) 『大阪朝日新聞』五月三日付。

(124) 上告状(『毎日新聞』六月二十二日付)。これは訴訟代理人桑田房吉の名で提出された。

(125) 同前。なお、前掲『富山県政史』(第四巻、四〇九頁)には、原告・被告の住所、日付、判事名が記された判決文があるが、文章に若干の異同がある。

(126) 前掲『明治二十五年・大審院判決録』一四三—一四四頁。

(127) 同前書、四四〇頁。

(128) 『時事新報』九月十日付。なお、『大審院判決録』は大阪控訴院の中間判決の期日を九月二十五日としている。

(129) 前掲『明治二十五年・大審院判決録』四三八—四三九頁。

(130) 同前書、四三七頁。

(131) 同前書、四三九頁。

(132) 『時事新報』九月二十日付。『大阪朝日新聞』九月二十八日付。『北陸政論』十月一日付。

(133) 『新愛知』十一月十七日付。このときの延期については、選挙人訴訟が大審院判決によって「富山地方裁判所に差戻し」になったためと説明するものもある(『大阪朝日新聞』十一月十九日付)。『北陸政論』十月十五日付も「富山地方裁判所の判決を破棄する旨宣告ありたり」と伝えている。しかし、選挙人訴訟の大審院判決は『明治二十五年・大審院判決録』には存在しない。

（134）前掲『明治二十五年・大審院判決録』四四〇頁。

（135）『大阪朝日新聞』明治二十六年一月十四日付。

（136）『大阪朝日新聞』明治二十六年一月二十四日付。

（137）『大阪朝日新聞』明治二十六年一月二十六日付。

（138）同前。

（139）『大阪毎日新聞』明治二十六年二月一日付（附録）。

（140）『大阪朝日新聞』明治二十六年二月一日付。なお、平仮名を片仮名に改めた。

（141）『大阪朝日新聞』明治二十六年四月十六日付。『北陸政論』同十八日付。

（142）『明治二十六年・大審院判決録』（復刻版、文生書院、昭和六十一年、七六頁）。

（143）同前書、八三頁。

（144）「富山県報」明治二十六年六月十六日付号外（富山県立図書館蔵）。同日、徳久恒範県知事より当選状（「衆議院議員之証」）が交付された（「島田孝之君略伝（十）」『富山日報』明治四十年一月二十八日付）。衆議院事務局の「議員異動調」（『衆議院議員当選回数調』昭和六年、二四八頁）によれば、島田の当選は六月十四日となっている。

（145）前掲『藩閥政府と立憲政治』二一四―二一五頁。

（146）富山県においては、選挙後の第三議会で政府による選挙干渉を糾弾した島田三郎と河野広中に対して、礪波郡の町村長三四人が感謝状を送付した件が問題となった（礪波市史編纂委員会編『礪波市史』資料編三・近現代、礪波市、平成五年、九六―一一六頁）。八月に入り千々岩郡長が職務違反を理由として感謝状取り消しを訓示し、それに対して町村長はノルマントン号事件や大津事件の際の前例を引き合いに出して拒否したところ、町村長は解職処分となった。九月、町村長は処分取り消しを徳久知事に訴願したが、十月、知事は申し立てを却下した。なおも町村長は従わず、後任の白上俊一郡長を被告として行政裁判所に提訴したが、二十六年三月、敗訴した（『行政裁判所判決録』第六巻、東京法学院、明治二十九年、三二一―四一頁）。

第二章　高知県第二区・選挙干渉事件

前章では、富山県について、選挙長の恣意的な投票無効判定によって落選した改進党候補が、一年以上にわたる当選訴訟の末、勝訴し逆転当選した経緯について詳しく述べた。本章では、全国で最も激しい選挙干渉が行われ、死者一〇名、負傷者六八名といわれる(1)一大紛争に発展した高知県に関して取り上げる。

高知の事例に関して、概要は郷土史などが紹介しているが(2)、研究文献として考察を加えているものはほとんど見られない(3)。特に、第二区は自由派と国民派が衝突し(4)、最も深刻な紛争に発展した選挙区であり、富山県第四区同様、当選訴訟で民党候補が勝訴、逆転当選した選挙区であるため、選挙干渉事件を論じる上で非常に重要な事例である。

本章では、「明治二十五年高知県選挙干渉資料」（「憲政史編纂会収集文書」所収）、「公文雑纂」（国立公文書館蔵）、「片岡家資料」（高知市立自由民権記念館蔵(5)）などの資料を用いて、高知県第二区における選挙干渉事件の経緯とその特徴を明らかにしたい。

一　事件の発端

（1）自由派と国民派の対立

本節では、選挙干渉事件の発生に至る経緯について論じていく。その際、特に事件の発端となった要因を選挙前の状況などから探っていきたい。

高知県は、板垣退助をはじめ、自由民権運動を推進し自由党を結成した民権派を多く輩出し、政治意識の高い土地であることはよく知られている。概して、高知県の各村は政治上、同一主義、同一党派で形成されていたため、村民一人の主義を変えるためには村全体の主義を変えなければならないという状況であったといわれる(6)。

その高知には、自由党と対立する土佐勤王党の流れを汲む「国民派」と呼ばれる勢力が存在し、衆議院議員選挙（以下、総選挙）以前の県議会議員選挙の段階では、「明治十年代は国民派優位であり、民権派が多数になるのは一八九〇（明治二十三）年以後であった」といわれるほどの勢力を誇っていた(7)。両者の選挙争いは熾烈で、二十三年の半数改選では第一回総選挙の前哨戦として自由派と国民派が各地で衝突し、死者が出る騒ぎにまで発展した。このときの選挙で自由派は初めて県会で多数を占めるに至り、国民派は独占していた高岡郡の議席を五から三に減らし、吾川郡二、幡多郡五（独占）と合わせて一〇議席となった。そして、二十四年の府県制下における全員改選の県会議員選挙の結果は自由派二四、国民派五、不明一となり、自由派が圧倒的勝利をおさめるに至った。これで国民派の議席は幡多郡の五議席を独占するのみとなり、国民派の牙城であった吾川郡、高岡郡も次第に崩されていった。幡多郡などで国民派が勢力を保った背景については、他の地域よりも経済力に乏しい中農・貧農層の支持を集

表3　高知県衆議院議員選挙結果（第1回–第3回）

	第1区（定員1名） 高知市、土佐郡、長岡郡	第2区（定員2名） 吾川郡、高岡郡、幡多郡	第3区（定員1名） 香美郡、安芸郡
第1回	**竹内　綱　（自由）　1288** 新階武雄　（国民）　134	**林　有造　（自由）　1323** **片岡健吉　（自由）　1297** 弘田正郎　（国民）　856 片岡直温　（国民）　830	**植木枝盛　（自由）　1202** 西尾元輔　（国民）　283
第2回	**武市安哉　（自由）　1150** 新階武雄　（国民）　119	**片岡直温　（国民）　854** **安岡雄吉　（国民）　844** 片岡健吉　（自由）　779 林　有造　（自由）　773	**植木志澄　（自由）　971** 弘田正郎　（国民）　389
第3回	**小松三省　（自由）　1082**	**林　有造　（自由）　1128** **片岡健吉　（自由）　1126** 片岡直温　（国民）　428 弘田正郎　（国民）　426	**西山志澄　（自由）　1085**

注1　衆議院事務局編『第一回乃至第七回衆議院議員総選挙一覧』（明治37年、56–57頁）より作成。
注2　太字は当選者を表わす。

めたことが指摘されている(8)。

では、二十三年の第一回総選挙はどのように行われたのであろうか。七月一日に投票が行われ、その結果は、表3の通り、一区は竹内綱、国民派の勢力が強い二区は林有造(9)・片岡健吉(10)、三区は植木枝盛が当選し、四議席を自由派が独占し、殊に一区、三区は自由派の圧勝であった。

選挙時の高知県の様子について『朝野新聞』は次のように報じた(11)。

> 最も競争激烈なるは第二区なり。其他は先づ平穏と云ふべし。（六月二十七日付）
>
> 当地国民自由の両派は三四日前より一層激烈の競争を為せしも愈本日（一日）となり、別に珍事なく各選挙会を閉ぢたり。其結果は判然せざるも自由派の勝利ならんと云へり。（七月三日付）

これらの記事にあるように、第二区では激しい競争はあったものの選挙会終了まで問題なく進行した。これは高知県に限られた事象ではなく、全国的に見てもこのときの最大の問題は賄賂、買収の問題であり、衆議院議員選挙法の罰則に違反するものも出たが、大きな騒動に発展することなく選挙を終えた。その最大の要因は警察の取り締りであった。例えば、七月十三日付の『毎日新聞』は、各地の選挙状況について、熊本、岡山、広島、福岡、佐賀などでは「警察の注意十分」で「予期に反して何等の異聞もなく」選挙を終えたと伝えた。それは第一回総選挙に関する内務省の報告を見ても裏付けられる[12]。

各府県共に同年七月一日投票選挙を行ひ、当選状付与の手続に至るまて平穏に結了せり。当時選挙前後の状況を挙くれは、党派の競争甚しく多少の弊害あり、或は法に触れ律に処せらるゝものあるに至れりと雖も、幸に強暴に渉るか如きの所為に及はす。

このように、第二回総選挙以前の高知県の状況を見ると、県議会議員選挙開始時から自由派と国民派の対立が存在し、特に衆議院議員選挙で第二区に編成された幡多郡、高岡郡、吾川郡は国民派の勢力が強く、したがって競争も激しい地域であったが、時の経過とともに国民派の退潮が目立ち、自由派勢力が優勢となっていた。また、第一回総選挙では、警察の取り締りの強化によって、激しい競争はありながらも選挙会まで無事終了した。

（2）両派の候補者擁立

第二回総選挙の選挙戦はまず候補の擁立から始まった。自由派は、解散直後の十二月二十六日、県内の県議会議員、参事会員などが会合を開いた。前回選挙で全勝したことから、候補は全員前任者とする方針を固めた。個別に候補者に打診することとなったが、林有造と竹内綱の両名が立候補を承諾するかどうかが懸念された[13]。ただし、立候補に消極的だったのは、以下に見られるように片岡健吉もまた同じだった[14]。

議会解散セラルヽヤ、自分ハ暫ク議員ノ地位ヲ退キ、他同志ニ譲ラント欲シ、郷党再ビ自分ヲ推シ候補者ト決定セシ由報知セシ時ノ如キ、実ニ固ク之ヲ辞退シタリ。然ルニ郷党許サズ、止ムナク之ヲ応諾スルニ至リタル

というのも、これらの三名は自由党内でも政府との調和を図ろうとする穏健派であり、第一議会のいわゆる「土佐派の裏切り」によって、政府に妥協した予算案に賛成し、二十四年二月二十四日、自由党から離脱して自由倶楽部を結成した中心的人物であった。自由倶楽部は第二議会解散後、自由党に合流したとはいえ、彼らと他の自由派、特に急進的な人々との間には意見の相違が依然残っていた。

結局、一区の竹内綱は候補を辞退した。そのため、後継候補を誰にするかが問題となった。当初、西山志澄が候補に浮上したが、党内の反対が強く、一月十五日、自由派の合意を得た武市安哉が後継候補に決まった。二区の林、片岡は、連名で自由派に書簡を送り、立候補に関して即答を避けながらも、国民派の指導者である谷干城の行動に注意を促し、兼ねてから二区で自由派に反対する傾向のある谷が帰県するならば、自分たちが候補者とならなければ自由派にとって不都合だろうと伝えた[15]。林は片岡と相談の上、一月五日には出京する予定のため、総会を十五日頃に延期してほしいと伝えた[16]。

このときに自由派のみならず国民派からも挙動が注目された谷は、品川内相経由で行った調所高知県知事への問い合わせに対し「来らさるをよしとす」と返答があったことや[17]、国民派からも帰県を先に延ばすよう求められことから[18]、「友人間に暫く見合候方双方之為可然との忠告も有之候選挙確定後に帰県の事と取極め居候」[19]と、選挙期間内の帰県を見送った。

一月九日、予定通り開かれた自由派総会での熱心な立候補要請に応じ、二区の林有造、片岡健吉、三区の植木枝

盛は立候補を決めた。ところが、二十三日になって植木枝盛が急死したため、三区の候補は、一区に出馬できなかった西山志澄が植木姓で出ることになった。[20] したがって、前議員で出馬したのは二区の二名のみとなったのである。

一方、前回選挙で全敗した国民派は巻き返しを計り、政府からの民党議員の当選阻止という至上命令もあって、必勝を期した候補擁立を進めた。特に二区には、前議員である林、片岡に対抗しうる人物が求められた。

当初、二区には高知出身の水野寅次郎内閣書記官[21]の擁立が官民一致で確定していた。水野は一月十一日高知に入り、自由派と国民派の調和に努めたが、「人民殆ンド狂シ、手段上理非曲直ヲ問フニ遑アラザル」様子で、「立憲政体ノ本質ニ背戻シ」ている県内の騒擾の状況を嘆き、十六日、遂に立候補断念を松方首相に伝えた。[22]

水野の見るところによると、国民派は「必勝算ナキニ苦ミ、終ニ政権ヲ利用シテ勝利ヲ占メント欲スル計画」に走り、拙劣な手段をとることを辞さない姿勢であった。[23] 実際、国民派の弘田正郎は「元来撰《ママ》挙競争は水論の如く又戦争の如く全く一時に止まるものにして其時は随分権変詭道も行ふへく勝ては則ち可なり」という考えを持っており、政権を利用し詭道を選んでも、選挙は戦争のように勝てばよいと考えていた。[24] また、弘田が「今回必勝の積り」でいたことからも、[25] 国民派がこの選挙に並々ならぬ決意をもって臨んでいたことがわかる。

さて、候補者について、弘田は指導者谷干城に次のように報告した。[26]

候補は片岡直温、新階武雄、安岡雄吉及私に有之候安岡之処は如何と被存候へ共別に可然者も無之大石へも相談仕候へ共断られ申候夫故彼に一決致候

水野が辞退した後の二区の候補者については、然るべき者もなく、国民派は大石に期待したが、大石に断られたため、安岡雄吉に決めざるをえないという事情があったことがわかる。[27] 安岡は大同団結運動のとき後藤象二郎のもと

で活躍した人物であった。大町桂月『伯爵後藤象二郎』は、選挙前後の後藤と安岡の関係を次のように記している。(28)

安岡の如きは、片岡直温と共に、高知県第二区国民派の候補に推されしが、放火殺人等、未曽有の騒擾を極め、投票函紛失の如き珍事さへも起りたり。安岡は故らに知事及び干渉官吏との面会を避けて、高知に来らず、竊に宇和島を経て帰京す。伯は其挙動の機敏なるを賞しつゝ、逸早くも、直に安岡をして選挙干渉善後策の意見書を草せしむ。

これによれば、安岡は後藤と連絡しており、候補でありながら選挙運動中も高知県知事や官吏と関係せず、また高知入りもせず帰京したという。国民派に望まれない安岡擁立の背景には、大同団結運動で活躍して知名度のある安岡であれば自由派支持者の票を得やすいという目論見があっただろう。そして、国民派以外の意向、例えば後藤の意向がはたらいたことが推測されるのである。(29)

国民派は、一月二十日、最終的に一区に吾川郡諸木村村長の新階武雄、二区に片岡直温(30)と安岡雄吉(31)、三区に弘田正郎の擁立を決めた。第一回総選挙に出馬した新階、片岡は前回と同じ選挙区から出馬となったが、弘田は前回の二区から三区へと移った。国民派にとって二区は、もともと国民派の勢力が強い土地であり、なおかつ第一回総選挙で敗北はしたものの勝利の可能性が県内で最も高いという好条件がそろった選挙区であった。国民派はここに大阪財界の実業家片岡と大同派安岡という二名の有力候補を擁立することで、自由派を破り二議席独占することを狙った。したがって二区に中央、県、警察の力が集中的に用いられたと考えられるのである。これらのことから、二区では自由派と国民派の衝突は必至の情勢であった。

二　事件の推移

（1）選挙活動の開始と治安維持

1　干渉の指令

第二議会が解散され、選挙活動が始まりつつあった一月、高知県の調所広丈知事(32)は集めた県郡の官吏に向かって、次のように第二回総選挙の方針を述べた(33)。

民党を以て国家を破壊するものと認め、且つ　陛下の解散を命し玉ひし前議会の民党員を再選するは　陛下の聖旨を体せざるものなり。尚ほ強て之を再選するものは国賊なり朝敵なり……苟も職を現政府に奉するものは予と雖とも身命を抛て民党議員の再選を妨害すべし。一個人資格の名義を以て運動するには官吏と雖とも敢て法律上差支なき次第なり。

調所知事の訓示は、天皇が解散を命じた前議会の民党議員を再選する者は「国賊」であるから、官吏が一個人の資格で、「国家を破壊する」民党議員の再選を妨害することは法律上問題ないという趣旨であった(34)。

同様に古垣兼成警部長は各警察署長に対して次のように訓示した(35)。

選挙干渉に若し諸君の中に躊躇逡巡する者あらば速に其職を去るの決心をなせ。這回の総選挙たる実に本官等が一死以て現政府に殉するの時なり。諸君も亦此意を了して勇猛奮前《ママ》以て大に運動する所あれ。

警部長は一個人の資格を持ち出すことなく、干渉を躊躇する者は辞職せよと直接的に警察署長に迫ったことがわかる。

このような警部長の訓示を受けた警察署長は、署に戻るとすぐに部下の巡査らに対して国民派候補を支援する遊説を命じた。例えば、香美郡（三区）の赤岡警察署長浜田盛義警部は、一月十二日、所轄の巡査を招集し、それぞれの担当地域を決め遊説に派遣した。遠隔地のため一日遅れて到着した柳瀬浩太郎巡査と竹村左司磨巡査は、警察が選挙に介入することに疑問をもち、事前に戸別訪問を拒絶する構えで臨むことを申し合わせていた。彼らに対して、平服姿の浜田署長は次のように述べた[36]。

彼の民党なるものは……一意政府の攻撃を努め予算其他必要なる政府の議案は敢て其理害を講窮するなく無二無三之を否決し、以て快となるものにして、其意蓋し現政府を圧倒し、己れ之に代らんとする野心に外ならす……実に国家に害毒を流布する破壊的団体にあらずや。是等の団体は宜しく撲滅せさる可からす。今回の臨時選挙に就ては、此等の分子を挙く可からす。必す国家を賞するの人則穏当なる実業家を挙くる様努めさる可からす。貴職等の見る所果して如何……

署長に意見を求められた柳瀬、竹村両巡査は、署長に対して「県下前選出議員の如きは其経歴名望の上に於ても県下屈指の人物」であると反論した[37]。署長はこれを認めつつも、「国家の害毒を殲滅するは我警察の職にあらずや」と警察の選挙介入を正当化したが、柳瀬が「議員選挙は法律の定むる所。警察は唯其の選挙者を保護するの職務ある耳」と正論を唱えると、二人に対して、署員一同と正反対の主義を抱くものであるから進退を決することを求めた[38]。二人は十四日辞表を提出し、十六日巡査を罷免された[39]。

以下の事実により、警察は一個人の資格という口実を用いながらも警部長、各警察署長、巡査という通常通りの指令系統で組織的に選挙に介入し、自由派候補の当選を妨害する方針であり、これに反対する者は警部長の訓示通り、実際に辞職を迫られたことがわかる。これらの活動の財源としては、一月二十六日から二月二十二日にかけて、内務省庶務局長[40]（会計主務官）の大谷靖から調所知事のもとへ振り込まれた計八〇〇〇円もの金銭がそれに充てられた可能性が高い[41]。

2　戸別訪問の失敗

次に、全選挙区で見られた巡査らの有権者に対する戸別訪問はどのように行われただろうか。巡査らは平服姿で担当地域の有権者宅を訪れ、国民派候補への投票を呼びかけ、ときには連判状への捺印を求め、拒絶されると一個人の資格であることを念押しするという手法をとった。幡多郡田ノ口村では、巡査が自由党候補者に投票してはいけない理由として、自由党は選挙運動費として五〇万円を借り入れたため、自由党がもし選挙に勝てば国庫金でその金を返済することになると述べた[42]。また、ある巡査は国民派候補に投票することを勧め、これを強く拒絶されると、「実ハ長官ノ命ナレバ[44]」といって退散したという[43]。「長官」は県知事を指している。

以下の中摩速衛高岡郡長の回顧は官吏・警察の干渉の様子をよく伝えている[45]。

内務大臣の命令で政府党たる国民派の候補を当選せしむべく勧誘に干渉に全力を尽せとの内命があり、私は知事から沢山の金を渡された。それで私はその金を撒いて投票の買収に取りかゝり郡書記はもちろん警察当局と協力してドシドシ金を使つた。所が匹夫婦女子に至るまで一人として金を受取る者が無いのみならず、金だと云えば却て激昂して反対の熱が高まるので全く手のつけようがなくなった。そこでやむを得ず腕力に訴え警官等をして乱暴を働かせ到る所に怪我人をつくつた。

これにより、県、郡、警察が一体となって投票の買収に励み、説得や買収の効果がなかったため実力行使に及んだという一連の経緯がわかる。

このようにして、警察官は様々な理由で国民派への投票を呼びかけ、投票の買収を企てたが、自由派にこれを受け入れるものはほとんどなく、効果があがらなかった。そのため、次第に脅迫、実力行使といった手段が使われるようになっていく。以下においては、主な殺傷事件を取り上げて選挙干渉事件の様相を描きたい。

3　殺傷事件の頻発

一月二十一日、高岡郡須崎町古市町で開かれた政談演説会において、弁士竹中靖明(46)（号・活発太郎）が演説中殺害される事件が起きた(47)。これが高知の選挙運動中死者が出た最初の事件であった。当日、聴衆は六十余名集まり、その内覆面姿の者が二、三十名いた。八時半頃、竹中が演壇に登り、「国賊退治政談」と題して、冒頭「我ヲシテ執政者タラシメバ」と発言した途端、右側の窓から礫が飛んできた。第二の礫で演壇のランプが消え、覆面姿の暴徒が内庭に引き落とそうとしたため、竹中は柱に抱きつき警官の保護を求めたが、無理に引き落とされ、暴徒は折り重なるようにして腹部など数ヶ所を刺し竹中を殺害した。この演説会には岡林幾三郎警部、巡査二名が臨席し、刺殺現場からごく近い位置にいたにもかかわらず、暴徒を取り押さえようともせず、傍観していた。目撃者は東に逃げた暴徒が国民派の拠点に逃げ込んだところを見たという。この事件は新聞各紙で大きく取り上げられ、高知二区の騒動を広く知らせるきっかけとなった。

表4は、この事件を含め、保安条例実施以前の干渉事件をまとめたものである。事件の加害者がほとんどわからないのは、警察が犯罪捜査をほぼ放棄していたため、犯人が逮捕された例がきわめてまれであったことが原因である。

4　農商務省の抗議

犯罪捜査を放棄し、選挙に介入を続ける警察に不満を抱いたのは、自由派だけではなかった。**表4**にもある一月二十九日の川島亨一郎小林区署長襲撃事件に関して、小林区署を管轄する農商務省の陸奥宗光大臣は内務省に署員の安全確保を要求した[48]。以下では、この事件をめぐる両省のやりとりを、主に原敬（当時農商務省秘書官）が記した「高知選挙事件大略」に従ってみていくことにする[49]。

事件の報告がなされるとすぐに、陸奥大臣は調所知事に事件の顚末を具申するよう求めた。知事は「川島亨一郎ハ兼テ自由主義ノ傾アリ同村民ハ皆国民派ニシテ多少軋轢ノ風アリシカ……暴徒川島方ニ乱入発砲又ハ薪等ヲ抛付ケ狼藉ス」と報告した。被害状況は、川島自身は脇腹に刀傷一ヶ所、他に軽傷四ヶ所、川島の長女は指に散弾傷一ヶ所、義姉は腰に散弾傷一五ヶ所を負う重傷であった[50]。事件の背景には、旧立志社員の川島と、国民派の三原村民との間の軋轢があった。知事は、川島が自由派に与したことが暴徒に襲われた原因であることを示唆している。

この事態に対して、陸奥大臣は佐藤秀顕書記官を現地に派遣し[51]、高知大林区署長と協議し事態に対応させるという迅速な措置をとるとともに、二月四日、品川内相に対して保護がなければ公務に差し支えると抗議し、署員の保護を求めた。これに対して品川内相は、大小林区署の保護について了承しつつも、陸奥が署員に「毫モ党派ニ関係セス自衛ノ方向ヲ取」るよう命じることを求めた。つまり品川は、署員が自由派を支持しないことを保護の条件に

表４　高知県における選挙騒動一覧（1）

月日	場所	内容	加害者	被害者	所属	備考
1月19日	高岡郡尾川村	不法監禁	井上作郎警部	西村陽	自	負傷
	高岡郡斗賀野村	傷害	国民派 同	大山千久馬龍田村長 片岡儀蔵同収入役		負傷 負傷
	高岡郡斗賀野村（役場）	引致	同	堅田精三郎助役		負傷
1月20日	吾川郡伊野村（家宅）	襲撃	国民派 30 名	中田幸馬	自	家屋破壊
1月21日	高岡郡須崎町（演説場）	殺害	国民派 80 名	竹中靖明	自	死亡
1月24日	幡多郡白田川村	襲撃	暴徒 50 名	3 名	自	負傷
1月25日	幡多郡佐賀村（家宅）	乱入	国民派 同	沢原宜武治 谷脇喜代馬	自 自	負傷 負傷
	幡多郡東中筋村（役場）	襲撃	和田克次ら（国） 同	川村勇馬助役 間崎道寧村長	自 中	負傷 負傷
	幡多郡江ノ村	襲撃	同 同	土居三伯 桑原丑太郎	自 自	負傷 負傷
	吾川郡伊野村（家宅）	襲撃	国民派	中田幸馬	自	家屋破壊
1月27日	香美郡立田村（家宅）	襲撃	国民派	北村守之助	自	負傷
1月28日	幡多郡中筋村	襲撃	同	浜田安八		家屋破壊
			同	小笠原福太郎		家屋破壊
			同 同	立石政元 立石政直		負傷 負傷
1月29日	幡多郡三原村（小林区署）	襲撃・発砲	国民派 40 名 同 同	川島亨一郎署長 川島小高 横山さい		負傷 負傷 負傷
	高岡郡斗賀野村	衝突	岡林壮郎（国） 国民派 同 西田楠吉（自）	山崎卯子 前野辰吉 西田楠吉 高橋松次	自 自 自 国	死亡 死亡 負傷 負傷
2月 3 日	幡多郡小筑紫村	殺害	自由派 自由派	菊池儀三郎 竹田利太郎	国 国	死亡 負傷
2月 5 日	幡多郡佐賀村（佐賀港）	発砲、妨害	国民派 300 名	中村丸（30 名）	自	船
	幡多郡下田	発砲	国民派 500 名	島村重助	自	家屋破壊
	高岡郡波介村	殺害	国民派	廣瀬為三郎	自	死亡

注１　上記事件については、「高知県選挙干渉資料一–三」（「憲政史編纂会収集文書」）を参照した。

注２　表中の人数はすべて概数である。また、表中の自は自由派、国は国民派、中は中立を表わす。

していたのである。これは明らかに、品川が警察に吏党と民党とで異なる対応を指令していた、もしくはそれを黙認していたことを示している。

これに対し、陸奥はすでに山林局長名で各大林区署長に選挙への干渉を禁じていたが、二月五日、あらためて高知大林区署長に対して、署員の選挙に関する権利を尊重しつつも、選挙に干渉する者には処分も辞さない構えを示した(52)。その上で陸奥は再び内相に対し、大小林区署の保護を求めたが、内相は「高知県大林区署保護方ノ義ハ已ニ昨日同県へ相達置候」と簡単に回答したのみであった。しかし、内相が保護を請け負ったにもかかわらず、事態は一向に改善されなかった。業を煮やした陸奥は、先に派遣した佐藤書記官が発信した以下の二月十二日付電報を、今度は内相を通さず、松方首相へ伝えたのである(53)。

土佐国、今以テ曲者横行シ、殺傷已《ママ》ムヲ得ス、人民恐レ、僅ニ検事並ニ憲兵ニ依頼、警察ニ信ヲ措モノ少ナシ、参考迄、

投票日を三日後に控えてもなお騒動はやまず、高知県の人々は警察に対して不信感を抱いていた。この後、大小林区署員に対する暴行は起きなかったが、陸奥大臣の再三の要請に応えた処置がなされたのかどうかは疑問である。ただし、両省のやりとりの後、二月九日に保安条例が実施されたことは、小林区署長への発砲という異常事態をふまえた政府の再発防止措置とも受け取れるが、そのような意図を伝える資料はない(54)。

一連のやりとりに関わった原敬は、日記に内務省を批判する文章を書き付けた(55)。

以上のように、農商務省は管轄部署への襲撃事件をめぐる内務省の治安対策に対して抗議し、両者の干渉に対する姿勢の違いを鮮明にした。すでに見たように品川内相の警察に対する姿勢は、自ら不公平な取り締りを促してい

ると疑わせるものであった。

警察官の国民派への投票を促す遊説、戸別訪問から開始された選挙に対する介入が、もともと党派が二分し争いの絶えない高知県での諸事件の発端となって、事態は日増しに悪化し、壮絶な紛争へと発展していったのである。

（2）保安条例の施行

1　保安条例

二月五日、幡多郡の佐賀港に上陸しようとしていた伊東物部ら自由派三〇名を乗せた中村丸に向け、国民派約三百名が発砲する事件が起きた（表4参照）。上陸できなかった中村丸は、転じて下田港へ向かったが、ここでも国民派の妨害があり、憲兵、警察官が自由派を説得し、須崎港へ戻らせた。

この国民派の発砲という事態を重く見た政府は、九日、高知県の治安を回復するため、閣令第一号をもって高知県下に二十日間の保安条例第五条第二項、第三項の執行を命じた[56]。もともと保安条例は、明治二十年、三大事件建白運動弾圧のために制定施行された条例である。第五条第二項、第三項の条文は下記の通りである[57]。

第五条　人心ノ動乱ニ由リ……治安ヲ妨害スルノ虞アル地方ニ対シ内閣ハ臨時必要ナリト認ムル場合ニ於テ其一地方ニ限リ期限ヲ定メ左ノ各項ノ全部又ハ一部ヲ命令スルコトヲ得……

二　新聞紙及其他ノ印刷物ハ予メ警察官ノ検閲ヲ経スシテ発行スルヲ禁スル事

三　特別ノ理由ニ因リ官庁ノ認可ヲ得タル者ヲ除ク外銃器短銃火薬刀剣仕込杖ノ類総テ携帯運搬販売ヲ禁スル事

これにより、自由国民両派は銃器刀剣などの武器を持つことが禁止された。早速、実施翌日には銃器刀剣商の商品が封印され、また、憲兵が自由派の銃刀剣を差し押さえた。また、『土陽新聞』、『高知日報』ともに検閲が入り、選挙関係の記事を掲載できなくなった。しかし、実際には両派とも依然として武器を用いるか、あるいは条例が禁じていない棒などで代用したため、以後も騒動は頻発することとなる。ただ、すでに派遣されていた憲兵は両派の武装解除や解散など紛争の予防、取り締りに向け動き出しており、このときの保安条例の実施は、制定経緯とは異なり、本来の治安回復という役割を発揮することになったといえる。

表5は、保安条例の施行後に起きた事件についてまとめたものである。以下では、投票日の開票に関係する和田村の事件と、これまでほとんど取り上げられていない林有造の逮捕未遂事件について簡単に取り上げておきたい。

二月十五日、投票日当日の早朝四時、幡多郡和田村に投票視察に訪れた細川速水郡書記が殺害される事件が起きた。[58]前日、幡多郡和田村では自由派約千人が国民派襲撃に向けて準備をしていたところ、翌十五日深夜一時、国民派は和田村近くまで進撃してきた。憲兵が国民派に同行する警部らに即時退却を求め、結局、十五日七時に警察官の説得で国民派が退去し、この騒動は終わった。しかし、この騒動のさなか、自由派の吉田平太郎他数人は、和田村役場で山本重剛村長に氏名を名乗った出張中の細川速水郡書記を国民派の回し者と疑い、細川を刀で斬りつけ殺害した。[59]その場にいた三七名は起訴され、予審の結果、吉田は高知地方裁判所の重罪公判に付され、残りの者は免訴となった。[60]逮捕、起訴された者の中に村長の山本も含まれていたため、当日の投票事務は助役が担当することとなった。

次に、自由派候補林有造に対する逮捕未遂事件である。先述した通り、十四日から和田村周辺では国民派の襲撃に備えており、地元の林有造も自由派の指揮をとっていた。国民派は「林有造の首をとったら一万円やるといって気負[61]」っていたというように、林有造に対して敵愾心を燃やしていた。林の書簡によると、十四日、郡長、警部長

表5　高知県における選挙騒動一覧（2）（保安条例実施以降）

月日	場所	内容	加害者	被害者	所属	備考
2月10日	幡多郡和田村	暴行	国民派30名	山岡定為沖ノ島村長	自	負傷
	高岡郡佐川村	投石	国民派100名		自	負傷
2月11日	幡多郡中村公同倶楽部	乱入	国民派200名	弘田登	自	家屋破壊
2月13日	高岡郡佐川村	破壊 衝突	国民派200名 自由派20名 同	 楠本正誠 浜田政太郎	自 国 国	家屋破壊 死亡 死亡
2月14日	幡多郡中村京町	発砲	国民派15名	有光福次	自	家屋破壊
	香美郡明治村	襲撃	巡査、国民派300名		自	家屋
	吾川郡森山村	傷害	国民派	川嶋市吾	自	負傷
2月15日	幡多郡和田村	殺害	吉田平太郎（自）ら	細川速水郡書記		死亡
	香美郡佐古村	傷害	国民派	楠目玄	自	負傷
	吾川郡秋山村	襲撃	国民派80名 同	山中平次 内田喜久馬	自 自	死亡 負傷(死亡)
	吾川郡上八川村投票所	乱入	清水村巡査	筒井練吉	自	引致未遂
	幡多郡中村	逮捕	警察	林有造	自	引致未遂
2月16日	高岡郡戸波村鉄砲辻	襲撃	大妻景郎（国） 国民派 同	和田亀太郎 細木信太郎 久米良弘	自 自 自	死亡 負傷 負傷
2月23日	幡多郡橋上村	乱入	警官13名、暴徒70名	松田秀義	自	家屋破壊
	幡多郡和田村中角	乱入	警官10名、暴徒60名 同	松田忠三郎 野村正路	自 自	家屋破壊 家屋破壊
	幡多郡和田村二ノ宮	引致	国民派60名	2名	自	投票強制
2月24日	幡多郡和田村二ノ宮	引致	警官	3名	自	投票強制

注1　これらの事件については、「高知県選挙干渉資料一–三」（「憲政史編纂会収集文書」）、橋田庫欣「サイサイ騒動」（『土佐史談』第158号、昭和57年1月、110–115頁）を参照した。
注2　表中の人数はすべて概数である。また、所属の自は自由派、国は国民派を表わす。

らは「凶徒嘯集之条ニ当ル巨魁林ヲ捕縛ス」[62]と決め、十五日以降、多数の巡査を使って捕縛に動いた。これを知った林は宿毛を離れ、十六日増田村に泊まり、十七日愛媛県南宇和郡の深浦にある小幡進一宅に着き、十九日夜には深浦から船で佐賀関へ行き[63]、さらに汽船で神戸へ潜行した。二十四日、小幡は城辺分署に呼び出され、署長に林が宿泊したときの様子を尋問された。署長は林に保護を与えるためと語ったが、これが林捕縛のための尋問であることは明らかである。二十一日には林の逮捕は取り消しとなった。その後、東京に到着した林は実兄の岩村通俊宅に身を寄せ、逮捕騒動一件を伝えた。岩村は事情を説明し松方首相に面会を要請した(64)。結局、林は難を逃れることができたが、投票日を過ぎた後でも候補を逮捕することで、当選しても被選挙権が剝奪されることを狙うという警察の最後の手段ともいうべき企ての標的になったのである。

以上、**表5**にまとめたものを含めた諸事件を見ると、保安条例施行後も銃や刀などの武器が用いられる例が依然としてみられ、自由派、国民派双方に死傷者が続出したことがわかる。ただし、保安条例施行前と異なる点もあった。それは、憲兵の目も気になったであろう警察官が本来の職務に復帰し、取り締りに取り組む姿勢が徐々に見られたことである。これは憲兵派遣と保安条例施行の効果であろう。

ところで、これらの緊迫した事態に対して調所知事はどう対応していたのだろうか。

水野寅次郎内閣書記官が一月十六日に松方正義首相に宛てた書簡を見ると、調所知事の置かれていた状況が読みとれる(65)。

今や知事ハ種々ノ事情ニカラマレ、複雑ノ境遇ニ有是候ニ付、斯ル危機ヲ打明ス場合ニ無之存候まゝ、差控候段、遺憾不少候

この書簡により、一月十六日の段階で、調所知事が高知県の危機的状況に対して無力であることがわかる。したがって、調所は事態を鎮静化する力をすでに持っていなかった。このような状況の中、調所は二月六日、松方首相に書簡を送り、「御命令通リ法律ノ範囲内ニ於テ運動可仕候間、御承知可被下候、併、民党ハ県庁カ法律外之事ヲスルト云ヒテ、陥イレント、様々手段ヲ尽シ居候」と、自由派の「示威運動」や「大勢喧噪徘徊(66)」による攻撃や干渉中止の申し入れなどを理由にして、「撰《ママ》挙終リ次第、直ニ依頼免官」することを懇願した(67)。しかし選挙後、調所

はその希望に反し留任となった。その後、七月二十日に行われた選挙干渉の更迭人事により、調所は鳥取県知事に転任となったが、より治めやすい県を希望し、同じく更迭人事の対象となった安場保和福岡県知事が貴族院議員転出の意向であることを知り、それにともない空席となる愛知県知事への転任を松方首相に次のように願い出た。(68)

広丈ハ廿二年六月、閣下并ニ黒田伯閣下トノ御厳命ニ依リ、高知県へ任命仕リ、不及ナカラ微力ヲ尽シ、有名之難県、兎ヤ角平穏ニ纏メ……其間度々転任之懇願ハ仕候得共、御許容無之、終ニ今日之結果ト罷成リ候事ニ有之、其四年間ノ間、他地方ニ更迭ノ好場所も有之候得共、一度も恩命ニ議シ無之候事ニ付、今度幸ヒニ愛知県ニ好地方有之候事ニ付、何卒右場所へ転任仕候様、被成下度、其迄度々懇願仕候事情御酌量被下候ハヽ、決シテ、無謂、願意トモ思召被下間敷……

これにより、調所が選挙以前から何度も治めやすい場所への転任を希望していたこと、松方と黒田の厳命に従って有名な「難県」をまとめてきた自分の転任希望は言われなきものとは見なしていないことがわかる。しかし、希望が実現しないまま第一次松方内閣は崩壊し、第二次伊藤博文内閣が発足する。逓信大臣として入閣した黒田清隆は、井上馨内務大臣に「誠ニ不愍」と調所の転任希望を伝えた。(69)だがこれも実現せず、結局、調所は二十七年九月五日に鳥取県知事を依願免官し、十月十五日、黒田の伊藤への周旋により貴族院議員に就任したのである。(70)

この件に関して、佐々木隆氏は、松方の指示が「法律の厳守—干渉の停止」であり、調所は「事態を積極的に鎮静化する意思は無く」、知事辞意表明は「開き直り」で、「過度の忠誠に奔った」ととらえている。(71)しかし、この間の経緯をみれば、調所は松方の指示通り、法律の範囲内で一個人の資格をもって民党候補を落選させるよう訓令を出したが、難治県である高知の激しい選挙戦の中で事態を収拾する力を失い、治めやすい県への転出を懇願したとみるのが自然だろう。なお、松方の指示は法律の範囲内で選挙運動を行なうことであって、干渉の停止を命じたと解釈するのは妥当ではない。言い換えれば、法律の範囲内で選挙に干渉することを求めたといえる[72]。その点では、第三節でみたように、調所が一個人の資格で官吏が選挙に干渉することは法律上差し支ないと訓令で言及したことも、主観的には松方の指示通りと認識していて当然である。

陸羯南は高知県の一連の選挙騒動について、「地方二党派の争」、「唯だ選挙競争の事」と見ることなく、責任の所在を明らかにしなければならないと主張した[73]。陸は、責任は地方官、特に知事にあるとして、次のように調所知事を批判した[74]。

彼れ高知県知事は生平何事に注意を為せしか。其地方に官たる以上は必ず其地の民情を知らん。今日騒乱の起るは彼固より予め之を探知せしなるべし。若し之を探知せずと言はゞ是れ其の職を怠りしものなり

調所知事が高知の危機的事態に対して無力な状況の下で、自由派は高知県の治安回復を求めるため、一月下旬から松方首相をはじめとする中央の人物にはたらきかけを始めた。

自由派のはたらきかけは、主に三つの経路によるものであった。第一は、片岡健吉である。片岡は一月二十日に松方首相、二十七日に三好退蔵司法次官に対し高知の状況を伝える手紙を送り、政府の対応を問いただした。第二に、高知県参事会員岡崎賢次である。岡崎は二十八日、上京し、各方面へ高知県の状況を伝えた。また、二月二日には谷干城を訪問し、警官の干渉防止を願い、松方首相に書簡を送った。第三に、在京高知県人が挙げられる。特に二月五日、在京県人五十余名による集会が開かれ、大江卓の趣旨説明に続いて、岡崎賢次が県下の惨状を報告し、谷干城は救済の道を尽くすべきと演説を行った[75]。そして六日、谷干城、竹内綱が松方首相を訪問し、政府の「此上

の注意」を求め、松方の同意を得ることに成功した(76)。

政府・内務省も一月下旬に入ってようやく高知県の騒動へ対処し始めた。内務省は高知県の状況視察のため警保局の黒岩知新警務課長を派遣し、また、江木衷秘書官、土木局の石田氏幹試補を派遣し、視察と知事への指令伝達を行った。

表6　憲兵派遣と帰隊

	照会日時	到着日時	規模	士官	下士兵
第1回	1月29日	1月31日	2分隊	1名	49名
第2回	2月　6日	2月　9日	1分隊	1名	31名
第3回	2月11日	2月13日	2分隊	1名	60名
第1次帰隊	2月26日	2月26日	4分隊		110名
総員帰隊	3月　1日	3月　8日	1分隊		30名

注1　日時、人数などは「公文雑纂」（国立公文書館蔵）、「憲兵屯田兵司令部日報」（防衛研究所図書館蔵）による。

注2　明治24年度大阪憲兵隊の編成は、上長官1、士官8、下士69、卒142、計220名であった（「功程報告・記録材料・陸軍省」明治24年度、国立公文書館蔵）。

2　憲兵の派遣

そして、高知県の事態が悪化していく中、政府は治安回復を目的として憲兵条例第六条にもとづく高知県への憲兵派遣を決定したのである(77)。この憲兵の派遣は計三回にわたって行われた(78)。

一月二十八日夜、調所知事は、内務省の小松原英太郎警保局長に高知県下の状況を知らせる電報を二通発信した(79)。これを受けて、翌日品川内相は高島鞆之助陸軍大臣へ憲兵派遣の照会を行い、大阪憲兵隊二分隊に対して最初の派遣命令が下った(80)。派遣理由は、高知県では「惣《ママ》選挙上非常之激烈ヲ来シ過日来殺傷事件」が起き、「積年国民派自由派相互ニ反目シ平素ノ私交上ニ迄其影響ヲ生シ候様ノ形勢ニ付此上厳格ナル取締ヲ要スヘキ」というものだった(81)。

表6は、憲兵の派遣日時、人数についてまとめたものである。第一回派遣は和田知貞憲兵中尉率いる二分隊(82)、第二回は選挙期日が近づき党派の競争が激烈してきたことを理由に一分隊(83)、さらに、第三回は萩原貞固

憲兵少佐率いる二分隊[84]が高知県に派遣された。帰隊も二回に分かれ、二月二十六日、陸相は二十九日の選挙会終了まで六伍[85]を残し、それ以外の憲兵隊を引き揚げさせ[86]、残された憲兵が、大阪に戻ったのは三月八日であった[87]。

憲兵隊の役割は、暴徒の取り締り、騒動の予防措置に加え、投票日当日の選挙人の保護と、投票後の投票箱運搬を護衛することにあった。憲兵は、各地の暴動を中立的立場から自由派、国民派の区別なく取締り、治安を回復していった。内務省から派遣された江木秘書官は二月七日、伊野村、佐川村、須崎町を歴訪し、憲兵派遣の効果を、「各所トモ両党ノ壮士五十名ヅ、兇器ステッキ等ヲ携ヘ混集スレドモ、憲兵ノ派出以来憲兵ハコウヘイ《公平カ〔朱子〕》ナリ、此評判ニテ人心ハ稍穏カナリ」と伝えた[88]。暴徒の横行に恐懼していた高知県民も憲兵隊の来県を歓迎し、取り締りに感謝した。憲兵の公平さが人心を落ち着かせる効果をもたらしたことがわかる。

このように憲兵派遣は大きな効果があったが、憲兵が三度に分けて派遣されたことは、内務省が高知県の実態を正確に把握していなかったことを指し示している。先の農商務省とのやりとりと同様に、内務省の高知県下への取り締りに対する姿勢に迅速性、積極性は感じられない。

三　開票結果

本節では、高知県選挙区の投票日の動きと開票結果について見ていく。

第二回総選挙の投票は、二十五年二月十五日に行われた。しかし、高知二区の幡多郡和田村投票所では、管理者が投票時間を三時間短縮した疑惑が浮上したため、和田村に限って二十五日に再投票を実施することになった[89]。この件については文献によって記述が異なっているため、それらを総合して経緯を述べておきたい[90]。

すでに述べたように、投票当日、和田村では細川郡書記殺害事件が発生し、村長が嫌疑を受けて留置されたため、投票事務は助役が担当した。助役は、役場の時計が閉鎖時刻の午後六時となったため[91]、未投票の三名を棄権とみなし投票をうち切った。その直後、郡長、検事、判事ら三十余名が細川書記の死体検視と引き取りに投票所を訪れたとき、彼らの手許の時計はまだ三時であったため、投票時間の繰り上げが判明した[92]。この時間の繰り上げで選挙人が投票できなかったことから、選挙法施行規則第二十六条を適用し、再投票となったのである[93]。

結局、高知二区の選挙会は、和田村の投票を待って、二月二十九日、高岡郡役所にて開かれ、選挙長は高岡郡長の中摩速衛が務めた。選挙会の開会時間は午前七時、立会人の入場は午前六時三十分開門の予定であったが、当日、自由派の者が五時三十分頃郡役所に着いたところ、すでに開門し国民派の立会人は悉く入場していた。そのため選挙委員は全て国民派で占められた。

開票の結果を受けて作成された選挙明細書によれば、二区において選挙資格をもつ者は一七五八人、投票人数一六二五人、棄権者一三三人であった[94]。定員二名の選挙区は二名連記の投票方式であったため、投票総数は三二五〇票である。開票の結果は、**表3**の通り、片岡直温、安岡雄吉が当選し、第二区の議席は国民派が独占した。他に候補以外の者五票、無効五票があった[95]。この結果を受けて、県知事から当選者二名に当選状が交付されたのは三月三日のことである。

選挙会の運営に関して、自由派が問題視した点が何点かあった。

まず、開票の順序については、第一回総選挙の例を用い、投票ごとに投票の点検を終えると別々に袋に納め、投票総数の計算を終えた後、各村別に開票すると選挙長代理は約束していたが、当日は投票数点検が終わると一個の大きな箱の内に投入し混ぜてしまい、各村別に開票することができないようにしてしまった[96]。このため投票用紙の氏名朗読の際、どの村の誰が誰に投票したということが確認できなかった。

次に、投票用紙の氏名朗読に関する不正操作の疑惑があった。これは自由派が最も問題とした点である。自由派の大井治秋（長浜村長）は、投票朗読の際に諸木村投票所において自由派に投票した長浜村四一票、木塚村四三票、諸木村二二票の計一〇六票[97]がほとんど朗読されなかったことに気づいた[98]。そこで、投票終了後、大井は数々の疑惑を持った自由派とともに投票の閲覧を求めたが、選挙長は拒絶して面会を許さなかった。さらに吉良順吉、島田糺、細川義昌の三名が面会を求め、事務中として一度は拒絶されたが、選挙事務終了前にようやく郡長代理の青木書記に面会することができ、投票現物、諸木村投票明細書、選挙明細書の閲覧と投票総数の提示を請求した。投票現物と投票明細書は閲覧を許されなかったが、投票総数は一六二五であることを紙片に記して交付され、選挙明細書は未整理のため翌日閲覧を許された[99]。

国民派と自由派の票差からみて、朗読されなかった票の扱いによっては選挙結果が逆転するだけに、自由派が選挙長の不正操作を疑ったのは当然といえよう。これがその後の訴訟に発展することになる。

小括

これまで明治二十五年の選挙干渉事件について、高知県第二区を事例として論じてきた。それにより、高知県における選挙干渉の次のような特徴が明らかとなった。

全体的にみると、警察が治安維持の職務を放棄し、国民派候補の当選に向けて選挙に介入したことが騒動を拡大させたといえる。警察官は一個人の資格を口実としたが、干渉の方針は通常の指令系統通りに伝達され、従わない者は罷免された。その活動は平服姿の巡査らの戸別訪問に始まり、説得や買収、脅迫などの効果がないことがわかると、次第に暴漢を使嗾し暴行させ、また有権者を拘束、引致するなど警察権の濫用へ発展し、巡査が暴漢とともに自由派壮士と乱闘する事態にまで至った。この職務を放棄した警察の介入は、当初こそ国民派の選挙運動の側面支援という性格をもっていたが、それが実力行使を伴い始めると、次第に国民派と自由派の武力衝突の火付け役としての性格をもつようになった。さらに投票日前後には、警察は候補である林有造の拘束、逮捕によって自由派に打撃を与えることを狙い、林の行方を執拗に探り出すことすら行ったのである。

このような事態を迎え、内務省や県は取り締りの強化を農商務省や自由派など各方面から求められたにもかかわらず、積極的に対応しようとしなかった。特に警察、県官吏に干渉を指示した調所広丈高知県知事は、警察の暴走とそれによる国民派と自由派の紛争拡大を抑える力を持たず、選挙期間中に松方正義首相に辞意を表明するまでに至った。事態が収拾できたのは、保安条例が実施され、また、三度にわたって派遣された大阪憲兵隊が警察の代わりに中立的な取締りを実施し、その結果として治安が回復したからであった。

開票の結果、国民派の目論見通り、第二区は二議席とも国民派候補が勝利し、自由派の林有造、片岡健吉は落選した。しかし、選挙会での選挙長、立会人の開票作業などに疑問を持った自由派は、争いの場を法廷へと移し、約一年に及ぶ当選訴訟の結果、選挙結果が逆転することになる。

註

（1）外崎光広『土佐自由民権運動資料集』（高知市文化振興事業団、平成四年、三〇一頁）。負傷者六八名は自由派のみの数字であるから、全体では百名を超えるであろう。他に、「吏党の引致拘留等にあった者」五六名、「家屋を破壊された者」八九名となっている。ただし、別の文献では、引致拘留五七名、家屋破壊九〇戸としている。その内第二区のみに限れば、引致拘留三六名、家屋破壊五六戸となる（川田瑞穂『片岡健吉先生伝』湖北社、昭和五十三年、六四〇―六四一頁）。

（2）高知県警察史編さん委員会『高知県警察史』明治・大正編（高知県警察本部、昭和四十九年）。田中貢太郎『貢太郎見聞録』（東京・大阪毎日新聞社、大正十五年）。津村久茂『高知県史』上巻（高知県史編纂会、昭和二十六年）。高知県編『高知県史』（高知県文教協会、昭和四十五年）。『大内町史』（大内町役場、昭和三十二年）。『東津野村史』上巻（東津野村教育委員会、昭和三十九年）。中村市史編纂室編『中村市史』（中村市、昭和四十四年）。須崎市史編纂委員会編『須崎市史』（須崎市、昭和四十九年）。宿毛市史編纂委員会編『宿毛市史』（宿毛市教育委員会、昭和五十二年）。佐川町史編纂委員会編『佐川町史』下巻（佐川町役場、昭和五十六年）など。

（3）佐々木隆氏が『藩閥政府と立憲政治』（吉川弘文館、平成四年）の中で、松方首相が高知県知事に干渉の停止を指示していたことにふれているほか、篠田充男「明治二十五年臨時総選挙における『土佐派』の対応について――資料紹介を中心にして」（『高知市立自由民権記念館紀要』第二号、平成五年三月）、公文豪「高知県における選挙大干渉について」（『高知市立自由民権記念館紀要』第三号、平成五年十二月）などがある。他に、『土佐史談』第一五八号（昭和五十七年一月）には、明神健太郎「選挙干渉と斗賀野戦争」、橋田庫欣「サイサイ騒動――明治25年総選挙に於ける幡多の暴動」が収められている。

（4）高知県内の民党、吏党の呼称については、本稿では自由派と国民派に統一して表記する。

（5）本稿で多用する「明治二十五年高知県選挙干渉資料」全三冊は、片岡健吉家旧蔵文書の写本で、現在、国立国会図書館憲政資料室が所蔵している（「憲政史編纂会収集文書」五三〇）。以下、この資料名は「高知県選挙干渉資料」と略す。

（6）『毎日新聞』明治二十五年一月二十六日付（以下、明治二十五年中の新聞記事は年号を略す）。そのため、選挙での投票先を変えさせようとすれば、通常の手段では困難であった。

（7）筒井秀一「府県会規則下高知県会議員の異動について」『高知市立自由民権記念館紀要』第五号、平成八年三月、六八頁。筒井氏は高知県会議員名簿を再構成し、高知県会における党派の勢力図の変遷について考察した。

（8）前掲「高知県における選挙大干渉について」四二―四四頁。ただし、経済的に貧しい人々がなぜ自由派ではなく国民派を支持したのか、また、なぜ貧農層が多い高岡郡と幡多郡で最終的に違いが出たのかについてはふれていない。

（9）林有造は、天保十三年八月十七日、土佐幡多郡宿毛村に岩村有助の次男として生まれる。文久二年林包徳の養子となる（実名は包直）。明治三年訪欧。初代高知県参事。五年十一月外務省出仕、六年十月征韓論の際に下野し、七年四月立志社創設に関わり、以後自由民権運動に参加。第一回衆議院議員選挙で当選し、通算八回当選。三十一年隈板内閣で逓信大臣、三十三年第四次伊藤内閣で農商務大臣となる。四十一年政界を引退し、大正十年十二月二十九日、八〇歳で死去。詳しくは、田中貢太郎『林有造伝』（土佐史談会、昭和五十四年）参照。

（10）片岡健吉は、天保十四年十二月二十六日、土佐藩士片岡俊平の長男として生まれる。明治二年権大参事、大参事などを歴任し、四年六月から六年三月まで欧米視察。帰国後、七年二月立志社の設立に尽力し、八年四月愛国社社長、九年九月立志社社長となり民権運動の先頭に立つ。十二年高知県議に当選し、議長を務める。十四年八月高知新聞社長、十五年海南自由党設立。十八年五月受洗。第一回衆議院議員選挙に当選し、連続八回当選。三十一年五月衆議院議長に選出される。明治三十六年十月三十日、長岡郡種崎の浅井家別荘において六一歳で病没。詳しくは、前掲『片岡健吉先生伝』参照。

(11)　『朝野新聞』明治二十三年七月三日付。

(12)　「県治事務・衆議院議員選挙会」(「記録材料・功程報告・内務省」明治二十三年、一八頁、国立公文書館蔵)。

(13)　前掲「明治二十五年臨時総選挙における『土佐派』の対応について」一四頁。

(14)　明治二十五年一月二十日付松方正義宛片岡健吉書簡(前掲『片岡健吉先生伝』六二二頁)。同書簡は「選挙干渉資料三」などにも収められている。また、一月六日付の『中央新聞』も、竹内、林、片岡は候補を辞退する考えで、林、片岡は同志から懇請されれば承諾するかも知れないが、竹内を承諾させるのは困難であると報じた。

(15)　前掲「明治二十五年臨時総選挙における『土佐派』の対応について」一五―一六頁。

(16)　十二月三十日付弘瀬重正宛林有造書簡(「弘瀬家資料」高知市立自由民権記念館蔵)。

(17)　日本史籍協会編『谷干城遺稿』第二巻(復刻版、東京大学出版会、昭和五十一年、八七八頁)。

(18)　明治二十五年(一月カ)十五日付谷干城宛弘田正郎書簡(前掲『谷干城遺稿』第三巻、五七二―五七三頁)。この書簡の中で弘田は谷に、国民派の「激烈手段」によって、指導者と目される谷の名声に傷が付くことを心配し、帰県を見合わせるよう求めた。

(19)　明治二十五年弘田正郎宛谷干城書簡(同前書、五七〇頁)。月日は不詳だが、(一月)十五日付の弘田書簡への返書である。

(20)　西山は植木の後継者であることを表明し、植木の養子となり植木姓を名乗った。

(21)　水野寅次郎は、嘉永七年八月八日、土佐山田町に水野幾七の長男として生まれる。明治九年七等警部。十年高知県阿波国支庁勤務。共行社に入り社長となる。当初は立志社と行動を共にしたが、十三年十月絶縁。その後、和歌山県少書記官、『曙新聞』社長となり、『東洋日報』と改題。十五年三月立憲帝政党設立に関わる。第一次松方内閣の内閣書記官となる。奈良県知事を務め、三十二年退官。明治四十二年六月二十三日、五六歳で死去。

(22)　一月十六日付松方正義宛水野寅次郎書簡(松方峰雄、兵頭徹編『松方正義関係文書』第八巻、大東文化大学東洋研究所、昭和六十二年、一三頁)。水野は立候補辞退後も高知で自由国民両派の調和に努めた。

(23)　一月十六日付松方正義宛水野寅次郎書簡(同前書、一二頁)。

(24)　二月五日付谷干城宛弘田正郎書簡(前掲『谷干城遺稿』第三巻、五七三―五七四頁)。

（25）前掲、明治二十五年（一月カ）十五日付谷干城宛弘田正郎書簡。

（26）同前。

（27）この「大石」というのは、おそらく旧土佐勤王党の大石弥太郎のことであろう。

（28）大町桂月『伯爵後藤象二郎』（冨山房、大正三年、六八三頁）。

（29）後藤逓相は高知だけではなく、自らの人脈を用いて神奈川三区の吉野泰三を擁立した（明治二十四年十二月三十一日付吉野泰三宛中西元治郎書簡「吉野泰平家文書」東京都公文書館蔵）。また、旧大同派の後藤の子分には運動費貸与を請求する者がいると報じられた（『中央新聞』一月八日付）。

（30）片岡直温は、安政六年九月十八日、土佐高岡郡半山村に片岡直英の次男として生まれ、明治十年高知陶冶学校卒業後、同年五月高知県訓導、明治十二年高岡郡書記。伊藤博文の知遇を得て、明治十四年内務省御用係、翌年工部省御用係となり、立憲帝政党を設立した。明治十七年滋賀県一等属となり、十九年から二十二年まで滋賀県警部長を務めた後、日本生命保険会社の副社長、三十六年社長就任。第二回衆議院議員選挙で初当選したが、当選訴訟で敗訴し議席を失った。その後、大阪、三重、高知、京都などで当選し、通算八回当選。大正十四年第二次加藤内閣で商工大臣、十五年第一次若槻内閣で大蔵大臣を努めた。昭和二年大蔵大臣としての答弁が金融恐慌を引き起こし、内閣総辞職となった。昭和五年貴族院勅選議員。昭和九年五月二十一日、七六歳で死去。

（31）安岡雄吉は、安政元年三月、土佐幡多郡中村に安岡良亮の長男として生まれる。明治二年四月十八日慶應義塾に入塾し、元老院御用係、東京府御用係を歴任。二十年大同団結運動の幹部となり、機関紙『政論』の編集に関わり、新聞紙条例違反で軽禁錮一年六ヶ月、罰金百円に処せられたが、二十二年憲法発布の特赦。第二回衆議院議員選挙で初当選したが、当選訴訟で敗訴し議席を失う。三十七年第九回総選挙で当選し、猶興会所属。大正九年十一月一日、六七歳で死去（慶應義塾福澤研究センター編『慶應義塾入社帳』第一巻、慶應義塾、昭和六十一年、二五九頁参照）。

（32）調所広丈は、天保十一年四月、薩摩国鹿児島郡坂本村に生まれる。明治五年一月開拓使出仕以後、黒田清隆の薫陶を受ける。十年十一月札幌農学校長、十五年二月札幌県令、十九年一月元老院議官を務め、二十二年六月から高知県知事。二十五年七月鳥取県知事に転任し、二十七年貴族院勅選議員。男爵。明治四十四年十二月三十日、七二歳で死去。

（33）「高知県選挙干渉事略」（「高知県選挙干渉資料三」）。

（34）ただし、竹内綱の辞退と植木枝盛の死去によって、自由派の前議員は第二区の林有造・片岡健吉のみとなったため、知事の掲げる民党議員の再選阻止という大義名分は、実際には第二区に限定されるものであった。

(35) 前掲「高知県選挙干渉事略」。

(36) 柳瀬浩太郎「証明書」(「高知県選挙干渉資料二」)。竹村左司磨「証明書」にもほぼ同じ内容の記述がある。

(37) 同前。

(38) 同前。

(39) この辞職した二名だけでなく、他にも「内命は其の実行実に困難にして如何なる方法を以て遊説すへきや」悩み、「民党有志の激昂を招き非常の刺激を受くるは勿論」であることを危惧する者もおり、実際に動いた巡査にもとまどいがあったことがわかる(竹村左司磨「証明書」「高知県選挙干渉資料二」)。

(40) 庶務局の職掌には、「本省所管ノ経費及諸収入ノ予算決算並会計ニ関スル事項」(『職員録』明治二十五年・甲、内閣官報局、四八頁)が含まれていることから、調所知事に渡った金は内務省の支出によることがわかる。

(41) 「選挙干渉証拠書類」(「高知県選挙干渉資料二」)。これは、武市安哉が五月に各銀行を調査したものであり、それをまとめたのが**表7**である。いずれも使途は不明だが、金額の大きさや時期から選挙に用いたとみてほぼ間違いない。国民派はこれだけの潤沢な資金を使って通常の運動のほか、武器の購入や人員の雇入れなどを行っていたわけである。

(42) 「明治二十五年臨時衆議院議員選挙ニ付高知県官吏ノ選挙干渉ノ事跡」(「高知県選挙干渉資料三」)。

(43) 同前。この資料には、長官の命令があったと巡査が述べた例が数例見受けられる。

(44) 中摩速衛は、薩摩出身であった。同郷の古垣兼成警部長の信任厚く、選挙前の二月六日、保安課長から高岡郡長に抜擢され(『官報』明治二十五年二月十二日)、十三日、第二区の選挙長に任命された(『官報』明治二十五年二月十八日)。明治二十六年一月二十三日、高岡郡長を依願罷免となり、警視となる。三十二年一月十一日、警視庁判任官となり、和歌山県典獄を経て、三十六年三月二十三日、滋賀県典獄に転任した。

(45) 前掲・津村久茂『高知県史』上巻、二五五頁。

(46) 竹中靖明(享年二九歳)は兵庫県亀岡出身で、事件後、泉ヶ谷の墓地に埋葬され、大正五年、須崎町有志によって墓碑が建立された(前掲『須崎町史』六五七頁)。

(47) 澤村喜左郎、東村悦馬「証明書」(前掲「選挙干渉証拠書類」)。当事件の模様はこの資料による。なお、「高知県選挙干渉ニ係ル証明書写」にも同様の資料があるが、語句の異同があり、証明者氏名も澤村喜左郎ではなく、澤本喜太郎となっていて、事件現場の図面が添付されている。

(48) 林野行政を所管する農商務省は、全国五ヶ所に大林区署を設置し、官有林の保護を任務とする小林区署への監督を行った。川島亨一郎は三原小林区署長心得であった。
(49) 原敬文書研究会編『原敬関係文書』第五巻（日本放送出版協会、昭和六十一年、四三六―四三七頁）。以下、この事件については断りのない限り、同資料によっている。
(50) 二月十二日付の『朝野新聞』によれば、川島の妻せつが、負傷した実姉横山さいと長女小高を奥の間にある長持に隠し、暴徒が引き揚げた後、裏手で倒れた夫を屋内へ運び介抱したという。
(51) 佐藤書記官は二月五日出発し、二十七日夜帰京した。
(52) 前掲『原敬関係文書』第五巻、四三六頁。
(53) 二月十三日付松方正義宛道家斉書簡（前掲『松方正義関係文書』第六巻、昭和六十年、四九―五〇頁）。これは道家斉内閣書記官が、松方に対する陸奥の報告を取り次いだものである。
(54) 保安条例には、後述の通り、武器の所持を禁じる項目がある。
(55) 原敬は、選挙当日になっても各地で事態が鎮静化しないのは、「皆な政府の選挙干渉に原因せり。選挙干渉を主として実行せし当局者は内相品川弥二郎、次官白根専一、警保局長小松原英太郎、同主事大浦兼武等専ら其衝に当れり」と批判した（原奎一郎編『原敬日記』第一巻、福村出版、昭和四十年、一八八―一八九頁）。
(56) 白根専一内務次官は「保安条例は一利一害と存候へ共、最早放過し難き場合に立到り候」と述べ、「内閣各大臣とも異見無之決議相成」という様子であったことを伝えている（九日付品川弥二郎宛白根専一書簡、尚友倶楽部編『品川弥二郎関係文書』第四巻、山川

表7　金銭受領

	取扱銀行	日時	金額	振込元	振込人
調所広丈知事	第八十国立銀行分	1月26日 2月 1日	2000円 2000円	第三銀行 第三銀行	大谷靖 大谷靖
	第三十七国立銀行分	2月 9日 2月12日 2月16日 2月22日	1000円 1000円 1000円 1000円	第百銀行 第百銀行 第百銀行	大谷靖 大谷靖 大谷靖 大谷靖
	第七国立銀行分	4月28日	1800円		大谷靖
		計	9800円		
片岡直温	第百二十七銀行分	2月 1日 2月15日	3000円 2000円	大阪百三十六銀行 大阪第三銀行	泉清助 泉清助
	（返金）	2月17日	1000円	大阪第三銀行	泉清助
		計	4000円		

注1　「高知県選挙干渉資料一・二」（「憲政史編纂会収集文書」）より作成。
注2　泉清助は日本生命の支配人である。

出版社、平成六年、二九〇頁)。
(57) 勅令第六十七号・保安条例第五条(『法令全書』明治二十年、二三一頁)。
(58) 以下、騒動の模様は、二月十五日付片岡健吉宛林有造書簡(「高知県選挙干渉資料三」)にもとづく。
(59) 細川郡書記殺害事件の経緯は、前掲『宿毛市史』(八七六―八七七頁)にもとづく。
(60) 明治二十五年五月十六日付「終結決定書」(前掲『宿毛市史』八七八―八八一頁)。なお、吉田は松山の牢獄に収監後約三ヶ月で死亡したという(同前書、八七七頁)。
(61) 山本兼馬の談話(同前書、八七六頁)。
(62) 二月二十三日付小野梓宛林有造書簡(「小野梓関係文書」国立国会図書館憲政資料室蔵)。以下、林逮捕未遂事件の経緯に関してはこの資料を用いる。
(63) 二月二十四日付岩村八作宛小幡進一書簡(橋田庫欣、津野松生編『宿毛市史資料一六・林家文書』宿毛市教育委員会、昭和六十一年、一七三頁)にも、林が小幡宅を十七日夕方訪れ、十九日夜船に乗ったことが書かれている。
(64) 二月二十七日付松方正義宛岩村通俊書簡(前掲『松方正義関係文書』第七巻、昭和六十一年、二三―二四頁)。
(65) 一月十六日付松方正義宛水野寅次郎書簡(前掲『松方正義関係文書』第八巻、一四頁)。
(66) 一月二十八日午後十時五十発警保局長宛高知県知事電報(「高知県下へ憲兵派遣方陸軍省へ照会ノ件」、「公文雑纂」明治二十五年・七巻・内務省一、国立公文書館蔵)。
(67) 二月六日付松方正義宛調所広丈書簡(前掲『松方正義関係文書』第八巻、四七四頁)。
(68) 七月二十九日付松方正義宛調所広丈書簡(同前書、四七三頁)。なお、この書簡は内容からみて明治二十五年のものである。
(69) 明治二十五年八月九日付井上馨宛黒田清隆書簡(「井上馨文書」第一五冊、国立国会図書館憲政資料室蔵)。
(70) 明治二十七年十月十二日付伊藤博文宛黒田清隆書簡(伊藤博文関係文書研究会編『伊藤博文関係文書』第四巻、塙書房、昭和五十一年、四一一頁)。
(71) 前掲『藩閥政府と立憲政治』二〇九・二一五頁。なお、佐々木氏は、『明治人の力量』(講談社、平成十四年)においても、調所の辞意表明を開き直りととらえ、「進退を覚悟し、肚を括った者には百の説法も無益であった」(八〇―八一頁)と述べている。
(72) 法律自体が選挙対策用に運用されていたのであるから、「法律の範囲内」という言葉を文字通り受け取るのは誤りである(詳細は第七章参照)。

(73) 西田長寿編『陸羯南全集』第三巻（みすず書房、昭和四十四年、四〇一頁）。
(74) 同前。
(75)『朝野新聞』二月十日付。宗我部英意『土佐明治史』（日本宗我部新聞社、昭和十二年、一一二頁）。なお、同書は『土陽新聞』を編集したものであり、引用の記事は『土陽新聞』二月十二日付である。
(76) 前掲『土佐明治史』一一二頁。
(77) 勅令第四十三号・憲兵条例（『法令全書』明治二十二年、九〇頁）。
(78) 憲兵隊高知県派遣費は五千四百二十九円五十六銭であった（「功程報告・記録材料・陸軍省」明治二十四年度、国立公文書館蔵）。その内、千六百二十七円七十六銭が明治二十四年度予算外支出として支出された（勅令第十九号『法令全書』明治二十五年、四三―四四頁）。
(79) 北村守之助襲撃事件と自由党員の知事、郡長に対する示威運動を知らせる電報の二通である（前掲「高知県下へ憲兵派遣方陸軍省へ照会ノ件」）。
(80) 前掲「高知県下へ憲兵派遣方陸軍省へ照会ノ件」。「高知県警戒ノ為メ憲兵派遣ノ件・其二」（「公文雑纂」明治二十五年・第九巻・陸軍省、国立公文書館所蔵）。
(81) 前掲「高知県下へ憲兵派遣方陸軍省へ照会ノ件」。
(82) 一月三十日憲兵司令部日報（「明治二十五年分憲兵屯田兵司令部日報」防衛研究所図書館蔵）。
(83) 二月八日憲兵司令部日報（同前）。
(84)「同県へ憲兵隊派遣ノ件」（「公文雑纂」明治二十五年・第九巻・陸軍省、国立公文書館所蔵）。
(85) 憲兵条例第十三条（前掲『法令全書』九一頁）によれば、憲兵において一隊は数分隊で構成され、一分隊は数伍で構成される。「伍」とは上等兵五名を一つの単位とする呼び方である。したがって、「六伍」とは、上等兵三〇名を示している。
(86)「高知県下追々鎮静ニ付憲兵ノ内引揚ノ件」（「公文雑纂」明治二十五年・第九巻・陸軍省、国立公文書館蔵）。
(87)「高知県下鎮静ニ付憲兵帰隊ノ件」（同前）。
(88) 二月七日付品川弥二郎宛江木衷書簡（前掲『品川弥二郎関係文書』第二巻、一五〇―一五一頁）。この書簡は須崎からの報告である。
(89)『国史大辞典』をはじめとして、この再投票の原因を投票箱の紛失としている文献が多く見られる。おそらく各新聞に掲載された投票箱争奪の風聞をもとにしたのだろうが、実際に投票箱紛失があったのは、投票後、当選訴訟が提起されてからである。詳しくは、第三章参照。

(90) 前掲「サイサイ騒動」一一四―一一五頁。なお、田中貢太郎『林有造伝』(土佐史談会、昭和五十二年)は、「幡多郡和田村の投票の中に、不正があると国民派が言い出した。自由党の立会人が躍起となって、不正の無い理由を主張したけれども、官憲が国民派の苦情を承認したので、和田村の投票が無効となってしまった」(二七五頁)と記述している。前掲『宿毛市史』(八八二頁)はこれを採用し、ほぼ同じ文章である。

(91) この点については、村長代理が投票所の時計を故意に三時間進めて投票をうち切ったとする見方もある(前掲・津村久茂『高知県史』上巻、二四六頁、前掲『高知県警察史』明治・大正編、三九八頁参照)。

(92) 郡長がこれを怒り、役場の職員全員を拘留したため、投票箱を宿毛町に送ることができなかったという(前掲・津村久茂『高知県史』上巻、二四六頁、前掲『高知県警察史』明治・大正編、三九八頁)。ただし、前掲「サイサイ騒動」(一一四―一一五頁)は、当日、国民派が投票箱を奪いに来るという情報が入ったため、管理者と立会人は投票箱が奪われないように宿毛の役場へ預けたとしている。

(93) 衆議院議員選挙法施行規則第二十六条は、「天災若ハ其ノ他避クヘカラサル事故ニ依リ投票ヲ行フコトヲ得ス」という場合において、「投票所管理者……ハ其ノ施行ヲ止メ府県知事ニ其ノ由ヲ届出ヘシ此ノ場合ニ於テハ府県知事ハ期日ヲ定メ更ニ投票ヲ行ハシメ」と規定している(『法令全書』明治二十三年、八頁)。

(94) 後の当選訴訟で、選挙明細書が原告側と被告側双方から提出され、内容が異なっていることが証拠効力の争いとなった。異なっているのは投票人数で、原告提出資料は一六二五人であるのに対し、被告側資料は一六三二人となっていた。判決では原告側の数字が証拠として採用されたことから、ここでは一六二五人としておく。

(95) 「選挙明細書」(「高知県選挙干渉資料二」)。

(96) 吉良順吉の証言(「高知県選挙干渉資料二」)。

(97) 「高知県第二区衆議院議員選挙投票紛失ノ始末」(「高知県選挙干渉資料一」)。資料により数字に若干の異同がある。

(98) 選挙長、選挙委員が国民派で占められたことや、開票作業に近い場所を国民派の立会人が独占したことが不正な操作を可能にしたといえる。なお、自由派は事前に投票数をメモして選挙会に臨んでいたため、朗読されなかった票を数えることができた。

(99) 投票閲覧に関しては、吉良順吉の証言(「高知県選挙干渉資料二」)にもとづく。

第三章　高知県第二区・当選訴訟

前章で詳細に述べた通り、高知県は全国で最も激しく選挙干渉が行われ、三度にわたり憲兵が派遣された場所である。中でも第二区は、自由党の片岡健吉・林有造と国民派が擁立した片岡直温・安岡雄吉が激しい選挙戦を繰り広げ、最終的に一年三ヶ月に及ぶ当選訴訟の結果、当選者が交代することになる。選挙干渉事件後、選挙法にもとづき多くの当選訴訟が提起されたが、当選者が交代したのは岩手県第一区、富山県第四区、そして高知県第二区の三例のみである。だが、これまでの研究では高知県第二区の当選訴訟についてはほとんど取り上げられておらず[1]、訴訟の経緯には不明な点が多い。

本章では、前章で明らかにした事件の実態をふまえつつ、「明治二十五年高知県選挙干渉資料[2]」、高知市立自由民権記念館所蔵資料などの史料を用いて、当選訴訟の経緯をできる限り詳しく明らかにする。

一　提訴までの経緯

（1）訴訟準備

第二回衆議院議員選挙は、明治二十五年二月十五日に投票が行われた。高知県第二区は定員二名であるため、選挙人は被選人二名を連記して投票する。投票終了後、町村長は投票箱を閉鎖し、投票明細書を作成の上、立会人とともに投票箱と投票明細書を郡役所に送致する手順であった[3]。ところが、二区の幡多郡和田村で投票時間の繰り上げが発覚したため、和田村のみ二十五日に再投票を行うこととなった[4]。それに伴い、高知二区全体の開票は二月二十九日に延期され、選挙会は二十九日午前七時から高岡郡役所において行われた[5]。選挙長は県知事の任命により高岡郡長の中摩速衛が務め[6]、当日集まった立会人の中から抽選によって選出される選挙委員は[7]、国民派五名が選ばれた[8]。

開票作業の手順は序章で紹介した通りである。

高知二区の開票結果は、第二章で述べた通り、有権者一七五八人、投票人数一六二五人、棄権者一三三人、片岡直温八五四票、安岡雄吉八四四票、片岡健吉七七九票、林有造七七三票、その他五票、無効票五票となり、片岡直温、安岡雄吉が当選者となった[9]。したがって、国民派が自由派に勝利し、第一回総選挙の雪辱を果たす結果となった。

ところが、開票作業における投票朗読の際、諸木村投票所で片岡健吉、林有造に投票したはずの計一〇六票が読み上げられなかったことから[10]、もともと突然の投票区域の合併や開票方式の変更、立会人の入場時間などで不信感をもっていた自由派は、開票作業を行った選挙長と選挙委員の不正を疑った。しかも、選挙会後に投票や選挙明細書などの閲覧を求めたが多忙などを理由に拒否され、疑惑が深まったため、自由派は直ちに当選訴訟提起の材料を集めはじめた。

訴訟準備調査は代言人五名が担当し、議会向け調査は武市安哉、植木志澄の二人が担当した[11]。材料集めは、自由党候補の実際の得票数を調査することと、投票が不正に操作されたことを立証することの二点を目的としたものであった。得票数調査については、第二区の各村・各投票所において次の証明書三点の提出を求める方式をとった。

(ア) 選挙人が投票用紙に自書あるいは代書によって、林有造、片岡健吉の両方か片方の氏名を書き捺印したことの選挙人自身による証明書。

(イ) 当該選挙人が当日投票所に出向いたことについての各投票所管理者、立会人による証明書。

(ウ) 代書で投票したものについて、選挙人の依頼によって執筆したことの代書人による証明書。

右の「代書」について、選挙法は、文字を書くことができない選挙人による申し立てがあった場合、「吏員ヲシテ代書セシメ之ヲ本人ニ読ミ聞カセ捺印投票セシメ其ノ由ヲ投票明細書ニ記載スヘシ」（第三十九条）[12]と規定していた。つまり、「代書人」は各村の官吏が務めたということになる[13]。そのため、国民派の勢力の強い地域では、投票所管理者の不在や代書官吏の協力拒否のために、(ア) の選挙人の証明書のみに調査が限定された村もあった[14]。

一方、高岡郡須崎町での調査に従事した自由派の島田紅は調査の様子について、代言人藤崎朋之、近藤正英に以下の内容の書簡を送った[15]。

直に当地に立越、当選訴訟を提起するの目的を以て諸般の材料□集めに着手。致る処意外にも好都合を得。追て材料相集り居候場合に有之。特に当地有志者は充分の運動に着手致居候。

島田は須崎の有志と共に材料集めに着手し、「好都合を得」たことを報告している。この書簡から、自由派関係者が各村に派遣され、自由派有権者は調査に協力的であったことがわかる。

調査の結果、投票の不正操作に関して多くの証拠が得られ、六二件が訴訟提起の材料となった(16)。得票数調査の結果は**表8**に示した通り(17)、片岡健吉八八一票、林有造八七七票であった。これをもとにして、無効票を考慮せずに国民派候補の得票を計算すれば、七四六票ずつとなり、本来は自由派候補が国民派候補を一〇〇票以上の差をつけて勝利していたことになる。

(2) 選挙人による選挙権回復訴訟

前項において示した調査の結果により、選挙長らによる不正操作と国民派候補の当選無効を確信した自由派は、三月五日、選挙人による選挙権回復を求める民事訴訟を提起した。

これは、選挙会の開票作業の際、諸木村の選挙人高橋亀次他三七名が投じた票が不当に朗読されず点数に加えられなかったのは選挙権行使を妨害したものとして、中摩速衛選挙長と五名の選挙委員を相手取り、訴訟代理人四名(18)が高知地方裁判所に提起したものである。同時に、原告は訴訟の重要な証拠となる保存投票が被告人の管理下にあることを危惧し、裁判所による証拠保全を申請した。選挙法第五十五条によれば、投票用紙は六〇日間の保存が義務づけられており、さらに同五十六条は、選挙に関する訴訟、告訴・告発が行われた場合には、六〇日を超過しても裁判確定までの保存を義務づけていた(19)。

証拠保全は緊急を要するため、藤崎ら代言人が申請書の提出のみならず口頭においても高知地裁に対して申し入れを行ったところ、裁判所の民事係判事はこれを受け入れ、証拠保全のため、判事全員の出張を矢野茂地方裁判所長

表８　自由派による調査結果

郡村名	林有造の得票	片岡健吉の得票	自書によるもの	代書によるもの
伊野村	26	26	0	26
八田村	40	40	6	34
神谷村	4	4	0	4
森山村	8	8	0	8
秋山村	44	44	7	37
仁西村	12	12	1	11
弘岡中ノ村	27	27	6	21
弘岡下ノ村	50	50	4	46
弘岡上ノ村	26	26	7	19
諸木村	22	22	3	19
木塚村	43	43	4	39
長浜村、浦戸村	41	41	14	27
横畠村、明治村	4	4	4	0
上八川村、清水村	3	3	2	1
吾川郡小計	350	350	58	292
高岡村	71	71	4	67
蓮池村	34	34	2	32
波介村	36	36	5	31
北原村	35	35	2	34
戸波村	29	29	6	23
高石村	22	22	5	19
新居村	28	28	2	26
宇佐村	15	15	4	11
浦ノ内村	8	8	0	8
多ノ郷村	2	2	1	1
吾桑村	8	8	0	8
須崎村	12	12	4	8
久礼村	4	4	4	0
斗賀野村	32	32	11	21
佐川村	51	55	21	35
尾川村	10	10	4	6
越知村	7	7	4	3
黒岩村	34	34	9	25
加茂村	20	20	4	16
日下村	17	20	4	16
川内村	14	12	1	12
高岡郡小計	489	494	97	402
宿毛村	32	32	10	22
和田村、橋上村	6	5	0	5
幡多郡小計	38	37	10	27
合計	877	881	165	721

注　「明治二十五年二月高知県総選挙開票始末」（「明治二十五年高知県選挙干渉資料一」）より作成し、「高知県第二区当選無効訴訟之始末」（「明治二十五年高知県選挙干渉資料二」）で補った。

に稟申することになった。しかし、矢野所長は高知に出張してきた北畠治房大阪控訴院長と協議した結果、この申請を採用しなかった。その理由としては、職務として官吏が保管するものに紛失のおそれがないことや、行政官庁に立ち入る保全処分が行政との軋轢を生むことを避けようとしたことがあったらしい[20]。

裁判所が証拠保全を行わず、訴訟を速やかに処理しようとしないため[21]、自由派はひとまずこれを取り下げ、新たな手段をとることになった。

(3) 選挙長に対する刑事告発

三月十三日、自由派の代言人ら五名は[22]、中摩選挙長と選挙委員五名を小倉信近検事正に刑事告発した[23]。該当する罪状は、刑法第二百三十五条、同二百三十六条「公選ノ投票ヲ偽造スル罪」である。左に条文を示す[24]。

第二百三十五条　投票ヲ検査シ及ヒ其数ヲ計算スル者其投票ヲ偽造シ又ハ増減シタル時ハ六月以上三年以下ノ軽禁錮ニ処シ四円以上四十円以下ノ罰金ヲ附加ス

第二百三十六条　調書ヲ造リ投票ノ結局ヲ報告スル者其数ヲ増減シ其他詐偽ノ所為アル時ハ一年以上五年以下ノ軽禁錮ニ処シ五円以上五十円以下ノ罰金ヲ附加ス

二百三十五条は選挙委員の、二百三十六条は選挙長の投票偽造罪を規定し、責任の重い選挙長の方が選挙委員より刑が若干重くなっている。

原告側が証拠として挙げたのは、第一に被告が作成した選挙明細書中の投票総数の記載であり、第二に先述の準備調査による林有造、片岡健吉に対する投票証明書ならびに投票所管理者、代書官吏の証明書である。

小倉検事正はこの告発を受理したものの、「本件は事頗る重且つ大なるものに就き一応上司の指揮を請ひたる後に起訴すべし」と述べ、田中不二麿司法大臣に事情説明のため上京を申請した。この間の経緯について、植木志澄は東京から高知の片岡健吉らに次のように伝えている(25)。

……兼て御承知の如く、検事正第二区の訴訟事件其筋へ伺の次第を尚詳細或方に於て聞合せ候処、第一面の伺は検事正上京の上直ちに御指揮相受度との赴なり。之れに対する司法大臣の指令は上京に及ばす、其地にて直く取調可然旨指令に及ひたる処、検事正より今度の事件は最大事件に付、是非上京の上御指揮相仰度との再応伺に付、大臣に於ても斯迄の上申なれば不日検事総長帰京に付、其上何分の指揮可致旨相達し候赴に御座候。

右は重要事件に付御内報迄。

これにより、小倉は上京した上で田中司法相からの指示を受けることを求めたこと、田中は一度は上京の必要はなく、現地で取調べを行うよう指示を出したが、小倉の再上申に対しては、東京に戻る予定の松岡康毅検事総長の指揮を受けるよう指示したことがわかる。実際には小倉は、松岡が東京に戻るまで待つことなく、三月二十八日、大阪に立ち寄った松岡及び大阪控訴院検事正の両名と打ち合わせを行った。その内容は明らかではないが、松岡の選挙に関する姿勢については、自身の日誌に記したとされる以下の内容が参考になる(26)。

内務省より各地警察官に内訓し、政府党の議員候補者を庇護し、反対派を妨害せしめたる痕跡露顕す。殊に高知県下甚し。余は検事正に捜査の厳密を命せり。嗚呼内務省天下なるか云々。

昨今高知、石川、前橋其他所々、選挙騒擾甚しく、殺傷少からす。多くは所謂吏党の横暴にして、民党候補及ひ同派の告発せられ、警察へ拘引せらるゝ者多きに基因す、云々。

これを見れば、松岡は内務省主導の選挙干渉に批判的であったこと、検事正に対して厳密な捜査を命じたことがわかる。しかし、警察官は検事の命令に従わず、高知県の一部の人民が検事の居宅を襲い発砲したとき、警察官は犯人捕縛に努力しなかったという。[27] したがって検察主導の犯罪捜査は困難であったと推測できる。内務省が他の省・機関に配慮せず、吏党の勝利のために独走していたことを示すものといえる。[28] ただし、大阪での打ち合わせを終えて、四月五、六日頃高知に戻った小倉検事正の対応は、刑事告発については起訴せず、検証処分も着手しないというものであった。

以上のように、自由派の選挙権回復の訴えや刑事告発に対する高知県の裁判所、検事の対応は芳しくなかった。政治問題化した干渉事件に対して司法関係者は及び腰であったといえるだろう。それゆえ、自由派は争いの場を当選訴訟に移したのである。

二　当選訴訟

(1)　提訴と証拠保全申請

衆議院議員選挙法は、第七十八条に当選訴訟に関する次のような規定を置いている。[29]

各選挙区ニ於テ当選ヲ失ヒタル者当選人ノ当選ヲ無効トスルノ理由アリト認ムルトキハ当選人ヲ被告トシ第六

十五条ニ掲ケタル当選人ノ姓名告示ノ日ヨリ三十日以内ニ控訴院ニ出訴スルコトヲ得

この規定により、落選者は当選者を相手取り当選無効の訴えを控訴院に提起することができた。また、控訴院判決に不服があれば、大審院に上告することが認められていた(30)。

片岡健吉、林有造は、上記の規定にもとづき、訴状（三月二十八日付）を大阪控訴院に提出し(31)、片岡直温、安岡雄吉の当選無効を求める当選訴訟を起こした。原告側は証拠六二点を提出し、選挙長が選挙会における開票の際、本来、片岡健吉八七九票、林有造八七五票であった自由派候補の得票を、不正な手段で国民派候補の片岡直温、安岡雄吉の得票に移して計算したことを「当選ヲ無効トスル理由」として申し立てた(32)。

四月十一日、提訴した原告は証拠保全の処分を大阪控訴院に申請したが許可されず、投票取り寄せの申請ならば許可するとの返答を得た。要請にもとづき、大阪控訴院が高岡郡役所に対して投票提出の照会をしたところ、郡役所は十三日になって、投票は三月九日から十日の間に紛失したと報告した(33)。

投票紛失を知った高知の自由党員は激昂し(34)、次の新聞報道に見られるように知事や郡長に対する反発を強めていった(35)。

……各村長は続々中摩氏に迫りて其不都合を咎め選挙人より引続き訴訟を起すもの多く知事と検事正との往復頻繁にして知事の身辺及び邸宅には何時も平服の警官付纏ひ警戒怠りなしと云ふ

これにより、自由派の反発に対する知事周辺の警戒態勢がわかる。選挙運動中も知事に対する自由派の示威行動が盛んに行われたが、再び知事らに対する反発が強まった。

以上の経緯により、自由派が紛失を危惧し、再三、保全を求めてきた最も重要な証拠である投票現物は、郡役所によって失われてしまった。これに関し、自由派の証人吉良順吉（参事会員）は第一回公判の前日、次のように書簡に記している。(36)

当選訴訟に祭《ママ》し藤崎、島田、秦、小生同行にて本日着阪。明九日対審に付島田、秦等と証人として出庭《ママ》之旨に候。然に投票紛失大に失望の次第に候。明日之裁判所之状況は同行中より通信為べく候。

これにより、自由派にとっては投票紛失が訴訟を闘う上で大きな痛手であったことがわかる。おそらく彼らは投票現物を確認できれば、選挙長の不正と自由派の勝利を証明できると考えていたであろう。それに加えて、高知二区と同様に選挙長による不正操作が疑われた富山四区では、投票現物の確認によって原告勝訴の地裁判決が四月四日にすでに出されていた。(37)このことは、投票紛失による高知県の自由派の「失望」を一層強いものにしたことは想像に難くない。

高岡郡役所が投票を紛失したことを重く見た内務省は、四月二十六日、中山寛六郎参事官に対して高知県への出張を命じた。(38)「中山寛六郎文書」中の「日記」によれば、中山の任務は以下の内容であった。(39)

投票箱は国民派がぬすみとりたるの説あり。郡長が紛失せしめたりとの説あり。又自由党敗訴の模様あるにより盗みとりたるとの説あり。此辺十分調査をなし、事義により郡長を処分するの内命あり。又告発すべき程の事あらば之を審にすべし。

これによれば、派遣の目的は投票紛失に関する実態を把握するためであり、調査結果次第で、中摩速衛郡長の処分、告発を決定するつもりであったことがわかる。

中山は早速、大阪で北畠治房控訴院長や野村維章検事長らと会談した。北畠が投票紛失の概要を中山に説明した内容をみると、県庁は紛失の日付を当初三月九日から十一日の間と報告したが、後から九日から十日の間に訂正したこと、北畠自身は、証拠物紛失のために訴訟が長引くと予想していること、「郡長の所為不正」という印象をもっていることが述べられている(40)。北畠は、開票前に国民派が大勢郡役所を囲み、開門すると先に入った国民派が立会人を占め、選挙長（中摩郡長）とともに投票の判定を行った際に不正があったことも述べている(41)。上記の紛失日付の訂正からは、裁判所から投票取寄せの要請を受けた郡役所の慌てた様子が伝わってくる。

このように、自由派のみならず、当選訴訟の提訴を受けた大阪控訴院長も開票時の選挙長と国民派の行動を不審に感じていたことは、これまで知られていない重要な事実である(42)。

大阪での会談を終えた中山参事官は、四月三十日午後九時半、高知に到着し(43)、調所知事をはじめとした県・郡の官吏や自由派、国民派の関係者に幅広く聴き取り調査を行っている(44)。調査期間中の行動、来訪者の一覧については、表9に示した通りである。調査の内容については、以下でまとめて示したい。

まず、官吏の見解について取り上げたい。選挙全体の管理を担うべき調所知事の話は、知事が投票紛失をどのようにとらえていたかを知る上で重要な内容であるため、長文ではあるが以下に引用する(45)。

須崎にて自由党員等、是非勝を期せんとして敗を取りたれは、百万手を尽くして訴訟審《ママ》を試む。自由党等は挙選《ママ》人等に前以て脅迫して我党員の候補者に投票すへしと帳面に記名調印せしめたり。而して其前夜投票箱を作り、是れに我党候補者への投票をなさしめ、其翌朝早く箱の引替を企てたれとも、郡書記早朝に出て執務し

表9　中山寛六郎参事官の行動

月	日	行動	内容・相手		
4月	26日	準備	旅費31日分（111円74銭）		
	27日	移動	新橋発		
	28日	移動	浜松着	大阪着	
	29日	会見	北畠治房大阪控訴院長	大阪朝日新聞	大阪自由新聞
			高崎親章書記官		
		移動	大阪発神戸着	神戸発	
	30日	移動	高知着		
5月	1日	会見	猪鹿倉兼文書記官	和田秋稲	調所広丈知事
			香川輝参事官	小倉信近検事正	
	2日	会見	小倉検事正	和田秋稲	猪鹿倉書記官
			安芸喜代香参事会員		
	3日	移動・視察	須崎着	郡役所視察	須崎警察署視察
		会見	岡林幾三郎須崎警察署長	中摩速衛高岡郡長	橋田助役
			村田立会人		
	4日	会見	青木貞固郡書記	山本正心須崎町長	岡田行一郡書記
			大野源作・柏原鶴太郎	鍵元利太郎	
		始末書受取	岡田郡書記	青木郡書記	
	5日	移動	須崎発高知着		
		会見	猪鹿倉書記官		
	6日	会見	吉良順吉県会議長・近沢□吉・井上源之助高岡村助役・竹村太郎参事会員・中沢楠弥太参事会員・安芸参事会員		
			沖濱次郎高知日報記者	和田秋稲	畠中猛治・西澤茂次郎
			小倉検事正		
	7日	会見	中島気崢記者	近沢□吉	小倉検事正
			北原保重警部長代理		
	8日	監獄視察	永松傳典獄		
		会見	永野親成郡書記		
	9日	会見	本井直養土佐郡江ノ口村長	田岡正躬小高坂村長	三井豊次郎高知大林区署長
			岡崎賢次参事会員	永野郡書記	猪鹿倉書記官
			吾川郡長浜村長代理・宮義光森山村長・細川義徳秋山村長・高橋誠郎木塚村助役・山崎正汎横畠村助役		
			小倉検事正		
		始末書受取	永野郡書記		
	10日	挨拶・会見	香川・江森保存参事官	調所知事	松田良之助・小橋道秀
			和田秋稲	猪鹿倉書記官	小倉検事正
	11日	挨拶	大橋	永濱技手	小倉検事正
	12日	挨拶	永松典獄		
		移動	高知発神戸着		

注1　「日記」（「中山寛六郎文書」東京大学近代日本法政史料センター蔵）にもとづき作成した。
注2　肩書は『明治二十五年・職員録（甲）（乙）』（内閣官報局）で補った。

たる為め事成らす失敗したりと。又他の郡役所にては投票紙は紙袋に入れ棚に揚くも盗難なき程なり。加之当時は郡役所にて現金を扱ふ事なきを以て金庫もなし。他の書類同様須崎郡役所にて投票を修め《ママ》置きたり。然るに盗取せられたり。或説には自由党員之を盗取りたりとも云ふ。

知事が述べた内容は、第一に、自由党員が有権者を脅迫して、自由党候補への投票をねつ造し、偽の投票箱に入れて本物とすり替えるつもりであったが郡書記に見つかり失敗したとのことであるが、これは投票日の早朝、和田村で細川郡書記が殺害された事件を指していると思われる(46)。第二に、投票紛失に関しては、自由党員に盗難の疑いがあること、他の郡役所では紙袋に入れて棚に置いても盗難はなかったが、高岡郡役所では他の書類と同じ扱いをしたところ盗難にあったということである。これは、法律で保管が義務づけられている投票現物の取り扱いが、高岡郡役所のみならず他の郡役所でもきわめて杜撰であったことを示している。

次に、岡林幾三郎須崎警察署長である。中山が、開票当日に自由派を立会人にしないために国民派を先に入れたとの疑惑について尋ねると、岡林は、国民派の勢力を恐れた自由派は外出を控えていたこと、「今日は頗る不穏」と心配する自由派を警察が先導して郡役所まで連れて行ったことを挙げ、国民派の到着が早かっただけであると説明した(47)。

第三に、中摩速衛高岡郡長である。中山が、投票箱を自由派が盗んだとすれば、その理由は何かと尋ねたところ、中摩は、自由派は選挙費用で三〇〇〇円の借金があり、敗北したためにその支払いに困っていたこと、そのため証拠である投票箱が無くなれば訴訟が長引き借金返済を先延ばしにできることを理由として挙げた(48)。

第四に、青木貞固郡書記は、郡長から投票箱保存の命令を受けながら宿直部屋に置き、不要物置場になっていた土蔵には入れなかったことを述べた。また、投票箱が宿直部屋にあることを知っている者はいないとのことであった。[49]ただし、岡田行一郡書記によれば、土蔵は不要物置場ではなく、さしあたり必要のない書類を収納していたという。[50]青木、岡田の両名は五月四日、また、永野郡書記は同九日、中山参事官に投票紛失の始末書を提出している。

その他、来訪した国民派の主張としては、ある人物は、自由派は有権者を脅迫して支持を取り付けたが、有権者の中には実際は国民派に投票した者も多く、そうした者は自由派の調査に対して自由派に投票したと回答しているから、投票紛失はそれが露顕するのを恐れた者の仕業であろうと推測している。[51]また諸木村の不正疑惑について、自由派は諸木村の新階武雄村長（第一区の国民派候補）が選挙後、家族とともに離村したことを不正の証拠として挙げるが、それは選挙費用の借金返済に苦慮したことや、自由派に家を壊され身の危険を感じたことが原因であると主張する者もいた。[52]別の国民派は、司法官が自由派と癒着していること、保安条例の施行が自由派に軽く、国民派に重いことへの不満を口にしている。[53]

一方、自由派の主張を以下に示したい。多くの自由派は警察官が干渉した事実を中山参事官に伝え、[54]証拠書類を提出している。山本正心須崎町長は、投票所変更の不公平、警察官の干渉、諸木村長の退村、立会人の偏り、投票紛失の隠匿について述べた。[55]また、鍵元利太郎が、自由派による投票数調査の結果を持参し説明したところによると、水害のために国民派は有権者が減少し、今年の調査では自由派が国民派に八〇〇票差をつけていたが、国民派の脅迫によって二五一票差に差が縮まった。自由派候補への投票証明書をとったところ、一三三件を得たため、これをもって当選訴訟を提起した。開票上少数となったのは二五一票を偽書又は改書したものとの見方を示した。[56]さらに、自由派の元警察官松田良之助は、選挙の際に警部の内命に従わず免職処分となったことを述べ、巡査への内訓書の写しを中山に提出した。[57]

以上、取り上げたことをみると、中山参事官の「日記」に記されている官吏、自由派、国民派の主張は様々であり、投票紛失にとどまらず選挙への干渉自体も論点となった。この「日記」からわかることは、自由派の会見内容は詳細には記されていないかわりに、詳細を記した別紙や提出書類の存在が記載されている一方で、国民派については書類提出の記載はなく、身内である内務省官僚による調査のため安心したのか、会見で多くのことを語り、その内容が詳細に記されていることである(58)。そして、国民派の談話内容の多くは根拠に乏しい推測にとどまり、合理的な説明とは言い難い。これらの点から、陳述の信頼性という点では、早くから証拠集めに尽力していた自由派に分があるといえる。

さて、調査を終えた中山参事官は五月十二日に高知を発ち、他県での調査に移った(59)。高知での調査で中山がどのような見解をもったのかということについては、「日記」からは読み取れないが、郡書記の始末書を取っていることから、少なくとも投票紛失に関しては関係官吏を処分するつもりであったといえる。

(2) 大阪控訴院（第一審）

本項では、大阪控訴院における公判について、主に「高知県選挙干渉資料」や新聞記事を用いて明らかにする。

五月九日、第一回公判が開かれた(60)。裁判長は民事第二部長の十時三郎判事、立会検事は柿原義則検事、原告片岡健吉、林有造の代言人は山下重威、西原清東、藤崎朋之の三名、被告片岡直温、安岡雄吉の代言人は柿崎欽吾、村松岩吉の二名という構成であった(61)。

まず、原告側の西原清東代言人が述べた内容は左の通りである。

第一に、中摩速衛選挙長及び選挙委員は国民派のみを開票の立会人とした。第二に、故意に姓名の読み違いや重複の読み上げを行って被告人を当選させた。第三に、原告側が選挙人、投票立会人あるいは村長等に対して調査し証明を取った結果、実際の得票数は片岡健吉八八〇票、林有造八七六票、被告側は片岡直温七四二票、安岡雄吉七四一票であった。第四に、選挙長等は不正行為をもって投票を増減し、被告片岡直温の得票を八五四票、安岡の得票を八四四票とし、原告片岡健吉の得票を七七九票、林の得票を七七三票とした。第五に、投票読み上げの際、参観人が投票の閲覧を請求したが選挙長は許可しなかった。以上の事実を陳述した上で、投票紛失は原告の最も遺憾とするところであると付け加えた。

これに対する被告側の主張は、柿崎欽吾代言人が、被告においても投票紛失は最も遺憾であると述べただけであり、その他の原告側主張に関しては一切言及しなかった。

そして、証拠調べに関し、原告側は調査した選挙人、投票立会人、村長等の証明書を提示したが、被告側はこれを証拠として認めなかった。また、原告側は投票の閲覧を請求した吉良順吉と島田紀、選挙長である中摩高岡郡長、選挙明細書写取人の鍵元利太郎と池正俗の証人喚問、高知地裁へ原告が提出した証拠保全の申請書の取り寄せなどの申請を行った。裁判長はこれらを認めたが、中摩の喚問のみは書面をもって回答することとした。

第二回公判（五月十一日）の冒頭、裁判長は中摩の証人喚問を認めず、暫時見合わせると告げた。この日行われたのは、証人吉良、島田の尋問であった。

尋問に対する吉良の陳述内容は以下に示す七点である。

（ア）調所知事に地方官吏の選挙への干渉を厳重に制止するよう申し入れたが、県知事は、郡吏や警官等が職権をもって干渉するは甚だ宜しくないが、各自一個の資格で自己の信任する候補者を選挙するよう周旋することは差し止めることはできない。自分も今回は温厚篤実の人を議員たらしめたいと述べた。そこで知事に対して、一個人の資格と職権とは実際において区別できないから一切制止すべきと勧告した。

（イ）投票日が迫るに従い競争が激しくなったため、知事に県民の生命財産を保護することを要求した。

（ウ）吾川郡投票所区域変更に関し、郡長代理の谷村清隆郡書記に面談し、二月一日に確定した投票所を突然合併し位置を変更することは、選挙法の精神にもとり(62)、選挙人は不便で棄権者も多くなるから、速やかに旧位置に戻すことを請求したが、谷村はこれに応じなかった。

（エ）吾川郡秋山村長細川義徳他数名の村長が郡吏に確認したところ、選挙会開会時間は午前七時、立会人の入場は午前六時三十分開門の予定であったが、当日、自由派が五時三十分頃郡役所に着いたときにはすでに開門し、国民派はことごとく入場していた(63)。

（オ）開票の順序は第一回総選挙の例を用い、各投票ごとに投票箱の点検を終えると別々に袋に納め、投票総数の計算を終えた後、各村別に開票すると選挙長代理は約束していたが、当日は投票数点検が終わると一個の大きな箱に投入し混ぜてしまい、各村別に開票することができないようにしてしまった。これにより投票朗読の際、誰が誰に投票したということが確認できなくなった。

（カ）諸木村投票所の総投票は百四十枚程で(64)、その中に自由派の投票は一〇八枚あるにもかかわらず(65)、一枚も読み上げられなかった。

（キ）投票終了後、自由派の楠目義重、和田義左郎、大井治秋の三名は選挙長に投票の一見を求めたが、選挙長は拒絶して面会を許さなかった。そこで吉良、島田、細川義昌の三名で再び面会を求めたが、事務中だとして拒絶された。選挙事務終了前に面会を請求し、ようやく郡長代理の青木貞固書記に面会し、投票現物、諸木村投票明細書、選挙明細書の閲覧を求め、投票総数の提示を請求した。投票と投票明細書は許されなかったが、投票総数は一六二五であることを紙片に記して交付され（甲第一号証として提出）、選挙明細書は未整理のため、翌日一見を許すとのことであった。翌日郡役所に出頭したが、なお未整理とのことであり、午後、池正俗、鍵元利太郎の両名が郡役所でようやく明細書を閲覧でき、これを謄写して帰った。

次に島田紀の尋問に移った。島田が語った内容は、第一、投票所区域変更について県知事を訪問したこと、第二、選挙会の入場の時間及び投票処理についてである。吉良の陳述内容と重複しているが、投票所六ヶ所が国民派の勢力の強い土地に設けられたことは自由派にとって不利益であると述べたことを挙げておく。

二人の尋問後、原告側の藤崎代言人は裁判長に対し、甲第一号証の総投票数は郡長代理が筆記したものであるから正確なものであるが、今日被告が通知してきた総数はこれと異なるものであると指摘し、公判は閉廷した。

第三回公判（五月二十三日）では、選挙明細書をめぐって議論がなされた。原告側は甲第六十七号証・『高知日報』（三月四日付）を裁判長に示し、国民派の機関新聞である『高知日報』も甲第一号証と同じく投票総数を一六二五と記していることを指摘した。

次に、証人鍵元利太郎の尋問が行われた。尋問内容は、選挙後に高岡郡役所で選挙明細書を謄写したことについてである。他の証言との重複部分は省くが、鍵元は開票に不正があると疑った理由について次のように述べた(66)。

> 私共は撰《ママ》挙当日の前に当り、奇怪の風説を耳にしたり。其は国民派か自由派の投票を猥りに変更し、若しくは読み上げざることに内決したるに就ては万一自由派の激昂を来すやも計られずと高知より巡査数十名須崎村に来りて矗《ママ》集し居れり云々の事なりし。依て私は池正俗と申し合せ、一個の手帖に各自由派の選挙人の名簿を製し、選挙場に於て投票を読み上げたるとき其の頭に黒点を付することとなしたり。然るに果たせる哉、諸木村外弐ヶ村の自由派投票中朗読せさりし者あり。私共は茲に於て初めて其の不正の事あるを確信した。

これにより、選挙以前に国民派による投票工作の噂があり、自由派はそれを防ぐために自由派選挙人名簿を作成し、投票朗読を一つ一つ確認していたため、開票の不正工作に気づいたということがわかる。

続いて池正俗の尋問に移った。池は、裁判で争うことを覚悟し、投票総数と選挙明細書を写し取った経緯について述べた。内容はこれまでの自由派の説明と同様である。

証人尋問後、中摩郡長の喚問をめぐって協議が行われた。裁判長は原告側に書面での尋問を提案したが、西原代言人はあくまでも郡長の出廷を求めた。陪席判事は中摩郡長が行方不明であることを告げ、原告側に居所を知っているかどうか質問した。これに対し、藤崎代言人は次のように述べた[67]。

　這は以ての外の言と云はるゝものかな。私共は中摩郡長が去る九日高知出航の江州丸へ田原高次なる偽名を構へて乗り込み、窃かに坂神《ママ》間を往来し、十三日突然東京に失踪したることを耳にせり。然れとも其の何れに隠匿し居るやに至りては知るに由なし。夫は兎も角も官職を帯びたる中摩のことなれば、私共に之を聞糺すよりは寧ろ高岡郡役所に問合されたし。

原告側は、選挙会での不正に加え、投票紛失後に行方不明となった中摩郡長について、東京にいる可能性を指摘し、本人の尋問を強く求めた。

第四回公判は六月三日に開かれ[68]、前回に引き続き中摩郡長の証人喚問について協議が行われた。被告側はそれまでの姿勢を一変させ、中摩郡長と青木書記の喚問申請を書面で裁判所に提出した。裁判長に意見を求められた原告側は、中摩郡長は潜伏中に申し立ての材料をつくったであろうから、もはや証言を聞く価値はないが、被告人の申請に同意する旨を答えた。

六月十三日の第五回公判では、中摩郡長と青木書記の証人尋問が行われた[69]。

まず、中摩郡長が疑惑に関する尋問に対して説明した内容を以下にまとめて示す。

第一に、選挙会の入場時限に関しては午前七時開場と定め、その旨を各投票所立会人にあらかじめ通知した。立会人が国民派ばかりであったのは、選挙会場の開門時に門に近かった国民派が自由派より先に入場し、すぐに抽選して立会人と定めたもので、[70] 恣意的なものではなく入場の順番によるものである。第二に、吾川郡諸木村の投票を読み上げなかったことはなく、自分が立会人の面前で開封した。第三に、容易に開けられなかった投票箱四個は大工に開かせ、[71] その投票と他の投票を混ぜて一個の大箱に入れ投票朗読を行ったもので、各投票箱の投票を別々に読み上げたものではない。第四に、投票を紛失した事情について、以下のように陳述した。

自分が三月二日高岡を出でゝ県庁に到りし不在の間に之を置きたる郡役所宿直室内押入の棚にて紛失したり。紛失せし時間は三月九日午後六時頃ごろより同月十一日未明までなり。宿直室の申立にて斯く考ふ。

すなわち、紛失は郡長不在の三月九日から十一日の間に起きたという。

そして、さらに投票紛失に関する問答が展開された。

宿直室の戸締まりなどの措置に関しては「鎖鑰などの損ぜしもありて不十分」な状態であった。ではなぜ投票箱を宿直室においたのか問われると、郡長は「取締の都合宜しと考へしに因る」と答えた。また、一見を求める選挙人に示すため、選挙明細書のみ箱から取り出しておいたと述べた。投票の紛失は、郡役所員の不注意ではなく「他より来り盗めりと思へり」と答えたが、盗人が入った痕跡はないと述べた。紛失取調べについては、紛失を警察署に届出て、二、三人の書記に話したのみで雇員や小使などには一切告げなかった。原告側の「然る者に尋ぬるこそ取調の路の着くことならんに何ゆゑ秘密にせしか」との追及にも、「矢張り却つて害あり」と繰り返すだけであった。

次に、高岡郡書記青木貞固に対する尋問の内容を以下に示す。[72]

第一に、投票紛失に関して、青木は中摩郡長より投票保管を命じられたが、三月八日高岡から県庁に出張していた間に紛失したため、「職務上甚だ不都合なり」と思い知事へ進退を伺ったが、進退伺は今日までそのままになっている。第二に、選挙明細書に関して、自由派の請求に応じて示した明細書の投票総数（一六二五票）が、被告側の申し立て（一六三二票）と相違するのは、自由派が謄写した選挙明細書は原稿の段階であったが、事務繁忙にまぎれ正本と誤って示したもので、原稿の相違はその後正本にて改訂した。今日の申し立てが正当である。

以上、中摩、青木両名の説明を見ると、いずれも不自然さが感じられる。特に投票紛失に関しては、法律で保管を義務づけられている投票箱を、郡長が鎖鑰が破損していることを認識していながら戸締まりが不十分な宿直室に置き、しかも、郡長本人のみならず、書記も紛失直前に県庁に出張していたこと、根拠もなく紛失ではなく盗難であると強調していることは、いささか説得力に欠ける。

六月十五日に開かれた第六回の公判では、証拠調べを済ませた後、口頭弁論に移った(73)。

原告側は、被告の当選は選挙長の不正行為の結果であることは明瞭であると述べ、当選取り消しの判決を求めた。これに対し、被告側は被告の当選手続きに関しては述べず、原告側主張は証拠のない陳弁に過ぎないと反論した。立会検事の柿原義則も原告の立証は不確かであると意見を述べて裁判は結審した。

六月二十二日、大阪控訴院は以下の通り、原告敗訴の判決を下した(74)。

　本年第五十四号原告片岡健吉林有造ヨリ被告片岡直温安岡雄吉ニ係ル衆議院議員当選ヲ無効タラシメントノ訴訟検事柿原義則ノ意見ヲ聴キ判決スル左ノ如シ原告ノ請求相立タス訴訟費用ハ原告負担スヘシ

判決理由は残念ながら明らかではないが(75)、公判の経緯や立会検事の見解から推測すると、選挙長の不正を訴える原告側の立証が状況証拠にとどまり不十分であったことが、その主な理由と考えられる。

（3）大審院（上告審）

第一審の大阪控訴院での敗訴を受けて、原告側は大審院に上告した。十一月十日、原告・被告双方への審問があり、十二日、大審院第二民事部（名村泰蔵裁判長）は以下の判決を下した。[76]

大阪控訴院カ本件ニ付言渡シタル判決ヲ破毀シ更ニ弁論及判決ヲ為サシムル為メ名古屋控訴院ニ移送ス

大審院が大阪控訴院判決を破棄し、名古屋控訴院への移送を命じた理由は、原告側が提示した上告理由の第二点「諸木村々長ノ管理ニ係ル投票函ノ錠及鍵カ成規ノ如ク封鎖セラレサリシ事実」[77]をめぐる問題点にある。大審院は、原告が「甲第十八号証ナル数通ノ証明書」[78]を証拠として提出し、投票箱の封緘がなされていなかったことを証明したにもかかわらず、大阪控訴院が「漫然之ヲ無視シ」[79]、口頭による陳述であるとして証拠採用しなかったことを違法と判断し、それをもって原判決全てを破棄した。

判決が投票箱の管理不備を重視したのは、自由派の投票が朗読されなかった問題に関わっているためである。公判においては目立った論点とならなかったが、自由派は諸木村投票所での自由派候補への投票が選挙会で朗読されなかったことについて、次のように推測していた。[80]

反対派の小首領なる諸木村長新階武雄が、選挙長と共謀して開票前窃かに郡役所に於て投票函を開き、投票変更の準備を為したるものと認むるなり。右一百余名の朗読に漏れしにも拘らず其開票報告の総数に差異を生せ

さりしは、即ち選挙長の反対派選挙委員と共謀して右一百余票の分を填充するに反対派候補者を選挙するの投票を偽造せる

つまり、開票前に投票箱内の自由派への投票を破棄し、国民派への投票を偽造・補充した疑いがあったのである。したがって、投票箱の管理をめぐる問題は、開票前の投票偽造の可能性に関わる重要な問題であったことがわかる。大審院判決は、投票箱の管理に問題があり、開票前に不正が行われた可能性があることを重要視したといえる。

（4）名古屋控訴院（差戻し審）

大審院判決を受け、名古屋控訴院に移送された差戻し審の初公判は、十二月十六日に開かれた[81]。音羽安成裁判長、代永寛立会検事、原告代言人は山下重威、西原清東、被告代言人は柿崎欽吾、大野清茂という構成であった。

原告側は、大阪控訴院では立証が不十分として敗訴したことをふまえ、選挙長の不正操作や選挙明細書の相違点を問題にするのではなく、片岡健吉、林有造に投票したとされる有権者八八四名の投票意思確認を取り、選挙結果と照合するという戦術をとった。被告側はこれを拒んだが、代永寛立会検事は賛成意見を述べ、音羽裁判長も許可したため、大規模な取調べが実施された。具体的には、証人の数が多いため、全体を三つに分けて居住地所轄の区裁判所に委託することとなった。一方、被告代言人は対抗措置として高岡郡役所にある選挙明細書を取り寄せることを請求し、これも採用された。

さて、二十六年三月中旬、区裁判所における証人の取り調べは全て終了した[82]。その結果、片岡健吉への投票は八六二点、林有造への投票は八五八点であった（表10は調査ごとの得票数の違いを示したものである）。

これを受け、三月三十日の第二回公判では、原告側と被告側が激しく論争した[83]。

表10　各調査における得票数の相違

年	月日		項目	投票人総数	棄権者数	片岡健吉	林　有造	片岡直温	安岡雄吉	他・無効
明治25年	2月29日	1	選挙会	1,625	133	779	773	854	844	10
	3月	2	自由派調査	1,625	133	881	877			
	3月28日	3	訴状	1,625	133	879	875	746	742	8
	5月 9日	4	原告主張	1,625	133	880	876	742	741	11
明治26年	3月中旬	5	証人調べ	1,625	133	862	858	760	759	11
	4月 6日	6	名古屋判決（甲）	1,625	133	857	851	771	771	
	同上	7	同上	1,625	133	857	851	758	758	26
	同上	8	名古屋判決（乙）	1,632	126	857	851	778	778	
	同上	9	同上	1,632	126	857	851	765	765	26

注　「明治二十五年高知県選挙干渉資料」、寺崎修「明治二十五年・選挙干渉事件の新資料」にもとづき作成した。

まず、原告代言人は上記の取調べ結果から、被告側の得票は片岡直温七六〇点、安岡雄吉七五九点と計算されるため、被告の当選は無効であると主張した。これに対し、被告代言人は結果自体は問題とせず、正当な手続きによる選挙会において選挙長が調製した選挙明細書によって被告の当選が明確である以上、投票後の証言には選挙明細書に勝る効力はないと反論した。原告側はこれに対し、投票を紛失した以上証人の証言によらざるえないこと、選挙明細書は本訴の目的物であるから証拠とすべきでないと反駁した。

代永立会検事も、投票紛失を理由とし、証人の投票調査の結果を有効と判断した。

公判では、重要証拠である投票現物の紛失という状況のもとで、原告側は証人取調べの結果を有効な証拠とした。一方、被告側は選挙明細書を有効な証拠と見なした。争点は、どちらが有効な証拠として採用されるかという点にあった。

四月六日、名古屋控訴院は、次のような判決を下した。(84)

明治廿五年二月廿九日高知県第二区衆議院議員選挙会ニ於ケル被告片岡直温安岡雄吉ノ当選ハ無効ナリトス訴訟費用ハ総テ被告両名ニ於テ負担スヘシ

判決は、国民派候補の片岡直温、安岡雄吉の当選を無効とするものであり、公判の争点について、以下のような判断を示した[85]。

まず、被告側が選挙明細書を証拠として被告が当選者であると主張した点について、選挙会において開票手続きに疑いをもった参列人による投票の閲覧を郡長が許可しなかったこと、また選挙結果に関して争いがあることを事実と認めた上で、自由派が当日書き写した甲第一号証と選挙会での選挙明細書（乙一号証及び高岡郡役所保存分）では得票、投票総数に相違があることから、選挙明細書には証拠としては疑問が残るとした。そして総数の相違点について、被告側が、間違えた箇所に付箋で訂正したが、清書した者が訂正を反映せずに筆記したためと説明したことを取り上げ、郡役所が明細書の閲覧を許可したのは、疑惑を晴らすためであり、錯誤を生じないように注意すべきにもかかわらず錯誤を生じたことから、選挙明細書が確実でないことを推測するにたるものとして、選挙明細書のみによって被告の当選を有効とすることはできないと結論づけた。

また、投票現物が失われた状況のもとでこれに代わるものとしては、原告側が投票紛失以前に行った得票数調査があり、これは投票の紛失を予想したものではないから信頼を置けるとして証拠能力を認めた。

そして、公判中に行った調査で、被告が異論を唱えた証人七名と参考人を除いて計算すれば、林有造八五一点、片岡健吉八五七点という結果であったことも証拠となった。この数を投票者数に相違のある甲・乙第一号証にそれぞれ適用すれば、表10に示したように、甲第一号証（投票者一六二五人）の場合は、原告の得票以外を被告の得票と仮定し被告両名に二分すると各七七一点となり、同様に乙第一号証（投票者一六三二人）の場合は、被告側得票は各七七八点となる（表10の項目6・8参照）。さらに、被告側の得票と見なすことのできない別人投票五点と、除外した証人七名と参考人二名の投票の計一三点[86]を被告両名の点数から控除して計算すると、甲の場合は七五八点、

表11　高知県第2区当選訴訟判決一覧

年	日付	呼称	裁判所	判決内容	判決理由
明治25年	6月22日	第一審	大阪控訴院	原告敗訴	不明（証拠不十分か）
	11月12日	上告審	大審院	一審破棄、移送	第一審判決に違法性あり
明治26年	4月 6日	差戻し審	名古屋控訴院	原告勝訴	証人の投票調査結果
	6月 9日	最終審	大審院	原告勝訴	差戻し審判決に違法性なし

注　寺崎修「明治二十五年・選挙干渉事件の新資料」にもとづき作成した。

乙の場合は七六五点となる（表10の項目7・9参照）。いずれにしても原告二名の得票より も被告二名の得票の方が少数となることは明らかである。

以上のように、名古屋控訴院は、被告側の主張する選挙明細書の証拠能力を否定し、証人調査の結果を証拠として採用した。これによって被告の当選無効を宣告したのである。

（5）大審院（最終審）

被告側は名古屋控訴院の判決を不服として大審院に上告した。

名村泰蔵裁判長は、六月九日、上告棄却の判決を言い渡した（表11は最終審に至るまでの裁判と判決をまとめたものである）。

判決文によると、大審院は被告の上告要旨一九点について、それぞれ判断を示した。全一九点のうち第一点から第五点、第一一点から第一四点、第一六点から第一九点の計一三点は全て選挙明細書に関するもので、名古屋控訴院が被告側提出の選挙明細書を証拠として採用しなかったことに対する不服申し立てである。ただし、上告要旨の第一八点は第五点と、第一九点は第六点と同じ内容である。

例えば、判決に示された上告要旨第一点は次のような主張である。[87]

原院ハ郡役所ヨリ取寄セラレタル選挙明細書及ヒ乙第一号証ハ信ヲ措クニ足ラサルモノトシテ全然之ヲ排斥セラレナカラ当事者双方ノ得点数中孰レカ多数ナルヤヲ算

出セントスルニ当テ投票者ノ数ヲ乙第一号証ニ採レリ是レ一旦排斥シタル証拠ヲ採用シタルモノニテ採証法ニ背クト云ニアリ

つまり、前節で述べた通り、名古屋控訴院は選挙明細書の証拠能力を認めなかったが、証人調査の結果から被告側の得票を算出する際に、甲乙両方の第一号証の投票総数を用いた。これを被告側は一度証拠能力を否定したものを再度証拠として用いたと批判しているのである。これに対する大審院の見解は、甲第一号証を用いると原告側は八〇点以上の多数となるが、それだけではなく、乙第一号証を「第二標準」として計算しても七〇点以上の多数となり、被告側が「何レノ点ヨリスルモ当選スヘキ理由ナキコトヲ示サン材料」として用いたに過ぎないというものであった(88)。

その他、第六点から第八点は投票認定上の不服、第九点・第一〇点は証拠認定上の不服、第一五点は当選訴訟の結果の効力をめぐる不服であり、いずれも些末な点を論じているだけであり、原判決を覆すに値する主張は全く見られず、大審院がこれらを全て却下したのは自然のことであるといえよう。

以上の経過を経て、高知県第二区当選訴訟は、片岡直温、安岡雄吉の当選無効と片岡健吉、林有造の勝訴という結論を得た。

三　当選者の交代

一年三ヶ月に及ぶ当選訴訟の結果、原告である片岡健吉と林有造の勝訴が確定したが、大審院判決の確定後も両者への当選状交付の動きはなく、そのため六月十二日、星亨衆議院議長は内務省に対して当選手続きの執行を求めた。[89] これについて、『大阪毎日新聞』は次のように報じた。[90]

近時に至り、大審院は片岡安岡二氏の当選無効となりしことは判決せしも片岡林二氏を当選者とは判決せしにあらずとの理由を以て、結局更に選挙を行はざるを得ざるべしとの説を伝ふるものなきにあらず。……内務省内にても議論二派に分れ、其他の部分に於ても段々議論あるよし。余の代人弁護士の如きは再び選挙会を開くの理由なきは嶋《ママ》田孝之其他の当選訴訟の実例に於ても疑ふべからずと言ひ、星が内務次官に面して聞きし所にても、内務省は司法省の通知あり次第に当選状を交付すべき積りなりと云ひたりとか。

この記事によると、当選者と当選状交付について、大審院判決は当選者を確定したものではないから再選挙を要するという説があらわれ、内務省の議論がまとまっていないこと、内務省は司法省の通知を待ってから当選状を交付するつもりであることなどがわかる。ただし文中にもあるように、当選訴訟で原告が勝利した富山県第四区・島田孝之の例では、判決から一ヶ月後の六月十六日に当選確定の告示がなされていた。[91]

結局、勝訴した両名の当選が正式に確定したのは、知事から当選状が交付された八月三日のことであり、[92] 大審院判決から二ヶ月が経過していた。そして、衆議院が両者の当選を認めたのは、林有造については八月五日、片岡健吉については八月七日であった。[93]

以上の過程を経て、片岡健吉と林有造は第五議会（明治二十六年十一月）から晴れて衆議院議員として議場に戻ることができたのである。

小括

本章では、第二回衆議院議員選挙の際、高知県第二区で起きた当選訴訟の経緯について考察した。その結果、以下の点が明らかになった。

まず、高知県第二区の選挙結果は自由派の敗北であったが、選挙前の投票所区域の変更、開票時の選挙委員が国民派で占められたこと、諸木村投票所での片岡健吉・林有造への投票が百票余り朗読されなかったことなど、不可解な点があり、自由派に不正を疑わせるものであった。自由派は当選訴訟前に選挙権回復訴訟、刑事告発などの手段で選挙長の不正を取り上げ、また重要証拠である投票現物の保全を求めたが、検事・裁判所はこれに消極的であった。

次に、当選訴訟は、第一審は大阪控訴院が原告敗訴の判決を下したが、大審院は投票箱の状態に不備があったことを理由として原判決を破棄し、これを名古屋控訴院へ移送した。そこで実施された有権者八八四名に対する投票調査の結果、自由派の主張に近い、林有造八五一点、片岡健吉八五七点の得票が確認され、これが国民派候補の当選無効を決定的にした。原告側が訴訟を有利に展開できたのは、当選訴訟提訴までの周到な準備があったからといえる。この準備の背景には、国民派による投票箱の強奪や開票の不正操作があるかもしれないという強い危機感があった。

訴訟の結果から見れば、選挙会での選挙長、選挙委員の開票は、故意に自由派の得票を読み上げず、国民派の得票を水増ししたものであったといえる。したがって選挙会終了後、選挙長が自由派による投票現物や選挙明細書などの閲覧申請をことごとく退けたことや、唯一示した選挙明細書も原本と異なることなどは、自由派の主張通り、不正操作が行われたためと考えてよいだろう。当選訴訟提起後に発覚した投票紛失については、訴訟自体が当選訴訟であるため公判ではほとんど扱われなかったが、紛失の時期に郡長や郡書記が出張中であったことや、一ヶ月後に紛失を報告するなど、多くの事実が、投票現物を訴訟で調査させないための選挙長らによる証拠湮滅であった可能性を示している。その件に関する中山寛六郎参事官による調査では、知事や、法廷での証言を避け続けた中摩速衛選挙長らが投票紛失を自由派による隠謀とみる説を臆面もなく述べていたが、法廷では一切語られることはなかった。

第一章で取り上げた富山県第四区では、選挙長が投票を大量に無効決定することで民党候補を落選させたが、この高知県第二区では、選挙長が民党候補への投票を朗読せず、国民派候補への投票に読みかえることで民党候補を落選させた。いずれの場合も、県知事に任命された選挙長が開票時の不正操作という行政権による最終手段を用いて吏党候補を当選させようとしたが、最終的には当選訴訟で民党候補が逆転当選を勝ち取ることができた。これは当時の司法権が健全に機能していたことを示している。つまり、政府が権力をもって選挙に介入した明治二十五年の選挙干渉事件においても、司法権は行政権から独立していたといえよう。

これまで高知県の選挙干渉事件に関しては、殺傷事件などの流血沙汰、騒動ばかりが取り上げられてきた。しかし、本稿で取り上げた選挙長による開票時の不正操作や郡役所の投票紛失など、官職にある者によって行われる違法行為、不法行為こそが、明白なる選挙干渉といえるのではなかろうか。

註

（1）これまでに高知県第二区の当選訴訟を取り上げたものとしては、以下の研究がある。寺崎修「明治二十五年・選挙干渉事件の新資料――高知県第二区衆議院議員当選無効訴訟事件判決書」『法学論集』第四九号、平成六年三月。間宮国夫『西原清東研究』

（高知市民図書館、平成六年）。田中貢太郎『林有造伝』（土佐史談会、昭和五十四年）。

（2）前章と同様、本章においても「憲政史編纂会収集文書」五三〇は「高知県選挙干渉資料」と略す。

（3）選挙法第四十二条―四十四条（同前）。

（4）選挙法施行規則第二十六条によれば、「天災若ハ其ノ他避クヘカラサル事故」によって投票できない場合又は選挙会を開くことができない場合は、府県知事が期日を定め、改めて投票又は選挙会を行うことになっていた（前掲『法令全書』明治二十三年、勅令第三号、八頁）。

（5）「高知県第二区選挙明細書」（「高知県選挙干渉資料二」）。

（6）選挙法第二条「一選挙区ノ選挙ハ郡長又ハ市長其ノ選挙長トナリ之ヲ管理ス」。同第三条「一選挙区ニシテ数郡市ニ渉ルトキハ府県知事ハ其ノ郡長又ハ市長ノ一人ヲ命シ選挙長タラシムヘシ」（前掲『法令全書』明治二十二年、法律第三号、二一頁）。

（7）選挙法第四十七条（同前書、二八頁）。なお、選挙委員の人数は三名以上七名以内と定められている。

（8）選挙委員は、村田光昌（前高岡郡書記）、高添仁兵衛（県会議員）、田内閑意（前仁井田戸長）、林鶴吉、應西《ママ》至言（前高岡郡書記）の五名（前掲「高知県第二区選挙明細書」）。肩書きは「高知県総選挙開票始末」（「高知県選挙干渉資料一」）による。

（9）前掲「高知県第二区選挙明細書」。なお、投票人数が一六二五名ならば、二名連記なので投票総数は三二五〇票のはずである。しかし、明細書記載の数字を用いて被選人四名の得票にその他五票、無効決定五票を足し合わせると、三二六〇票となる。その場合は、投票人数一六三〇人、棄権者一二三人でなければならない。つまり、いずれにしても選挙明細書の記載が誤りであることがわかる。

（10）「高知県第二区衆議院議員選挙投票紛失ノ始末」（「高知県選挙干渉資料一」）。内訳は長浜村四一票、木塚村四三票、諸木村二二票である。数字は資料により若干の異同がある。

（11）「高知県第二区選挙区内の葛藤」『朝野新聞』明治二十五年三月十六日付。以下、同年中の新聞の引用に際しては年号を略す。なお、武市安哉は第一区候補、植木志澄は第三区候補であり、両名とも当選した。植木は、選挙前に急逝した植木枝盛の後継候補として立候補した西山志澄が養子となって名乗った姓である。

（12）前掲『法令全書』（明治二十二年、法律第三号、二七頁）。

（13）自由派は、投票前に国民派の代書人の「錯誤ヲ予防」するため、長浜村の漁業を営む有権者に習字を習わせることまでしていた（前掲「高知県第二区衆議院議員選挙投票紛失ノ始末」）。

（14）吾川郡の諸木村、高岡郡の吾桑村、川内村、多ノ郷村、幡多郡の和田村、槁上村の計六村（「告発書」「高知県選挙干渉資料二」）。
（15）三月二日付藤崎朋之・近藤正英宛島田糺書簡（「片岡家資料」高知市立自由民権記念館蔵）。
（16）「訴状」（「高知県選挙干渉資料二」）。
（17）「高知県第二区衆議院議員選挙投票紛失ノ始末」（「高知県選挙干渉資料一」）中の表による。これは「高知県第二区当選無効訴訟之始末」（「高知県選挙干渉資料二」）の表と比べると、数ヶ所に数字の相違や誤りが見られ、また、前者の表には吾川郡横畠村、明治村の記載が欠けているにもかかわらず、小計には後者と同じ数字が記載されているという不備がある。資料の正確さという点では後者の方が正確であるが、訴状に記載されている自由派候補の得票数は、前者の表記載の数字から無効投票と別人と判定された票の二票を減じた数を用いていることから、ここでは前者の数字を挙げ、後者を参照し、吾川郡横畠村、明治村の数字を加え、高岡郡久礼村の林有造票一四を四に訂正した。また、自書による投票が一六五票に対して、代書による投票が七二一票であり、ほとんどの投票が代書によるものであることがわかる。初期の選挙における有権者の状況を示す資料として注目すべき点である。
（18）藤崎朋之、近藤正英、西本直太郎、油井守郎の四名である。
（19）前掲『法令全書』（明治二十二年、法律第三号、二九頁）。
（20）『朝野新聞』四月二十三日付。前掲「高知県第二区当選無効訴訟之始末」。
（21）本来、始審裁判所は選挙法五十二条にもとづく提訴があった場合、「他の訴訟の順序に拘らす速に其の裁判を為すへし」という選挙法第二十七条の規定に従わなくてはならないはずである（前掲『法令全書』明治二十二年、法律第三号、二五頁）。
（22）藤崎朋之、西本直太郎、下村益存、西村盛直、油井守郎、岡崎賢次の五名。
（23）前掲「高知県第二区当選無効訴訟之始末」。
（24）太政官布告第三十六号刑法（『法令全書』明治十三年、一三七頁）。
（25）明治二十五年三月二十三日付片岡健吉・山田平左衛門宛植木（西山）志澄書簡（「片岡家資料」高知市立自由民権記念館蔵）。
同様の内容は『東京朝日新聞』四月二十三日付にも掲載された。
（26）大山卯次郎編『松岡康毅先生伝』（大山卯次郎、昭和九年、六九―七〇頁）。松岡康毅は、大阪控訴院の他、選挙状況視察のため大阪、福井、金沢、富山、高知、佐賀、福岡、熊本の各地方裁判所、長崎控訴院へ出張した（同前書、七一頁）。
（27）同前書、七四頁。

（28）このことは、農商務省管轄下の高知県三原小林区署の川島亨一郎署長への暴行事件後、署員の保護を要請した陸奥宗光農商務相に対して、品川弥二郎内相が党派に関係しないことを保護の条件として示すなど、事態の沈静化に消極的であったことと似た構図である（第二章参照）。政府内の選挙干渉に関する立場として、内務省の独走とそれに批判的な司法省、農商務省という図式が浮かび上がる。
（29）前掲『法令全書』（明治二十二年、法律第三号、三一頁）。
（30）選挙法第八十六条（同前書、三二頁）。
（31）前掲「訴状」。原告代理人は、山下重威、藤崎朋之、西原清東の三名であった。
（32）同前。
（33）採正会なる団体が土陽新聞社に宛てた投書には、開票日に須崎警察署の巡査五名程と郡役所の小使である小川藤太が白い風呂敷に包んだ投票箱を警察署に運び入れ、開票三日後に全て焼却したという情報が記されている（十月十八日付土陽新聞社宛採正会投書「高知県選挙干渉資料三」）。また、前掲「高知県第二区衆議院議員選挙投票紛失ノ始末」にも、「選挙長投票紙ノ自由派ノ為メニ奪ハレ其ノ破綻ヲ出サンコトヲ恐レ窃カニ小使ノ背ニ負ハセテ須崎警察署ニ運ヒ厳重ニ之ヲ守護」という記述がある。
（34）『時事新報』四月二十二日付。
（35）『時事新報』四月二十八日付。
（36）明治二十五年五月八日付細川義昌宛吉良順吉書簡（「細川家資料」高知市立自由民権記念館蔵）。
（37）第一章参照。千々岩選挙長によって無効と判定された投票のうち、六九票が改進党の島田孝之候補の票と認められた。
（38）『時事新報』四月二十八日付。
（39）「日記」二十五年四月二十七日条（「中山寛六郎文書」東京大学近代日本法政史料センター原資料部蔵）。
（40）前掲「日記」四月二十九日条。
（41）同前。
（42）従来の研究は、史料が新聞や自由派の資料、伝承に偏り、客観性に乏しい面があった。その点で中山参事官の残した日記は、直接干渉に関与していない内務官僚が、高知県の選挙後の様子をどのようにとらえていたのか知ることができる貴重な資料といえる。
（43）前掲「日記」四月三十日条。

(44) 高知における調査を補佐したのは猪鹿倉兼文書記官であった。五月一日に取調順序を打ち合わせた後も、たびたび中山に会っていることが日記に記されている。
(45) 前掲「日記」五月一日条。
(46) 第二章参照。和田村においては、投票日前日から国民派と自由派の衝突を憲兵が仲裁するという騒動の中、十五日早朝、村役場付近で郡書記を国民派と誤認した者が斬りつけ死亡させた。国民派候補者の片岡直温は、和田村の殺人事件について、自由派が投票日前夜に有権者を誘導して投票を用意したが、賛同しない者がいたため、「儀式丈ノ投票ヲシヤウト思ツテ居ツタ所ガ、郡長代理トシテ郡書記ガ来タ。即チ選挙明細簿モ書カナケレバナラナイ。ソコデ蔽フ手段ガナイカラ、遂ニ細川郡書記ヲ斬殺シタ」(片岡安編『大正昭和政治史の一断面』西川百子居文庫、昭和九年、一六頁)と説明している。調所も片岡も、事件の経緯を無視して、投票偽造の隠蔽と結びつけている点に無理がある。また、片岡の陳述については、郡書記が殺害されたのは投票日早朝であり、投票開始前の出来事だったことを考えると、投票をしようと思ったところに郡書記が来たというのはおかしい。両者とも全体として信頼の置けない陳述である。
(47) 前掲「日記」五月三日条。
(48) 同前。
(49) 同前。
(50) 同前。
(51) 前掲「日記」五月四日、大野源作・柏原鶴太郎(ともに国民派)の談。同五月六日、沖濱次郎高知日報記者(国民派)の談も同様。前回選挙で自由党が勝利したことをふまえると、自由派に脅迫された選挙人が当日国民派に投票したのを隠すというのは考えにくい。
(52) 同前、沖濱次郎の談。
(53) 前掲「日記」五月六日、畠中猛治・西澤茂次郎(ともに国民派)の談。
(54) 吉良順吉ら六名(五月六日)、本井・田岡(五月九日)、吾川郡長代理他五名(五月九日)。
(55) 前掲「日記」五月四日条。
(56) 同前。
(57) 前掲「日記」五月十日条。

(58) 詳細を記した別紙や提出書類は、「日記」には含まれておらず、管見の限り「中山寛六郎文書」にも見あたらない。おそらく内務省に提出したものと思われる。
(59) 中山参事官はさらに、福井、石川、富山、徳島、香川、愛媛の計六県の「民情視察」を命じられた（前掲「日記」五月七日条）。
(60) 「高知県第二区当選無効ノ対審」（「高知県選挙干渉資料二」）。以下、特に断りのない限り、公判内容の記述はこの資料による。
(61) 陪席は佐川、入江、羽生、蘆谷の四判事であった。
(62) 選挙法第三十一条は「投票所ハ町村役場又ハ町村長ノ指定シタル場所ニ於テ之ヲ設ケ町村長之ヲ管理ス」、同第三十二条は「一町村ニ於テ選挙人少数ニシテ一ノ投票所ヲ設クルニ足ラサルトキハ数町村ヲ合併スルコトヲ得」、「此ノ場合ニ於テハ郡長ハ府県知事ノ認可ヲ経テ合併ノ町村及投票所並ニ投票所管理ノ町村長ヲ指定スヘシ」（前掲『法令全書』明治二十二年、法律第三号、二六頁）と規定している。自由派は、一村一投票所が原則であり、合併は「選挙人少数」という条件の場合のみと主張した。前回選挙では吾川郡の長浜村、浦戸村、御畳瀬村は合併され、長浜村に投票所が設置された。今回も告示第二号では同様の通知であったが、告示第四号では諸木村、木塚村を加えた五村合併で、国民派の新階武雄が村長を務める諸木村に投票所が設置された（前掲「高知県総選挙開票始末」）。
(63) 選挙委員は立会人の中から抽選で選出されるが、先に入場した国民派が前の席を占領していたため、国民派内で抽選を行い五名全員を選出することができたのである（前掲「高知県第二区衆議院議員選挙投票紛失ノ始末」）。
(64) 諸木村投票所の選挙人総数は、青木郡書記が示したところによると一五九人である（前掲「高知県総選挙開票始末」）。棄権者は土陽新聞社・海南社の推計では一二人としている（「第二区投票彼我対照票」「高知県選挙干渉資料一」）。
(65) 先に紹介した「高知県第二区衆議院議員選挙投票紛失ノ始末」（「高知県選挙干渉資料一」）では、朗読されなかった投票数は一〇六票であったが、「高知県第二区当選無効ノ対審」（「高知県選挙干渉資料二」）の吉良証言部分では一〇八票となっている。
(66) 前掲「高知県第二区当選無効ノ対審」。
(67) 同前。
(68) 以下、第四回公判の模様は「高知県第二区当選無効訴訟之始末」（「高知県選挙干渉資料二」）、『大阪朝日新聞』六月四日付による。
(69) 以下、第五回公判の模様は『大阪朝日新聞』六月十四日付による。

(70)選挙会において選出するのは立会人ではなく、正しくは選挙委員であるが、ここでは資料のまま立会人と表記した。
(71)選挙明細書によれば、吾川郡の伊野村、上八川村、高岡郡の波介村、加茂村の計四個の投票箱は、容易に開けることができなかったという(前掲「高知県第二区選挙明細書」)。
(72)『大阪朝日新聞』六月十五日付。
(73)以下、第六回公判の模様は『大阪朝日新聞』六月十六日付による。
(74)前掲「明治二十五年・選挙干渉事件の新資料」七一頁。
(75)同前論文、七〇頁。判決原本の行方が不明であるため、『大阪朝日新聞』(六月二十三日付)に掲載された主文が判決を伝える唯一の資料である。
(76)同前論文、七二頁。
(77)同前。
(78)同前論文、七三頁。
(79)同前。
(80)前掲「高知県第二区衆議院議員選挙投票紛失ノ始末」。なお、当時の町村長は知事、郡長と異なり、「町村会ニ於テ其町村公民中年齢満三十歳以上ニシテ選挙権ヲ有スル者ヨリ之ヲ選挙ス」(『法令全書』明治二十一年、法律第一号、四三頁)という選出方法であったため、高知県でも自由派の町村長が多かった。その中で高知県第一区の国民派候補でもあった新階武雄が村長を務める諸木村は、国民派にとって貴重な拠点であった。
(81)以下、差戻し審第一回公判の模様は『大阪朝日新聞』十二月十八日付による。
(82)『新愛知』明治二十六年三月十四日付。
(83)以下、差戻し審第二回公判の模様は『新愛知』明治二十六年三月三十一日、四月一日付、『大阪朝日新聞』同年四月一日付による。また、原告代言人に福岡裕治郎が、被告代言人に高梨哲四郎、大喜多寅之助がそれぞれ新たに加わった。
(84)前掲「明治二十五年・選挙干渉事件の新資料」七五頁。
(85)同前論文、七八—八〇頁。以下、判決理由については同判決書を用いて述べる。
(86)判決は両被告の点数から各一三点(計二六点)を控除しているが、本来、別人投票は五点、証人七名と参考人二名の計九名の投票は一八点であるから、計二三点となるはずである。その場合、被告側得票は、甲の場合は七六〇点と七五九点、乙の場合は七六七点と七六六点になる。なお、表10では別人投票、証人・参考人の投票を分けず、判決の通り、控除された点数の合計である二六点のみを示した。

(87) 前掲「明治二十五年・選挙干渉事件の新資料」八二頁。

(88) 同前。

(89) 『大阪毎日新聞』明治二十六年六月十五日付。当選確定までの経緯は、前掲『西原清東研究』一九四頁にも紹介されている。

(90) 『大阪毎日新聞』明治二十六年七月二十四日付。

(91) 第一章参照。

(92) 『朝野新聞』明治二十六年八月四日付。

(93) 衆議院事務局編『第一回乃至第十七回総選挙・衆議院議員当選回数調』(昭和六年、二四八—二四九頁)。

第四章　佐賀県と大木喬任

本章では、選挙干渉による死傷者が高知県に次いで多かった佐賀県の選挙を取り上げる。佐賀の選挙干渉に関する論文は、わずかに尾形善次郎氏が『佐賀新聞』[1]と『衆議院議員総選挙ニ就テノ始末』[2]を用いて事件をまとめたものだけである。[3]したがって、佐賀における選挙干渉事件の実態は明らかにされていないのが現状である。特に、大木喬任が佐賀県の選挙に介入したという重要な指摘がなされているが、[4]その内容は依然として不明である。なお、大木は佐賀出身で明治政府の要職を歴任した人物であり、第一次松方内閣では文部大臣を務めていた。[5]しかし、これまでの研究において、大木は同時代に活躍した政治家に比べ扱いが少なく、政治力を評価する声はあまり聞かれない。[6]また、高知は憲兵が派遣されたことで騒動が収束に向かったが、佐賀には、憲兵のみならず陸軍の歩兵が派遣される異例の事態になった。なぜ佐賀に高知以上の対応がなされたのかについても不明である。

本章では、第二回総選挙における大木喬任の動きを「大木文書」（明治大学博物館蔵）をはじめとする諸文書を用いて明らかにしたい。また、憲兵・歩兵の派遣については、主に防衛研究所や国立公文書館が所蔵する公文書を用いて、その派遣経緯を詳しく検討したい。それにより、佐賀県における選挙干渉の実態について、できる限り詳しく明らかにしたい。

一　佐賀県の政治的状況

本節では、第二回総選挙前の佐賀県の政治的状況について述べる。

佐賀県では、明治二十一（一八八八）年に武富時敏を中心とした郷党会（「肥筑派」）が結成された。翌年には、それに対抗して家永恭種を会長、牛島秀一郎を副会長とする同成会（「佐賀派」）が結成され、以後両派は対立関係にあった。両派とも自由党系の党派ではあったが、二派に分かれた背景には、武富に対して嫌悪感がある者と、保守的な思想の持ち主が同成会に集まったという要因があったようだ。例えば、二十二年十月に長崎で開かれた九州同志会においては、両派が代表を派遣した。その席上で、同成会の代表が大隈外相の条約改正に反対することを九州同志会の政策として掲げることを主張したが、全体には受け入れられず、福岡の玄洋社とともに退会している(7)。

二十三年八月、郷党会は武富を中心とした立憲自由党支部結成を期に解散を宣言するが、佐賀県内の政治勢力としては残り、以後、佐賀県下の党派争いは郷党会と同成会から系譜をたどることができる。なお、佐賀出身の大隈率いる改進党の勢力は佐賀には存在せず、武富時敏が個人的につながりをもっていた。

二十四年頃の情勢としては、郷党会が勢力を保ち、県会議員、郡長、村長など県政上の要職をほぼ独占し、「盤根錯節強大の勢力」を誇り、土木・勧業・警察・衛生など自派の政略に不利なものは悉く排斥しているといわれた(8)。一方の同成会は「僅かに佐賀市及び県の西北辺隅に遺党を存するのみ」という状況で、「熊本福岡等」の保守主義者と連携をとっていた(9)。

そして、第一回衆議院議員選挙では、佐賀県の選挙区は三区に分かれた。一区（定員二名）は佐賀郡、小城郡、神埼郡、三根・養父・基肆郡を範囲とする最大の選挙区であり、二区（定員一名）は東松浦郡、西松浦郡、三区

表12　佐賀県衆議院議員選挙結果（第1回–第3回）

	第1区（定員2名）	第2区（定員1名）	第3区（定員1名）
	佐賀郡、小城郡、神埼郡、三根・養父・基肄郡	東松浦郡、西松浦郡	杵島郡、藤津郡
第1回	**松田正久　（自倶）　4548** **武富時敏　（議集）　4310** 家永恭種　（自）　973	**天野為之　（議集）　798** 河村藤四郎　（国）　781	**二位景暢　（議集）　2295** 綾部六郎　3
第2回	**坂元規貞　（中交）　2994** **牛島秀一郎（中交）　2983** 武富時敏　（改）　1523 松田正久　（自）　1509	**川原茂輔　（中交）　811** 天野為之　（改）　650	**五十村良行（中交）　988** 二位景暢　（改）　977
第3回	**武富時敏　（革）　3218** **野田常貞　（革）　2785** 松田正久　（自）　1803 江副靖臣　（自）　966	**中江豊造　（自由）　759** 川原茂輔　（自由）　613	**二位景暢　（革）　1856**

注1　衆議院事務局編『第一回乃至第七回衆議院議員総選挙一覧』（明治37年、56–57頁）により作成した。
注2　太字は当選者を表わす。

（定員一名）は杵島郡、藤津郡をそれぞれ範囲とする選挙区である。選挙の結果、一区は松田正久[10]・武富時敏[11]、二区は天野為之[12]、三区は二位景暢[13]の郷党会候補四人が勝利した（表12は第一回から第三回までの選挙結果である）。ただし、二区は十七票差での辛勝であり、最も同成会の勢力が強い地域であった。帝国議会開会後、松田、武富、二位は弥生倶楽部（自由党の院内会派）、天野は議員集会所（改進党の院内会派）に所属した。

吏党側としては、郷党会の前議員に対抗するためには、対立関係にあった同成会から候補を探す必要があった。もともと同成会は自由党系の党派ではあるが、政府・県の後ろ盾のもと、吏党として活動することとなった[14]。まず、二区に第一回総選挙で天野為之に敗れた河村藤四郎を勧誘したが、逡巡したため議論が起こり、結局県会議員の川原茂輔[15]を擁立することとなった[16]。次に三区の二位に対抗する人材を探したが難航した。第一回総選挙で立候補の意志をもっていた愛媛県収税長の五十村良行[17]に内意を伝えたところ、承諾を得た。そして、吏党側には一区の松田・武富を排斥しなければ総選挙の目的を達せられないという認識があった。ところが、忠良の人物に被選資格がなく、資格がある者は勝つ自信がないと逡巡し承諾を得られない。佐賀新聞の主幹である江副靖臣が立候補の意欲をみせたが、[18]同成会内で意見が異なる者もあり、内紛が生じた。結局、江副を説得し立候補を断念させ、坂元規貞、[19]牛島秀一郎を擁立することに決した。

二　大木喬任の選挙干渉

本節では、第二回総選挙における佐賀県の選挙運動の経過を、大木喬任の動きを中心に詳しくみていく。

(1)目的と方針

政府の選挙に対する運動については、内務省の動き以外にも、閣僚をはじめ藩閥関係者が自らの出身地や結びつきの強い人物に対して関与したとされる。松方内閣で文部大臣を務めていた大木喬任は、どのように選挙に関わったのであろうか。大木の選挙に対する姿勢について、佐賀県第一区の民党候補・武富時敏は次のように述べている。[20]

時の内閣に伴食の一員たる大木伯は自己の出身地から政府党議員を出して、手柄顔をしたいばかりに、非常に奮発をしたものである。如何なる非法を為しても構はぬ。後日の責は総て自分が負ふから、何としても反対党の挙らぬ様にせよ、と地方官に内命したのでさなきだに政府の趣意が干渉に在る上に、県地出身の大臣がソウ意気込なれば、地方官は朝敵征伐の気になつて仕舞つた。

武富によれば、大木は政府党議員を出す「手柄」のために「非法」な手段を用いても民党候補を落選させるよう地方官に内命したという。

大木の選挙干渉にかける意気込みについては、大木に近い古賀廉造も次のように述べている[21]。

……大木伯は我力を以て自由に為し得る者を挙くるとの考を以て我意中の人を挙くるには容易に法を以てすることの出来さるに於ては止むを得す他の方法を取て内閣挙て全国の選挙干渉をなすべしとのことであつた……其実はこの干渉事件は大木伯が発起人である、其時の先生の大に信したのは、先生実は大望ありて干渉の実を挙けんならは、又この事成功せしならは頗る政事上に勢力を得るならむ、勢力を得れは此に於て大に自由にすることが出来ん又総理大臣にもならうとの考である……

古賀によれば、大木の第二回総選挙に対する姿勢は、自分の力で操縦できる人物を当選させるためには適法手段で無理ならば選挙干渉をすべきであり、それが成功すれば大木自身も勢力を拡大させ、いずれは総理大臣になることも視野に入るというものであった。

以上のように、武富と古賀の述べる大木の姿勢はほぼ一致している。大木が総理大臣への野心をもっていたかどうかは定かではないが、第二回総選挙を政界における勢力拡大の好機ととらえ、「非法」な干渉をしてでも意中の候補を当選させようと野心をもっていたことがわかる[22]。

解散直後、藩閥内には同じく佐賀出身の副島種臣が佐賀に赴き遊説する計画があったが、十分な勝算が見込めず断念した。その後、大木が「彼是レニ工夫」したところ、「近来幸之事有之、好機トシテ実ハ手ヲ付ケ罷存候」と選挙に関与しはじめたことを松方首相に伝えている[23]。一月十日には、高島鞆之助陸軍大臣が松方首相に「佐賀之模様も、大木、副島君抔之御高配ニ依リ、頗ル面白状況ヲ呈シ、見込相立候様御座候[24]」と状況の好転を伝え、大木に選挙資金として二〇〇〇円を渡すよう頼んだ。

佐賀の選挙に対する大木の基本戦略は次の通りである。[25]

囲碁ナリ角力ナリ相手即チ敵ト競争スルモノハ大小ニ拘ラズ兵機ノ作用ニ依ラザルヲ得ズ兵機ノ作用トハ所謂虚実是也佐賀ノ形勢ヲ考フルニ第一区ハ頭首ナリ第二第三ハ手足ナリ敵ノ最争フ所ハ第一区ニ在ルコト知ル可キ而巳

大木によれば、敵との競争には兵機の作用が重要であり、兵機とは虚実であるという。意味をとらえにくい言葉だが、おそらく駆け引きのことをいっているのであろう。佐賀における駆け引きでは、一区が頭であり、二区、三区は手足であるから、一区に注力することを重要視している。

この方針のもと、現地で大木の指示を受けて選挙工作に乗り出したのは、佐賀出身の赤司欽一浦和地裁検事正であった。赤司が一月中旬に佐賀に入ると、三十一日には有志が懇親会を開いて赤司を歓迎した。[26] 民党側資料によると、赤司は選挙人に書簡を送り、佐賀の人々に影響力をもつ鍋島直大の意向について、「解散を命せられたる前議員は　天皇の意に背きたるもの」であるから、「坂元規貞、牛島秀一郎を選挙相成候様御尽力被下候」と紹介し、鍋島の意向通り吏党候補への投票を呼びかけたという。[27] 以後、鍋島の意向が民吏どちらに向いているかは大きな関心事となる。赤司は大木の指示を受けながら精力的に選挙工作に従事し、二月十一日には、「三郡ヘ三々徘徊シテ今帰ヘレリ三郡ハ五分ヲシメタリ全部勝利ナル事ハ大伯ヘ報ゼリ」[28] と、選挙工作を終了し、全区で勝利する見通しであることを報告している。赤司は病気もあり、全区で勝算の見通しがついたことから帰京しようとしたが、知事、警部長に十五日までは残るよう引き留められた。

（2）買収と資金

赤司から勝利の見通しを聞いた大木は、「勝ツト思テユタンシテ金ヲ借《ママ》ムベカラス未定者ノ一票下落シテ三円トナル時ハ敵ハ三百円ニテ百人ヲ得ルニ至ル[29]」と述べ、最後まで工作を続けるよう指示した。巷間では選挙人買収の相場を推測する新聞もあったが[30]、閣僚が具体的な買収の相場に言及しているのは珍しい。実際に佐賀の県会議員選挙では一票三円で売買された例がある。大木が下落して三円と述べていることから、赤司の工作ではそれ以上の金額で選挙人を買収してきたと判断できる[31]。

警察資料によれば、有権者の中には、高値の方に投票するといって民吏両勢力を天秤にかけ金額をつり上げる者や、投票売買は違法と説諭されると、対価がなければ民党に投票すると開き直る者もいたという[32]。したがって、単純に当時の有権者は一方の買収の働きかけに唯々諾々として応じたとみるのは誤りである。むしろ、政府の議会における苦境と選挙への干渉方針から官吏がどうしても票を獲得しなければならない事情を読み取って、買収価格の最大化を狙う計算高い有権者像が浮かび上がる。また、それゆえ投票売買のマネーゲーム化が生じ、激戦区であればあるほど、一票の買収価格が高騰していくことになる。

干渉に用いられた資金について、各資料に現れた分を重複を厭わず示すと次の通りである。第一に、先述の一月に高島が仲介して松方首相に支出を依頼した二〇〇〇円である。第二に、赤司が二月七日までに消費した六〇〇〇円、他に赤司は三〇〇〇円を警察に渡し、残りは六〇〇〇円だと大木に伝えている。このときに大木は政府からの五〇〇円を送ったほか、自らの小作米を売却する指示を与えている[33]。もし小作米をすべて売却したとすれば、金額は約一五〇〇円にもなるが、実際にどの程度を売却したかは定かではない。第三に、二月八日に樺山知事が西郷従道に政府への働きかけを依頼した二五〇〇円である[34]。高島仲介分は大木に渡ったとすれば、赤司の述べた金額に含まれると考えるのが自然である。したがって、すべてが実際に支出されたとすれば、資料に現れた分だけで合計一万八〇〇〇円（小作米売却分を除く）が用いられたことになる。

また、樺山知事の書簡によれば、佐賀県全体に使われた政府の資金は総額五万八〇〇〇円であったという。[35]そのうち二万三八〇〇円は第一区の運動用であり、第二区・第三区の運動用に六三〇〇円、大木の尽力による分は二五〇〇円、安場熊本県知事の尽力によって大木経由で渡された分が一五〇〇円、一区候補牛島秀一郎の請求によって一区運動用に五〇〇〇円、樺山知事の上申による分が一七〇〇円、その他一万円が支出された。大木の一区に集中する戦略の通り、一区に巨額の資金が投入されたことがわかる。

なお、民党側資料は、三万円余りが東京から佐賀の吏党に送金されたことを銀行関係者の言葉として紹介している。[36]資料によって金額は異なるが、いずれにしても、政府とその周辺から巨額の資金が佐賀に流れ、買収をはじめとした工作を可能にしたといえる。

（3）具体策

その後、樺山知事は佐賀一区の郷党会派郡長を次々に罷免していった。一月十八日、横尾純喬佐賀郡長を罷免し、六角耕雲広島県典獄を起用した。十九日、花房重治藤津郡長を罷免し、田中馨治神埼郡長を転任させ、神埼郡長に田中坤六警部長の部下である神代沢身警務課長兼保安課長を任命した。また石井翼小城郡長を罷免し、広島県典獄に転任させた。二十二日、小城郡長は六角佐賀郡長に兼任させた。この人事により、佐賀・小城は六角郡長、神埼は神代郡長という選挙に向けて万全の布陣を整えた。

郡長交代の意義について、警察資料は次のように説明する。[37]郡長は村長を監督し、村長は村会議員や区長を監督し、村法で村民を統轄している。したがって個人としての意向ではなく村民一同の意向が尊重される。この状況は郷党会が県政を支配してきたため民党に有利であった。ところが郡長が吏党側の人物に転じれば局面は一変する。郡長交代によって現れた効果の一例を挙げれば、六角郡長は末永泰吉郎郡書記に対して「所務は勿論其他充分の御尽力偏に希望致候尚ほ寸暇を得は出郡可致」と述べ、本来の職務外に出張して選挙運動を行うことを推奨している。また、「過激の民党一日に気勢を失するに至る是れ勢ひ真の輿論に非らざるを証する」と述べており、吏党側に肩入れしていることは明白である(38)。

郡長交代を期に、選挙戦は吏党に有利に動きはじめたらしく、高橋新吉は松方首相に佐賀県の状況を次のように伝えた(39)。

二白、佐賀県ハ従来自由党之巣窟トモ云ヘキ所ニ而、郡長迄も多クハ其党類ノ者ニ有之、此度ノ惣《ママ》選挙ニ於而は、所詮味方ノ議員選挙ハ無覚束被存候処、知事非常之憤発ニ而、数名ノ郡長ヲ転免有之、為ニ党勢意外ニ頓挫シ、村長等ハ、多クハ其決心ノ為メ大ニ味方ニ来附スル有様ニ而、彼是都合宜敷様子ニ御座候、世評ニよれハ、巨魁ナル松田、武富ノ両氏モ、或ハ再選六カシカラントノ事ニ御座候、最初知事カ郡長ヲ転免スルトキハ、激昂非常ナラントノ県《ママ》念モ不少候得共、其後更ニ夫等之事も無之様子ニ而、是ハ意外之事ニ御座候、

この書簡により、郡長交代人事の結果、村長らが吏党に味方するようになり、一区の松田、武富の再選が危うい情勢に転じたこと、さらに、民党側が人事に対して特段の反応をみせていないことがわかる。

田中警部長も二月一日の時点で、大木に対して「御庇蔭ヲ以テ局面モ一変シ最早充分ノ勝算ト認メ候(40)」と伝え、選挙戦勝利に自信をみせている。

また、先述の通り、従来佐賀県政は郷党会派の勢力が強く、大木、副島は鍋島直大と郷党派の連携を警戒してい

た。まず、大木・副島は連名で樺山知事に対して、鍋島家の田中清輔家令に選挙に関係しないよう指示したが、それは表面に出ないようにという趣旨であることを伝えている[41]。吏党は、この指示を民党側が材料として利用することに対抗し、『佐賀新聞』上で数回にわたって、指示が偽造であることを主張した[42]。次に、大木は田中家令に対して書簡を送り、「右旧城地御買上代金之幾分を以て反対者之運動費に充ツル計画あるやの聞へ有之」、これが事実とすれば、「直大公之御名目にも相関し且為邦家不相成候」、したがって「今般議員選挙相済候まてハ断然御拒絶相成候様」と伝えた[43]。これは、鍋島直大が旧城内の土地を一万円で買い上げ、その一部を郷党派の運動費として与える計画を立てているという情報があり[44]、それを選挙終了まで実行させないため、大木が田中家令に要請したものである。

以上のことから、大木らが、県内の有権者に絶大な影響力をもつ鍋島の動きを封じ、民党に有利な状況をつくらぬよう細心の注意を払っていたことがわかる。

次に、『佐賀新聞』買収についてみておく。

佐賀においては、明治十七年八月に江副靖臣が発刊した『佐賀新聞』と、十九年四月に武富時敏が発刊した『肥筑日報』の二紙が対立関係にあった[45]。ただし両紙とも自由党系の民権派の立場に立っており、内容というよりも郷党会と同成会の対立を反映していたといえる。

第二議会解散後、『佐賀新聞』は反武富・反郷党会ではありながら、政府に対して批判的であった。ところが、郷党会系『肥筑日報』に対抗するため、内務省の大浦兼武と大木は『佐賀新聞』の買収を企図した。実際の売買契約は中村純九郎会計検査官補と古賀廉造が立ち会って結んだ[46]。民党側が四五〇〇円と伝えた買収資金[47]は政府から出すことになっていたらしく、大木は松方に経費精算について事情を説明する中で、「新聞事業之如キハ、後来ニ係ル義ニ付、不得止レハ後日ニ廻シ」と述べている[48]。

そして、二月四日付『佐賀新聞』一面には、江副靖臣が新聞事業を第一区吏党候補者である坂元規貞に売却したとの特別広告が掲載された。以後、同紙は吏党の機関紙として、「邪党を痛劇攻撃し正義の党を助けて以て正理として社会に顕明ならしめん」（二月四日付）という方針を示し、明確に吏党に与して選挙関係の記事を掲載しはじめた。

以上のように、大木は、司法卿・司法大臣時代に築き上げた「大木派」ともいうべき人脈を駆使して、佐賀の選挙に干渉した(49)。政府からの資金のみならず私財まで投じて干渉した目的は自らの政治勢力拡大であった。大木派の動きとしては、具体的には赤司欽一浦和地裁検事正が知事や警部長と連絡をとりつつ、現地での選挙工作に従事し、中村純九郎会計検査官補が佐賀、大木、大浦内務省主事との連絡役を務め、後述するように東京の高木秀臣東京控訴院検事長や古賀廉造東京地裁検事とも連携していた。大木派は巨額資金を用いた買収をはじめとする有権者への直接的な働きかけや郷党会系郡長の更迭人事、間接的に影響力をもつ有力者への牽制、そして新聞買収まで広範囲にわたる工作を手がけた。

三　佐賀県の選挙干渉と治安維持

本節では、選挙戦の激化の経緯と、取り締りのために憲兵と歩兵が派遣され、保安条例が施行された経緯について、公文書を中心として詳しく述べていく。

（1）民党側の動き

民党側の動きは、前回選挙の全勝の記憶もあってか、出遅れていた。解散後、十二月二十八日の探聞報告によれば、佐賀県選出議員は「皆大丈夫ニテ競争ノ必要ナキ」状況のため、近県に出張して自党候補を応援することを決めたという。[50]油断があったことは否めない。

一月十日、佐賀の江藤新作は大隈重信に選挙の状況を報告した。[51]江藤によれば、吏党候補は一区に坂元規貞、永田暉明、二区に古川一簡または川原茂輔、三区に江副靖臣と顔ぶれが固まりつつあるが、まだ公然と運動していない状況で、一、三区は安泰だが、二区が最も困難と報告している。二区は天野為之が「引込主義」で候補辞退状を支持者に送っており、再選のためには佐賀入りする必要があるとみている。十四日、江藤は再び大隈に書簡を送り、吏党候補の顔ぶれを、一区に坂元、牛島秀一郎、二区に川原、三区に「伊賀村某 官吏」と報告した。情勢としては、依然として一、三区は安泰だが、二区が厳しいと伝えた。[52]これは、西松浦郡が「士族又は青年者之団結も無之土地」であったことが一因であり、当初は民党候補に投票すると約束した有権者も警察官の圧迫、脅迫によって「追々前約を変する有様」で態度を変えていった。[53]一月初めの時点では、民党側は吏党側の動きを憂慮せず、「侮笑」していたが、十日過ぎには形勢が変化したことに気づき、民党候補に帰県を促しはじめた。

民党側の最大の課題は資金に乏しいことであり、実効性のある運動手段をなかなかとれなかった。[54]ようやく議会報告と地価修正請願を話題とした懇親会を開き、演説で政府を批判しはじめたのは一月中旬であった。[55]旧鹿島藩主鍋島直彬と原忠順貴族院議員が民党を応援するとの報道もあったが[56]、運動は低調であった。

一月末になり、一区では地価修正を実行させるために武富・松田に投票する旨の誓約書を民党陣営が有権者に配り歩く運動がようやくはじまった。[57]

二月に入り、選挙も激しさをみせ、民党側も壮士を雇い入れ、活発な運動をしはじめた。二月五日、松田正久は田代進四郎宛書簡で次のように情勢を伝えている。[58]

華墨拝読仕候。我県選挙は競争尤も激烈、就中、県官、警察官の横暴は、言語道断と申すの外、批評の下し様も無之仕儀に御座候。反対者は……政府の候補者に而、資金は十分、加ふるに県官、郡吏、警察官等は、右候補者の代表人となりて、表面裏面の運動を為し、目下は殆ど無政府の有様に陥り申候。……小生等の運動は、現在方略杜絶し、唯だ故旧知人に就きて、議会の始末を談話し、民党の精神を言はゞ、内密に吐露する位に止まり候、去りながら、愚民とは云ふ者の、大体の理非曲直は、多少分別の輩も有之、選挙人総体は、収賄若しくは、威力恐嚇の為め動揺するに非ず、先づ今日の分にては、六分丈けの勝利は大丈夫と計算致在候。尤も今後或は反対より、非常の暴手段に出づるも不測候故、正当防衛の手筈、準備の如何に関係も有之事と被存候。如斯不法無道の世界には、吾々如き仁人、君子は、生活を厭ふの心地致候。御一笑に付す。

これによれば、吏党候補には資金力があり、県吏、郡吏、警察が味方して運動していること、「無政府」、「不法無道」の状態に陥っている状況であること、松田側の運動は支持者に議会の報告と民党の精神を吐露するだけであること、しかし、有権者が吏党側の買収、脅迫には応じないであろうという見込みのもと、なお六分の勝利と計算していることがわかる。また、松田が自らを「君子」、有権者を「愚民」と明確に峻別している点からも、有権者への有効な働きかけの具体的方法を持ち合わせておらず、達観している様子がうかがえる。

(2) 官民の衝突

激しさを増した選挙戦の中で、暴力事件が発生しはじめた。民党側は警察が職務を放棄し、吏党候補の応援に奔走していることを指摘し、吏党の暴行が二月九日頃から全区ではじまったととらえている。例えば、二月十日、第二区候補の天野為之は、唐津から伊万里へ赴く途上で数十名の暴漢に襲われ、腰部を打撲した。同行の賀来昌之も額に三ヶ所負傷した。[59] 一方で、十一日、樺山知事から小松原警保局長に対して、着実派（吏党）事務所に対する襲撃があり、一名が重傷との報告がなされ、小松原はその報告を松方首相に転送した。[60]

次に、最大の騒動となった小城郡小城町の殺傷事件は、民党側資料と警察資料で見解が異なり、事実認定が難しいため、両方を取り上げる。

民党側の見解は以下の通りである。二月十五日午前三時頃、民党側火番六名が巡回中に巡査三名が吏党派の「悪漢」一五、六名を率いているところに遭遇し、突如斬りつけられ一名が重傷を負った。この事件を小城警察署に訴えたところ、鷲崎頼之署長は「その位のことは当然なり。今夜中に民党某々の首を打ち落とすべし」と返答した。この言葉をきいた民党支持者千人が激昂し、吏党側の事務所を襲撃した。騒動の中で巡査一名、「悪漢」一名が殺され、他に三名が即死し、負傷者が数名出た。警察署の署長以下の署員は佐賀へ逃げた。[61]

これに対し、警察側の見解は以下の通りである。二月十四日午後十二時頃、氏名不詳男子二名が小城警察署を訪れ、民党一三〇名が武器を携帯し、人家に侵入し、吏党側事務所を襲撃していると報告したため、鎮圧のため巡査を派遣した。吏党派壮士一〇名が応援のため巡査を「尾行」した。現地では民党側が斬りつけてきたため、巡査が防御し、壮士が巡査に加勢すると暴徒は逃走した。追跡したが暴徒が攻撃してきたため壮士と共に防御したが劣勢で一旦警察署に引き揚げたのが十五日午前三時頃であった。壮士の氏名を確認するべきだったが、民党の騒擾のため時間がなかった。その後民党の消防夫など千人以上が警察署・吏党事務所の襲撃を企図し、先に事務所を襲撃した後、午前七時に整列した。他の民党二〇〇名が警察署を襲撃する様子があり、巡査七名では左右の暴徒に対応できないため警察署に籠城した。暴徒数百名に警察署を取り囲まれたため、籠城策を捨て、血路を開こうと一列に抜剣し佐賀に引き揚げた。その際に巡査一名斬殺され、郡書記一名が負傷した。[62]

両者の記録を比較して特徴的な点を挙げると、両方の資料から、警察が吏党側の人間と行動を共にしていることが判明する。次に警察資料には登場しないが、鷲崎署長の言動が民党側の怒りを買ったということがわかる。また、警察資料の吏党派壮士が巡査を「尾行」し、一緒に民党側と戦わざるを得ない状況になったという苦しい釈明をみると、警察官が「悪漢」を率いているという民党側の指摘は妥当と考えるべきであろう。しかも、通報の男子や吏党派壮士の氏名を一切記録していないことを弁明している点も不可解である。これらの点をふまえると、警察側は受け身で防衛姿勢であったという説明は事実と異なるのではないかとの疑念が生じる。

そして、民党側資料に登場した鷲崎署長は、別の資料によれば、配下の巡査に対して松田正久を殺せと命じて捜索させたため、松田の身辺は民党側壮士によって警護されていた[63]。『佐賀新聞』は、二月十七日、松田拘引のために警部と巡査四名が佐賀警察署から小城に向かったと報じ、十九日には警察が松田の家宅を捜索したと報じた。ただし、二十一日に小城警察署が家宅捜索を「事実全く無根」として訂正を求める記事が掲載された。一説には、「松田拘引」の号外が町で配られたという[64]。身の危険を感じた松田は変装した上で、小城から神戸を経由し、東京へ逃亡した[65]。

この間の経緯についても、先の小城騒動と同様、新聞報道や当事者の伝記などからでは何が事実か判然としないが、水面下では、実際に松田拘引を狙った動きが存在した。佐賀で選挙工作に従事していた中村純九郎が二月十八日に大木喬任に宛てた書簡によると、「大浦曰ク巨魁ハ松田ナル筈ニ県会議員位ニ令状ヲ発シ居リテハ手緩シ古賀ヨリ司法省へ促シ呉レ[66]」と、内務省の大浦兼武が古賀廉造を経由して、司法省に松田拘引の令状を発行するよう要請した。それを受けて、中村と古賀が佐賀出身の高木秀臣東京控訴院検事長にその旨を伝えた。ところが、高木の働きかけに対して、「司法省ハ反テ余リ干渉スルナト云フ意ヲ伝ヘアリ[67]」と、司法省が令状発行に消極的な姿勢であったため、実際には令状は発行されなかった。ただし、松田拘引の噂は広く伝わったらしく、後日、松田の身を心配する大隈重信に対して、江藤新作は「検事迄拘引状を発したるや否やに付相尋候処、決して左様なる事は無之と相答候[68]」と報告している。

なお、第二章の高知県における林逮捕未遂と同様、警察が投票日以降も執拗に松田を捜索したのは、選挙結果を動かすためではなく、衆議院議員選挙法第十七条の「刑事ノ訴ヲ受ケ拘留又ハ保釈中ニ在ル者ハ其ノ裁判確定ニ至ルマテ選挙権ヲ行フコトヲ得ス及被選人タルコトヲ得ス[69]」という規定を用いて、松田の被選人資格を剝奪する目的があったと推測される。すなわち、開票の結果として松田が当選しても議員にはなれないよう周到な工作を企図していたということになる。

（3）憲兵・歩兵派遣の経緯

第二回衆議院議員選挙の投票日である二月十五日午前九時四十分、樺山資雄佐賀県知事は、高島鞆之助陸相に対して暗号による至急電を発し現地の混乱を報告し、憲兵隊の派遣を要請した[70]。知事は、川上村で民党三百人が刀剣棍棒をもって駐在所を襲撃した件や、久保村で着実派壮士が民党側助役の家を破壊した件、その他小城郡や小田村での紛擾を具体的に挙げ、治安維持のため「臨時巡査三十名を雇い入れ」たが「不穏の状」があり、十分な人員がいないと「着実派の勝敗にも関し容易ならず」という理由と、民党が「投票函を奪取」しようとしているという二つの理由から憲兵隊の派遣を要請している。この電報は暗号のまま保存され、解読した資料は残されておらず、これまでの研究では用いられていない。この資料により、知事の本音が着実派を勝たせるために憲兵隊を使って治安を維持したいという点にあることが明白である。しかも投票箱の奪取については風評が広がったが、「何等騒動なかりし」、「何事なく平穏[71]」と警察が報告したことをみれば、過度に民党側の騒動を恐れたか、もしくは治安維持の口実として利用したことが疑われる。

知事からの派遣要請を受けて、陸軍は熊本憲兵隊の一分隊に対して佐賀県への派遣を命令した。十七日には一分隊が増員派遣されている。結局、三月一日に上士官一名と二伍を残し帰隊し、十日には残りの隊員も引き揚げた[72]。

さらに樺山知事は、小城警察署が六、七百人の暴漢に包囲され、小田分署も同様に包囲され警察人員が不足していることを理由として、十五日午前十一時七分に電報を陸軍に発し、歩兵の派遣を要請した[73]。憲兵派遣要請から二時間も経過していない時点である。民党側も歩兵派遣について「県民何の故たるやを解せず」[74]、県知事が十七日の開票結果を受けた民党の暴発を恐れ、事前に鎮圧に備えたのではないかという推測をしている。

要請を受けて、陸軍は熊本駐屯の歩兵第六師団第二十四連隊第四中隊を派遣することを決め[75]、中隊は午後六時十八分の汽車で福岡を出発し、八時に佐賀に到着した。その後、中原、小城、高橋に各一小隊を配置し、治安回復に努めたが、到着したときにはすでに暴動は収まっていた[76]。任務を完了した歩兵は二月二十日に帰営した。

憲兵の派遣期間の長さと知事の要請電報の詳細さに比べ、歩兵の方は期間も短く、電報も簡潔であり、知事がなぜ歩兵派遣を必要としたのか判然としない。歩兵を現地に配置した後に憲兵の増員を要請している点も不可解である。少なくとも憲兵隊で抑えられない事態が起きたから歩兵を要請したのではない。十七日の開票を騒動なく実施するために呼んだと考えるのが妥当かもしれない。

（4）再投票と保安条例施行

投票日の混乱は、第三区の古川龍張選挙長が杵島郡橋下村、北方村、福地村について騒動を理由として投票を中止する事態にまで発展した。

再投票の理由について、第三議会前に集められた情報によると、民党側の見方は次の通りである[77]。

……暴威を逞し選挙人を脅迫せしも吏党の勝算立たさるを以て、十五日午後、各村の投票既に大抵完了を告けんとするの際に至り、遽かに選挙長なる杵島郡長古川龍張は投票中止を命したり。初め中止を命したるは十四ヶ村なりしも、内十一ヶ村は既に投票函閉鎖したる後なるを以て不得已中止の命を取消し、三ヶ村に限り中止を決行せり。……右の三ヶ村に投票所を開かしめ民党の運動を禁遏する為には保安条例を施行し、二百有余名の巡査（福岡、熊本両県の巡査凡そ四十名応援として来れり）を《ママ》右三ヶ村に押寄せ、選挙人を脅迫し、遂に吏党候補者に投票せしめたり。

これにより、第三区の吏党候補五十村良行が当選できない状況になり、慌てて古川選挙長が投票場一四ヶ所での投票中止を命じたが、投票箱の閉鎖が終わっていた一一ヶ所は中止できず、残りの三ヶ所のみ中止させたこと、(78)民党の選挙運動を封じるため保安条例を施行し、警察官が選挙人を脅迫して吏党候補を勝たせたとみていることがわかる。当資料は、その場に居合わせなければわからない状況を詳細に知ることができる貴重なものであるが、あくまでも民党側の情報であることは注意を要する。

そこで、次に吏党側資料を用いて、この間の事情について検討する。樺山知事は書簡で品川内相に次のように報告している。(79)

第三区は投票中止之ヶ所三ヶ村有之、来る二十六日再投票之筈に御座候。是は過日紛擾混雑之際裏切者有之、故に今日は甚苦戦之場合に御座候へ共、正義派は及丈け之力は付居申候。右之競争にして双方より兇器を携へ応援之為多数之人民集合致すへき景況に付、不得止保安条例施行之儀相伺候儀に御座候。

これにより、投票中止の決定が下されたのは、投票日の紛擾中に吏党側に「裏切者」が出て選挙に勝てない事態となったためであることがわかる。そして、保安条例の施行は再投票までに民党・吏党双方の競争が激化することを防ぐために必要と考えたこともわかる。「裏切者」というのは、吏党候補に投票する約束をしていた選挙人が民党候補に投票したことを指しているのであろう。選挙一週間前、樺山知事は「烏合之兵」をまとめ、「今日之勢力」を得ることができたのは、「昼夜之苦心ト、金力之働」があったからで、今後の六、七日間の勝敗は金力をもって制するしかないと述べていた(80)。つまり、脅迫と金の力で従来民党支持者であった有権者をなびかせてきたのは短期的効果に過ぎなかったのであり、約束通り投票するかどうかは不確定だったといってよいだろう。

実際に警察資料によれば、第一区の報告ではあるが、民党の「威勢に恐怖」し、それまで吏党支持だった村民が、二月十五日午前三時頃に民党に傾き、消防夫らと隊列を組んで東尾投票所に向かった。吏党側がその村民を「集合中より検出せんとするも隠匿之を出さす」、結局押し問答の末、吏党側が断念したという(81)。おそらく各地で同様の状況が生まれ、それを「裏切者」と表現しているものと考えられる。吏党に脅迫・買収されて支持を表明した選挙人も、民党側壮士や消防夫らに護衛され身の安全が確保されれば、民党側に投票する意志を固められる。その点では、郡長交代や脅迫・買収により村の団結が崩れ形勢が逆転した短期的効果が、最後に長期的な人間関係にもとづく民党側の巻き返しにあって揺らいでいたといえよう。

再投票を四日後に控えた二月二十二日、樺山知事は、保安条例の施行について、品川内相に暗号電報で以下のように正式に要請した(82)。

県下第三区中、杵島郡之内橋下村、北方村、福地村は暴挙之為め投票中止したる処、来る二十六日再投票之筈なるが、民党に於ては一区二区の失敗を遺憾とし全力を尽くして更に競争するの景況に付、小城地方の如き暴挙を惹き起すは必然の事と存す。全県下の警察官、憲兵にて十分取締りを為すは勿論なれとも戎器刀剣等を携帯するに於ては容易ならさる事変を生する儀に付、本日より向ふ十五日間杵島郡の全部に対し、保安条例第五条第一項第三項の施行を御命令相成度上申す。

これをみると、民党が巻き返しを図り活発に運動していること、二十六日の再投票までの選挙運動で民党が暴挙を起こすのは必然ととらえていること、知事は保安条例施行の対象を杵島郡に限っていることなどがわかる。また、二十二日から三月八日までの一五日間に及ぶ施行を要請している点も特徴である。注意して読めば、要請の時点で現実に起きていることは、民党の全力を尽くした選挙運動であり、暴挙を引き起こすというのは知事の推測に過ぎない。品川への先の私信では、民吏「双方」が選挙応援に集合していると説明していたが、正式要請では民党側のみを理由としている。したがって、知事は再投票前の民党側の活発な選挙運動による巻き返しを警戒して、運動取締り強化のために保安条例を施行したいと考えたのであろう。その根拠は、第一に、実際に施行された保安条例の適用範囲が申請よりも拡大し、投票が中止された杵島郡だけでなく藤津郡も対象に加わっていることである(83)。これは選挙応援を警戒し隣接地域も対象に含めたと推測できる。第二に、次に挙げるように、適用条文が第五条の第一項、第三項の二項目であることである(84)。

一　凡ソ公衆ノ集会ハ屋内屋外ヲ問ハス及何等名義ヲ以テスルニ拘ハラス予メ警察官ノ許可ヲ経サル者ハ総テ之ヲ禁スル事

三　特別ノ理由ニ因リ官庁ノ許可ヲ得タル者ヲ除ク外銃器短銃火薬刀剣仕込杖ノ類総テ携帯運搬販売ヲ禁スル事

すなわち、要請では取締りのため武器携帯の禁止が必要であることを文章で説明しているが、同時に無許可集会の禁止を定めた第一項の適用も要請している。これは、要請理由とは離れた内容であり、選挙運動の一つである集会・演説を封じる意図が感じられる。

したがって、以上の民党・吏党双方の資料から、第三区では吏党候補の落選を阻止するために選挙長が自らの権限を不当に行使して投票を中止させたこと、県知事の保安条例施行の申請も表向きの理由は民党側の暴挙阻止であったが、実際には再投票で裏切者がでないよう確実に吏党候補を勝たせるための民党対策であったことが判明する。

四　佐賀県の選挙結果

これまで述べてきたように、第二回衆議院議員選挙の際、佐賀県では激しい選挙戦が展開された。選挙期間中（二月十八日まで）の佐賀での死傷者は、死亡八人、重傷二六人、軽傷三五人であった[85]。死者数は高知の一〇人に次ぐ多さであり、騒動の大きさを示している。

調査日時は不明だが、内務省の票読みでは、表13の通り、一区は吏党二五二二票、民党二三六二票の一六〇票差、二区は吏党七八五票、民党七八〇票の五票差、三区は吏党九四九票、民党九二五票の二四票差で吏党の全勝という予測であるが[86]、いずれも僅差の勝負とみていたことがわかる。

表13　内務省調査による着実派・過激派候補

	第1区	第2区	第3区
着実派	牛島秀一郎 阪本則貞	河原茂輔 川村 大崎	五十村良行
過激派	秀島敬良 武富時敏 松田正久 江副靖臣	天野為之 井上孝経	永野静雄 二位景暢
予測 同成派 郷党派	 2522 2362	 785 780	 949 925

注　「衆議院総選挙議員候補者名簿」（「品川弥二郎文書」国立国会図書館憲政資料室蔵）より作成した。氏名は原資料のままの表記である。

開票の結果、一区は坂元規貞、牛島秀一郎、二区は川原茂輔、三区は五十村良行が当選し[87]、内務省の予測通り吏党側の全勝となった。大木喬任が最も注力した一区は吏党が民党のおよそ二倍の票を獲得し、二区は一六一票差でいずれも内務省予測よりも差が開いたが、三区は一一票差であった（表12参照）。前述の通り、三区は再投票と保安条例の効果によって吏党候補が勝利することができたといえるだろう。

選挙事務自体に関しては、投票中止決定以外にも、民党側からみると様々な問題があった。まず、規定では郡役所に集めなければならない投票所の投票箱を、一区では警察署に集め、十七日になって佐賀郡役所に移送した点[88]。次に、一区の佐賀郡で投票箱の閉鎖後に選挙人を脅迫して投票用紙に捺印させた点[89]。いずれも選挙法の規定に反した行動であり、事実とすれば開票までに不正操作が行われたことを疑わせるものである。しかも、警察は選挙運動中に、元民党支持者で後に吏党支持に転じた人物の氏名を必ず報告させており[90]、これを考え合わせれば、警察署で集めた投票箱を開けて「裏切者」を特定し、不正に投票を変えさせることも可能である。しかし、佐賀県では干渉に関する請願が衆議院に提出されたが当選訴訟の提起は行われなかったため、証拠調査は実施されず、選挙結果の変動は起きなかった。

選挙後しばらくして、大木は樺山知事を経由して、三区選出の五十村に対して一〇〇〇円を提供し、領収証を受け取っている[91]。これは吏党議員としての活動資金の提供と考えられる。すなわち、大木は選挙干渉を通して、当初の狙い通り佐賀県選出議員を「大木派」に加え、政治力を拡大することができたのである。

小括

以上、大木喬任と選挙干渉について佐賀県を事例として検討してきた結果、明らかになったことをまとめたい。

まず、第一次松方内閣の文部大臣であった大木喬任は、政府、内務省や県と連絡をとりながら資金面、戦略面において中心となって佐賀県の吏党候補を支援した。政府が投じた資金は知事によれば五万円を超える規模にまで膨らんだ。従来、閣僚では陸奥宗光農商務大臣や高島鞆之助陸軍大臣が関係の近い候補に肩入れしたことは伝わっているが、あくまでも間接的支援にとどまる。管見の限り、これほど深く関与した干渉資料が残っているのは、選挙を所管する品川弥二郎内務大臣を除けば大木だけである。しかも、大木は第二回総選挙を自らの政治勢力拡大の好機ととらえ、「大木派」ともいうべき司法関係の人脈を駆使し、内務省の大浦兼武とも協力しつつ、私財まで投じて佐賀県の選挙に深く介入した。司法人脈を使った工作では候補者の松田正久に対する逮捕状請求まで狙っていた。工作は失敗したが、司法人脈を駆使した企みを阻止できたのは司法官僚の干渉への否定的な立場と独立性の強さがあったからだと推測できる。大木の動きからは、議会を意のままに動かせない藩閥政府の苦境を救うという選挙干渉の公的な大義名分だけではなく、従来の研究では指摘されていない、藩閥における地位向上のための政治勢力の拡大という私的な利益追求が見て取れる。そして、結果として大木は擁立した吏党候補全員を当選させ、「大木派」議員を議会での足がかりとすることに成功した。これまでほとんど評価されてこなかった大木の政治力の一端が明らかになった。

一方、民党側に見通しの甘さがあったことは否定できない。第一回総選挙での完全勝利から油断が生じ、攻勢に出る吏党側の動きを「不法無道」とまでとらえ、収賄や脅迫が行われていることを知りながら、懇親会で議会報告を行ったり、内心を吐露したりすれば支援者たちは民党に投票すると楽観視していた。郡長人事など次々と手を打つ吏党側の動きに対応が遅れ、後手に回った感がある。

ただし、第三区の投票中止と再投票決定は、脅迫・買収を受けながらも民党候補に投票する有権者（「裏切者」）の予想外の多さと吏党候補の苦戦をふまえた、選挙長の恣意的な決定であった可能性がある。保安条例の施行、憲兵・歩兵派遣は、騒擾を沈静化するためだけでなく、再投票で確実に吏党候補を勝たせるため、巻き返しを図る民党側の動きを封じるものでもあったとみるべきであろう。その点で、高知県の騒動を上回る歩兵の派遣という政府の対応は、佐賀県の事態の深刻さを示すというよりも、再投票を念頭に置いた万全の布石であったと考えられる。

佐賀県の選挙干渉は、高知県の事例と類似点が多い。職務外の任務を負った官吏が暗躍し、警察も吏党壮士と一体化し、脅迫、買収、暴行など違法行為に走った。知事も法令を用いて民党を押さえ込む力を発揮し続け、その意向を受け、郡長は不当な決定を下した。両県とも吏党候補の勝利という目的のために違法・不法行為が横行し、法令が最大限悪用された。しかし、異なるのは、高知県では当選訴訟が提起され、その結果として民党側候補が正当な当選者となったが、佐賀県ではそれがなされなかった点と、佐賀県では現職閣僚である大木喬任が選挙干渉を指揮した点である。それらの点で佐賀県の事例は日本の立憲政治史上、重大な汚点を残した事例であるといえる。

註

（1）ただし、『佐賀新聞』は選挙当時、吏党の機関新聞として発行されていたため、記事内容をそのまま歴史的事実と断定するのは難しく、あくまでも二次資料として用いるべきであろう。

（2）岩松要輔編『衆議院議員総選挙ニ就テノ始末』（小城郷土史研究会、昭和四十五年）。当資料は、選挙後の五月から小城郡長、杵島郡長を歴任した石井晋一氏旧蔵資料で、選挙時の警察報告書を翻刻した冊子である。

（3）尾形善次郎「佐賀県内に於ける選挙大干渉の経緯――佐賀新聞保存紙をもとに」『高知市立自由民権記念館紀要』第三号、平成五年十二月、四六―五三頁。

（4）第三議会で民党側が提出した各地の選挙干渉資料をまとめた『選挙干渉ニ関スル参考書類』（衆議院事務局、明治二十五年、一三八―一三九頁）は、佐賀出身の副島種臣と大木喬任が選挙に介入したことが騒擾を引き起こした原因として、両者の代理である赤司欽一検事正の吏党候補への投票を促す書面を引用している。また、『読売新聞』（明治二十五年四月十日付）には、「浦和地方裁判所検事赤司欽一氏が其の郷里佐賀県に於て選挙に干渉したるハ大木文部大臣等の指揮に出づるやの如く噂するにぞ佐賀県人某氏ハ大木大臣を訪ひ此の噂若し真ならバ閣下の為に甚だ取らざる所なり云々と忠告」したという記事が掲載された。近年では、重松優「大木喬任伝記資料『談話筆記』について」(『ソシオサイエンス』第一二号、平成十八年三月)が、選挙干渉の黒幕は大木であると語る古賀廉造の談話を引用し、また、明治大学博物館に干渉を指示する大木の書簡が存在することを紹介している。斉藤洋子「内務大臣副島種臣と第三議会」(『社学研論集』第八号、平成十八年九月)も、副島と大木が佐賀県の選挙干渉に関与したことを紹介している。

(5) 大木喬任(天保三年三月二十三日―明治三十二年九月二十六日)は、東京府知事、民部大輔、民部卿、文部卿、教部卿、参議、司法卿、元老院議長、枢密院議長などの要職を歴任した。大木の履歴を扱ったものとしては、「談話筆記」(「大木喬任文書」国立国会図書館憲政資料室蔵)、島内嘉市『年譜考大木喬任』(アピアランス工房、平成十四年)、重松優「青年大木喬任と佐賀勤王党」(『社学研論集』第一一号、平成二十年三月)などがある。

(6) 佐々木隆氏は、伊藤博文に過小評価されたことをその一因に挙げながら、一方で「『大木派』ともいうべき政治的人脈の存在」を示唆している(佐々木隆「『大木喬任関係文書』所収司法・検察関係者書翰翻刻」『参考書誌研究』第六六号、平成十九年三月、二頁)。

(7) 佐賀県議会史編纂委員会編『佐賀県議会史』上巻(佐賀県議会事務局、昭和三十三年、二五五頁)。

(8) 前掲『衆議院議員総選挙ニ就テノ始末』一頁。

(9) 『自由党党報』第一号、明治二十四年十月二十五日付(文献資料刊行会編『復刻自由党々報』第一巻、柏書房、昭和五十四年、二七頁)。

(10) 松田正久(弘化二年四月十二日―大正三年三月四日)は小城出身で、陸軍省、陸軍裁判所を経て、長崎県会議員を五年間務めた。明治十五年、九州改進党創立に関わった。その後、検事、鹿児島高等中学造士館教諭兼教頭、文部省参事官を経て、第一回衆議院議員選挙当選(通算当選七回)。明治三十一年には大蔵大臣、三十三年には文部大臣を務め、三十七年に衆議院議長就任。その後も司法大臣、大蔵大臣を歴任した。大正三年、男爵。最近、西山由理花『松田正久と政党政治の発展――原敬・星亨との連携と競合』(ミネルヴァ書房、平成二十九年)が出版された。

(11) 武富時敏(安政二年十二月九日―昭和十三年十二月二十二日)は佐賀出身で、佐賀県会議員、県会議長を経て、明治二十年佐賀郡長就任。第一回衆議院議員選挙当選(当選一三回)。明治三十年農商務省商工局長、商務局長、大蔵参事官を務め、三十一年内閣書記官長就任。大正三年から逓信大臣、大蔵大臣を歴任した。十三年から勅選貴族院議員。

(12) 天野為之（安政六年十二月―昭和十三年三月二十六日）は東京出身で、東京帝国大学文学部政治理財科卒業後、東京専門学校講師を経て、早稲田大学教授就任。著書『経済原論』がベストセラーとなる。早稲田大学第二代学長、早稲田実業学校校長を務めた。福澤諭吉、田口卯吉と並び「明治の三大経済学者」といわれた。当選一回。

(13) 二位景暢（嘉永二年七月二十日―大正十年一月十三日）は杵島郡出身で、杵島郡長を務めた後、第一回衆議院議員選挙当選（通算当選四回）。九州鉄道、祐徳軌道株式会社取締役を務めた。二位は選挙の際、党派を明確にしなかったが、当選後郷党会に入った（『佐賀県議会史』上巻、二五八頁）。

(14) 佐賀県史編さん委員会編『佐賀県史』下巻（佐賀県、昭和四十二年、一一九頁）。

(15) 川原茂輔（安政六年九月十五日―昭和四年五月十九日）は西松浦郡出身で、明治十七年から佐賀県会議員当選三回、県会議長も務め、昭和四年に第二十六代衆議院議長に選出されたが在職中に死去した。通算当選一一回。

(16) 以下の候補擁立の経緯については、前掲『衆議院議員総選挙ニ就テノ始末』（二―三頁）を参照した。

(17) 五十村良行（嘉永二年十一月二十五日―明治三十七年八月八日）は杵島郡出身で、明治八年に司法省出仕、高知県裁判所判事補、熊本警察署長、十八年山梨県収税長、愛媛県収税長を経て、二十五年大分県参事官、二十八年埼玉県警部長、三十年沖縄県警察部長を歴任した。当選一回。詳しくは高橋雄豺『明治年代の警察部長』（良書普及会、昭和五十一年、三三二頁）参照。

(18) 坂元規貞（嘉永五年一月二日―大正十三年一月十日）は小城郡出身で、弘道館で学び、木原塾長となる。明治九年に長崎県に出仕し、二十年には文部省属となった。鳥尾小弥太を指導者とする『中正日報』の幹事を務めた。当選一回。真辺将之「帝国議会開設後の保守党中正派――『中正日報』における言論活動」『歴史学研究』第七八四号、平成十六年一月、参照。

(19) 牛島秀一郎（天保六年―明治三十一年二月五日）は佐賀郡出身で、明治六年に多久原村長となり、佐賀県会議員を二期務めた。武富時敏が県会議長のときには副議長を務めた。当選一回。

(20) 渋谷作助『武富時敏』（「武富時敏」刊行会、昭和九年、一三一―一三二頁）。

(21) 「大木喬任伯ニ関スル諸名士ノ談話筆記ヨリ・古賀廉造殿断片」「明治二五年ノ選挙干渉史料」（「憲政史編纂会収集文書」マイクロフィルム、国立国会図書館憲政資料室蔵）。

(22) 前掲「大木喬任伝記資料『談話筆記』について」において、重松氏も古賀廉造の述懐を取り上げ、ほぼ同じ見解を示している。

(23) 十二月二十九日付松方正義宛大木喬任書簡（松方峰雄、兵頭徹編『松方正義関係文書』第八巻、大東文化大学東洋研究所、昭和六十二年、一二三頁）。

(24)　一月十日付松方正義宛高島鞆之助書簡（同前書、四三〇頁）。
(25)　二月七日付赤司欽一宛大木喬任書簡控（「大木文書」２ハ26、明治大学博物館蔵）。
(26)　『佐賀新聞』一月三十一日付。
(27)　前掲『選挙干渉ニ関スル参考書類』一三九頁。
(28)　「〔赤司欽一発電報訳文〕」（前掲「大木文書」２ハ39）。
(29)　二月十四日付高島鞆之助宛大木喬任書簡（神奈川県立文書館蔵山口コレクション）。
(30)　例えば、『佐賀新聞』（一月二十三日付）は、一票二、三円から競争の激しい所では一〇、二〇円にまで高騰していることを報じた。
(31)　二月八日付古賀廉造宛田中致知書簡（「大木喬任文書」一〇三九、国立国会図書館憲政資料室蔵）によれば、資金を集中させた第一区の三郡地方では「高価ニ売買セントす」るも、有権者が「形勢ニ靡き」「閉口」すると述べられている。
(32)　前掲『衆議院議員総選挙ニ就テノ始末』四頁。
(33)　前掲二月七日付赤司欽一宛大木喬任書簡控。なお、明治二十四年度に大木が受け取った小作米は二一一石七斗五毛であったという（「明治二十四年度小作関係四点」、「大木喬任文書」国立国会図書館憲政資料室蔵）。さらに、大木は小作米の他、邸宅も売却したという（前掲「大木喬任伝記資料『談話筆記』について」二五四頁）。擁立候補を当選させることに対する並々ならぬ熱意が感じられる。
(34)　二月八日付西郷従道宛樺山資雄書簡（前掲『松方正義関係文書』第九巻、昭和六十三年、六三一―六三二頁）。
(35)　樺山資雄宛品川弥二郎書簡（「樺山資英文書」一四八―四、国立国会図書館憲政資料室蔵）。当書簡は、冒頭「井上内務大臣閣下ニ呈ス」で始まり、手直しの跡が残っていることから、二十五年八月発足の第二次伊藤内閣で内務大臣に就任した井上馨に宛てた書簡の草稿であると考えられる。内容も二月十五日付・十六日付品川書簡二通、二月二十日付松方書簡を引用する形で樺山自身の非職処分（二十六年）について、選挙干渉が首相、内相からの指示に基づくものであり、従わざるを得なかった事情について弁解するものである。その点では品川弥二郎書簡とする分類は誤りである。
(36)　前掲『選挙干渉ニ関スル参考書類』一五九頁。
(37)　前掲『衆議院議員総選挙ニ就テノ始末』三―四頁。
(38)　前掲『選挙干渉ニ関スル参考書類』一四〇頁。書簡は一月三十日付末永泰吉郎宛六角耕雲書簡。

(39) 一月二十七日付松方正義宛高橋新吉書簡（前掲『松方正義関係文書』第八巻、三八九頁）。
(40) 明治二十五年二月一日付大木伯爵閣下執事宛田中坤六書簡（前掲「大木文書」2ハ31）。
(41) 十一日付知事宛大木・副島書簡（前掲「大木文書」2ヨ57）。
(42) 「忌むべき破壊《ママ》の奸計」（『佐賀新聞』二月九日付）、「鍋島家訓令の偽造」（同十一日付）、「鍋島家訓令の偽造たる確証」（同十二日付）。「副島大木二伯の回電」（同十三日付）。
(43) 二月四日付田中清輔宛大木喬任（代筆）書簡（前掲「大木文書」2ハ32）。
(44) 『佐賀新聞』二月十一日付。
(45) 前掲『佐賀県議会史』上巻、二一〇頁。
(46) 十九日付大木喬任宛中村純九郎書簡（前掲「大木文書」4ハ106）。
(47) 前掲『選挙干渉ニ関スル参考書類』一四〇頁。
(48) 八月十日付松方正義宛大木喬任書簡（前掲『松方正義関係文書』第八巻、一二三頁）。
(49) なお、大木は文部大臣としても選挙に関与した。一月二十三日、各府県知事に対して教員が選挙に「他人の為め妄に奔走誘導する等のこと」があった場合に「注意取締」するよう内訓を発した（一月二十三日付府県知事宛大木喬任文部大臣内訓「閣省内訓内達編冊」秋田県公文書館蔵、送り仮名を平仮名に改めた）。また、東京九区に関して有権者への働きかけを内務省の大浦兼武から依頼されていた。詳細は第五章参照。
(50) 十二月二十八日付探聞報告「警視庁報①六〇―三」（識別番号五二三二九、宮内庁宮内公文書館所蔵）。
(51) 一月十日付大隈重信宛江藤新作書簡（早稲田大学史資料センター編『大隈重信関係文書』第二巻、みすず書房、平成十七年、一九九―二〇〇頁）。
(52) 一月十四日付大隈重信宛江藤新作書簡（同前書、二〇〇頁）。
(53) 二月十四日付大隈重信宛門馬尚経書簡（前掲『大隈重信関係文書』第十巻、平成二十六年、二一八頁）。
(54) 前掲二月八日付古賀廉造宛田中致知書簡によれば、「反対党ハ一文ナシノ戦争」で、松田・武富は「壮士雇入レノ計画モ出来サレハ」、「壮士ノ二三名ヲ常ニ門前ニ立番セシメ外出ニハ護衛セシメ居レリ全ク途方ニ暮レ居ル姿ナリ」という状態だった。
(55) 前掲『衆議院議員総選挙ニ就テノ始末』五頁。
(56) 『佐賀新聞』一月二十四日付。

(57)『佐賀新聞』一月三十日付。
(58)笹川多門『松田正久稿』(江村会、昭和十三年、一二五頁)。
(59)前掲『選挙干渉ニ関スル参考書類』一五四―一五五頁。
(60)二月十一日付松方正義宛小松原英太郎書簡(前掲『松方正義関係文書』第七巻、昭和六十一年、一七七―一七八頁)。
(61)前掲『選挙干渉ニ関スル参考書類』一五六―一五八頁。
(62)前掲『衆議院議員総選挙ニ就テノ始末』六―七頁。
(63)前掲『松田正久稿』一二四―一二五頁。
(64)同前書、一二六頁。
(65)同前書、一二八―一二九頁。なお、このとき松田が乗った神戸行きの船には、徳富猪一郎(蘇峰)も乗船していた。徳富によれば、この船には安場保和福岡県知事、松平正直熊本県知事の両名も乗船していたという(東京朝日新聞政治部編『その頃を語る』朝日新聞社、昭和三年、九一頁)。
(66)二月十八日付大木先生宛〔中村〕純九郎書簡(前掲「大木文書」2ハ36)。
(67)同前。
(68)二月二十九日付大隈重信宛江藤新作他二名書簡(前掲『大隈重信関係文書』第二巻、二〇〇頁)。
(69)『法令全書』明治二十二年二月、法律第三号。
(70)陸軍大臣宛佐賀県知事電報第一一号「第五三号・内務省・佐賀県へ憲兵派遣ノ件」(「陸軍省・壹大日記」明治二十五年三月、防衛省防衛研究所蔵)。なお、原文は片仮名表記の暗号電報訳であるため、相当する漢字を当てはめた。
(71)前掲『衆議院議員総選挙ニ就テノ始末』六頁。
(72)憲兵の派遣、帰隊については、「公文雑纂」(明治二十五年・第九巻・陸軍省、国立公文書館蔵)参照。
(73)「第一四号・佐賀県ヨリ・議員総選挙ニ際シ騒擾ノ為出兵請求ノ件」(前掲「陸軍省・壹大日記」明治二十五年二月)。
(74)前掲『選挙干渉ニ関スル参考書類』一五九頁。
(75)午後三時二十五分発同六時十五分着電報(前掲「陸軍省・壹大日記」明治二十五年二月)。
(76)前掲『衆議院議員総選挙ニ就テノ始末』七頁。
(77)前掲『選挙干渉ニ関スル参考書類』一五六頁。第三議会での選挙干渉に関する上奏案の審議では、立川雲平がこの事例を取り上げている（『帝国議会衆議院議事速記録』第四巻、東京大学出版会、昭和五十四年、七〇頁）。

(78) 前掲『衆議院議員総選挙ニ就テノ始末』（六頁）によると、第一区も同様に選挙長が中止を命じたが投票箱を閉めた後だったため取り消されたという。

(79) 二月二十三日付品川弥二郎宛樺山資雄書簡（尚友倶楽部品川弥二郎関係文書編纂委員会編『品川弥二郎関係文書』第三巻、山川出版社、平成八年、一七三頁）。

(80) 前掲二月八日付西郷従道宛樺山資雄書簡。

(81) 前掲『衆議院議員総選挙ニ就テノ始末』九頁。

(82) 二月二十二日付内務大臣宛佐賀県知事暗号電報訳（「佐賀県下杵島藤津両郡内ノ治安ヲ保持スル為ニ保安条例施行ヲ命ス」、「公文類聚」第十六編・明治二十五年・第四十一巻・警察・行政警察、国立公文書館蔵）。

(83) 閣令第二号（同前）。

(84) 同前。

(85) 前掲『衆議院議員総選挙ニ就テノ始末』二〇—二一頁。

(86) 「衆議院総選挙議員候補者名簿」（「品川弥二郎文書」九五六、国立国会図書館憲政資料室蔵）。

(87) 当選後の第三議会は全員中央交渉会に所属したが、牛島、川原は第四議会から議員倶楽部に所属し、坂元、五十村は第四議会はともに芝倶楽部、第五議会は坂元が無所属、五十村が政務調査会に所属した。

(88) 前掲『選挙干渉ニ関スル参考書類』一五八頁。

(89) 同前書、一五九頁。

(90) 明治二十五年二月三日付各巡査宛宮本専一郎佐賀警察署長達（同前書、一四四頁）。

(91) 三月二十五日付大木喬任宛樺山資雄書簡（「大木喬任文書」国立国会図書館憲政資料室蔵）。なお、封筒消印から明治二十五年の書簡とわかる。

第五章　東京府

本章では、選挙干渉の方法について考察するため、大きな騒動や流血の事態が起きた地域ではない東京府で選挙運動はどのように展開されたのか明らかにする。かつて佐々木隆氏は、流血の選挙干渉の対極に位置する「隠微な選挙干渉」として、美術行政に従事していた官僚九鬼隆一による関西方面での集票工作を紹介した(1)。大きな騒動に至らずとも選挙干渉は行われ得ることを示している。

一　政治家・官僚の動き

本節では東京の選挙区の中で政治家・官僚が目立って動いた選挙区を取り上げ、どのような動きがあったのか明らかにする。東京全体の第二回総選挙の結果と内務省の勢力調査については、表14の通りである。

まず、勝利した選挙区の例として第一区を取り上げる。一区は麴町区、赤坂区、麻布区を範囲とする選挙区である。同選挙区の政府側の選挙運動は、終始現職官僚が主導的な役割を果たした。特に尾崎三良法制局長官、松岡康毅検事総長、渡辺昇会計検査院長が中心となって各大臣、内務省と連絡をとりながら候補者選考、選挙運動を進めていった。

表 14　東京府第 2 回総選挙結果と勢力調査

選挙区	選挙区域	有権者数 棄権者 無効票	候補	政党・会派	票数	内務省による勢力調査	前議員
第 1 区	麹町区 赤坂区 麻布区	207	**黒田綱彦**	**中央**	**87**	94	楠本正隆
		52	楠本正隆	議集	59	60	
		9					
第 2 区	芝区	189	**渡邊洪基**	**無**	**51**	53	谷元道之
		62	肥塚竜	改	45	30	
		0	秋山小太郎	自	30	50	
第 3 区	京橋区	289	**中澤彦吉**	**独**	**68**	100	風間信吉(自)
		64	稲田政吉		68	105	
		0	中島又五郎	自	65	20	
第 4 区	日本橋区	564	**藤田茂吉**	**議集**	**184**		藤田茂吉(改)
		138	伊藤正信		143		
		3	浦田治平		53		
第 5 区	本所区 深川区	249	**太田実**	**中央**	**82**	76	太田実
		68	奥三郎兵衛		54	80	
		1	桐原捨三		27	25	
第 6 区	浅草区	307	**高梨哲四郎**		**228**	172	高梨哲四郎
		43	楳川忠兵衛	改	33	108	
		2					
第 7 区	神田区	278	**角田真平**	**議集**	**125**	53	大谷木備一郎
		71	渡邊義雄		79	106	
		1					
第 8 区	下谷区	221	**津田真道**	**中央**	**141**		津田真道
		57	鈴木信任	自	14		
		0					
第 9 区	小石川区 牛込区 四谷区	172	**鳩山和夫**	**議集**	**65**	73	芳野世経
		59	白石剛		46		
		1					
第10区	北豊島郡 東多摩郡 南豊島郡	793	**北岡文兵衛**		**419**	593	角田真平(改)
		53	林和一	改	315		
		0					
第11区	南葛飾郡	1609	**浅香克孝**	**議集**	**688**	577	浅香克孝(改)
		64	島田弥左衛門		478	725	
		7	橋本省吾	改	346	385	
第12区	荏原郡	580	**平林九兵衛**	**中央**	**318**	352	高木正年(改)
		84	高木正年	改	162	202	
		1					

注 1　衆議院事務局編『第一回乃至第七回衆議院議員総選挙一覧』明治 37 年、「衆議院総選挙議員候補者名簿」(「品川弥二郎文書」956、国立国会図書館憲政資料室蔵)より作成した。
注 2　第 10 区の棄権者は前掲『第一回乃至第七回衆議院議員総選挙一覧』によると 33 人であるが、「府選挙録」にもとづき修正した。

同区では、第一回総選挙は楠本正隆が当選した。第二議会解散後、政府は楠本の対抗馬の人選を始め、候補として前回は和歌山三区で当選した関直彦（独立倶楽部）の名が浮上した。理由としては、関が麹町区に居住し、同区を地盤として市会議員、府会議員を歴任していることがあった。白根専一内務次官は、和歌山県の議員に強い影響力をもつ陸奥宗光農商務大臣経由で、関の東京一区からの出馬を打診した。(2)それに対し、関は、楠本が知人であること、楠本の選挙準備が進んでいて不利と考えたことから一度は辞退する。しかし、品川弥二郎内務大臣と白根次官は麻布区に影響力をもっている黒田綱彦内務省書記官に関の選挙に協力させると約束し、ためらう関を翻意させた。(3)関にとっては陸奥の顔をつぶすことは避けたかった。

ただし、一区の候補者選考は内務省が一元的に扱ったわけではなく、様々な官僚が関わった。特に尾崎三良は有権者の一人として、前回選挙では十数年来の友人である楠本に投票したが、(4)今回は私情を捨て、一月上旬から一区の候補者選考について松方正義首相、榎本武揚外務大臣、渡辺会計検査院長など各方面を精力的にまわり、松岡康毅や黒田綱彦らと相談を重ねた。(5)尾崎は当初は矢野次郎（高等商業学校長）を推薦するつもりだったらしいが、選挙区の有力者が賛成しないため別の者を探しはじめ、十一日まで動き回っている。十一日に田中不二麿司法大臣の官邸で関に会い、おそらくそこで関の出馬を知ったのであろう。その日のうちに、関の立候補について榎本、陸奥に書簡を送っている。

ところが、候補者が関に決まりかけたところから、話が複雑な方向に進展していく。

発端は、早い時期から候補者探しの協議に参加し、関を応援するはずだった黒田書記官の変心にあった。黒田は学務委員会の場を使って、麹町区の関を推薦し、麻布区の人々が賛成しなければ麻布区の推薦者を一人出し、両区で協議する手筈であった。しかし、委員会では候補として名前が出た関や矢野に賛同者がなく、黒田自身が候補者となることが決定された。渡辺昇は話が違うと黒田の行動を批判したが、結局十八日に選挙人を集め協議することになった。この間、黒田が関に対して陸奥の子分であるという趣旨の書面を出したことが、多くの関係者を疑念と確執の渦に巻き込むことになる。

関自身は、内務省が裏で画策し、「予て余を助くべき約ありし黒田に内命して、同一選挙区より候補に立たし」たと認識している(6)。白根もそれを自覚して、末松謙澄に、候補者調整の紛議が終わるよう願っているが多くの選挙人の意向には逆らえないから、関に対して「腹ヲ立てサルヨウ御慰メ置キ被下度」と依頼し、黒田は親友であるが、関に送った書面は自分も驚いており、自分は麻布区の関に対する感情を至急知らせるよう依頼しただけと弁明している(7)。十六日の時点で尾崎や渡辺らはあくまでも関を推すことを確認している。

そして十八日、選挙人四五名程が集まり、黒田を候補者とすることが決まり、麴町区と赤坂区の選挙人と協議することになった。以後も尾崎は渡辺、松岡らと候補者調整に動き続けた。二十五日の段階で渡辺は黒田を推す側に回り、関を推す尾崎・松岡と対立することになった。関は和歌山県の陸奥派と協議を重ね、二十九日、東京一区の候補を辞退し和歌山の選挙区に戻ることを表明した(8)。これにより、尾崎らも黒田を候補として選挙運動することを決めた。この間、様々な噂が飛び交ったらしく、品川は陸奥に対して「敵味方より色々の攻撃ヲ受ケ(9)」、「何処も行違ひのみヲ生シ四方八方より攻撃ヲ受け」と述べ、関と黒田の確執は「必竟やじ等の不注意」と謝った上で、白根次官が「非常の心理」で動いたことを示唆した(10)。

以後、政治家、官僚が動き始め、有権者に黒田への投票を促した。二月二日、非職侍従の岡田善長が黒田のため奔走すると尾崎に述べ、五日、尾崎、松岡、渡辺は徳川家を訪ね、家扶に選挙について話した。十二日には黒田候補の懇親会が開催された。

二月十五日の投票日当日になっても、白根次官は宮内次官の花房義質に手紙を送り、黒田支持の有権者八人の名前を挙げて投票所に足を運ぶよう働きかけを要請した(11)。

結局、黒田は八七票を獲得し、五九票にとどまった楠本に勝利した。官僚が中心となって行った説得工作が実を結んだといえる。

次に、失敗した選挙区の例として第九区を取り上げる。

九区は小石川区、牛込区、四谷区を範囲とする選挙区である。同区は前回選挙で芳野世経が当選した。第二回は代言人鳩山和夫が改進党の候補として出馬したため、政府側、特に内務省は対応に苦慮した。渡辺昇は「鳩山之勢不可当景況」ととらえ、宍戸昌之を候補として松方に協力を要請したが[12]、結局白石剛が候補となった。同区の有権者は大学に出仕する官僚が多く、彼らはまとまって鳩山に投票する意思を固めていた。そのため、内務省の大浦兼武主事は文部省の大木喬任大臣と辻新次次官を頼った。二月十二日、大浦は辻に氏名を伝え大木からの説得を期待した[13]。投票前日にも辻次官は内務省から再度依頼されたため、大木大臣に高嶺秀夫高等師範学校長、島田重礼帝国大学文科大学教授の二人に白石への投票を呼びかけてほしいと伝えた[14]。また、大浦は同区内に海軍属官屯所があることから樺山資紀海軍大臣にも協力を呼びかけた。樺山は十二日になって、全員棄権することを決めたと大浦に伝えた[15]。

結局、内務省を中心とした工作は実を結ばず、鳩山が六五票を獲得し当選した。白石の得票は四六票にとどまり、棄権者は選挙人一七二人中五九人を数えた。

他に、内務省や政府関係者が関与した例をまとめて示したい。

第七区（神田区）は、前議員大谷木備一郎の後継候補として代言人の渡邊義雄を大谷木派の有権者が一月一日の段階で擁立し選挙運動を開始した。大浦によれば、政府としては高橋健三官報局長を押すつもりでいたようだが見合わせることになった[16]。ところが、東京一〇区の補欠選挙で当選した角田真平（改進）が七区に選挙区を移動してきたことで事態は大きく変わる。政府関係者は、角田を応援し薦める者の動きに神経を尖らせた。松方と品川は投票数日前の重要な時期に、渡邊の味方についた筈の佐藤芳三郎なる商人が大隈重信からの書簡と旧岡山藩主池田章政の家扶から角田への投票を迫られ棄権を表明した一件について真偽を確かめるべく動いた。[17] 品川は松方に事情を説明した上で、池田家の家扶に対して「厳重ニ後叱責被下候」と強硬姿勢をみせた。松方は品川の一報後、直ちに家扶を呼び出し事情を聞いた。[18] 和田家扶は「全く無根之説」と全面否定したため、松方はその旨を品川に伝えた。[19] 結局、七区は角田が一二五票を獲得し当選した。渡邊は七九票に止まり、棄権者は有権者二七八人中七一人を数えた。

第五区（本所区、深川区）の政府側候補は前議員太田実だった。伊東巳代治が関与していたらしく、一月二十八日に品川に一方ならぬ配慮を感謝し、本人にも品川の言葉を伝え国家のため励むよう諭した。[20] 具体的に品川がどのような支援をしたのかは不明だが、太田は八二票で再選を果たした。

第六区（浅草区）も前議員高梨哲四郎を政府側が支援した。高梨を味方に引き入れるよう勧める品川に対して、松方は白根、大浦から具体的に聞くまで待つよう言ったが、[21] 品川は「非此際手を入れ置く方、平々凡々の議員四五名之代りと相成」と高梨を評価し、再度要請した。[22] 高梨は二二八票を集め楳川忠兵衛（改進党）を圧倒した。

これにより支援する側がどの候補も同じように扱ったのでなく、重点候補を設定して特に力を入れていたことがわかる。

二　警察の動き

前節の通り、政治家や官僚の動きが目立つ東京選挙区であるが、警察による選挙への介入が行われなかったわけではない。

表 15　東京府第 12 区・町村別得票一覧

町村名	有権者数	棄権者	棄権率	平林九兵衛	得票率	高木正年	得票率
駒沢村	19	0	5.3	**18**	**100.0**	0	0.0
大井村	20	0	0.0	**19**	**95.0**	0	0.0
馬込村	19	0	0.0	**18**	**94.7**	1	5.3
羽田村	21	1	4.8	**18**	**90.0**	1	5.0
矢口村	45	4	8.9	**34**	**82.9**	7	17.1
大崎村	15	2	13.3	**10**	**76.9**	3	23.1
入新井村	25	2	8.0	**17**	**73.9**	5	21.7
玉川村	36	3	8.3	**24**	**72.7**	9	27.3
碑衾村	21	3	14.3	**13**	**72.2**	5	27.8
六郷村	34	3	8.8	**21**	**67.7**	9	29.0
池上村	49	5	10.2	**29**	**65.9**	15	34.1
大森村	72	13	18.1	**38**	**64.4**	19	32.2
調布村	23	3	13.0	**12**	**60.0**	7	35.0
目黒村	18	2	11.1	8	50.0	8	50.0
世田ヶ谷村	28	2	7.1	11	42.3	**15**	**57.7**
品川町	62	27	43.5	14	40.0	**15**	**42.9**
松沢村	17	1	5.9	4	25.0	**13**	**81.3**
平塚村	23	6	26.1	4	23.5	**11**	**64.7**
蒲田村	33	6	18.2	6	22.2	**20**	**74.1**
合計	580	84	14.5	318	64.1	163	32.9

注 1　『東京市史稿・市街編第 83』286–287 頁折込表より作成した。元の資料は「品川弥二郎文書」所収。なお、平林・高木以外の票、無効票は除いている。
注 2　網掛け部分は、藤崎清秋が働きかけを行った村を示す。

第一二区（荏原郡）は政府側が平林九兵衛を擁立し、改進党前議員の高木正年に対抗させた選挙区である（町村別得票は表15参照）。同区では「警官間接之尽力ニ依り、好都合ニ相運居候」と園田警視総監は松方首相に報告している。しかし、「郡書記町田義治等、非常之尽力に而、高木方余程気勢を挽回致候趣」と、民党側が巻き返し始めたため、松方から「御懇意之御間柄」である富田鉄之助東京府知事に「御一声」掛けてほしいと口利きを依頼した[23]。警官の間接の尽力とは何を指しているのか。資料から明らかになるのは、品川警察署長藤崎清秋が中心となって平林当選のために運動していたことである。以下、藤崎の運動について民党が第三議会時に調査し衆議院に提出した『選挙干渉ニ関スル参考書類』にもとづき、まとめて示したい。(24)

解散翌日、藤崎は警官に「充分に注意して干渉に尽力すへき」と内訓した。藤崎自身は、各地を巡回し、村の有力者に対する運動を展開した。明らかになっているだけでも、一月六日に荏原郡大崎村長海老澤啓三郎、七日に荏原郡玉川村長毛利市十郎、八日に入新井村書記森田汰郎、九日に目黒村長鏑木一郎に対してそれぞれ前議員を当選させると政府と衝突して国家の大害となるからという理由で候補として平林を指名し、村民に説諭するよう求めた。いずれの村長も指示通り村民を集めて所長の訓令を伝えた。また、一月二日には貸座敷営業者に対して組合の有権者に平林に投票するよう伝えさせ、もし当日棄権すれば命令に従わない業者として扱うと脅迫した。その後も精力的に巡回を行った。

また、高木派の運動を妨害するため有権者や運動員を次々に拘留、引致した。一月十三日、改進党員が世田ヶ谷村助役と目黒村議員ら三人と駒沢村の有権者宅を訪問した際に巡回中の巡査が四人を品川警察署に引致し午後一時から十時まで取調もなく留置した。二十四日、大崎村で放火殺人事件が起きると、品川警察書は民党の犯罪と決めつけ、品川町の高木派有力者六人を被告として、五人を証拠隠滅の犯罪人として告発し、拘留した。最終的には投票日を経過した後、一〇人全員が予審免訴となった。品川町は有権者六二人中拘留された一〇人を含め計二七人が棄権する事態となった。二月一日には藤崎署長が選挙人を供応した。

最も大きな騒動になったのは、民党派村長の殴打事件である。(25) 蒲田村長月村惣左衛門は投票日前日に投票所準備のため自宅を出て歩いているところを暴漢七名に襲われた。暴漢の一人から「貴殿高木正年ノタメニ頻リニ選挙上ノ運動ヲナス如何ナル訳カト詰問」された月村村長は、「決シテ選挙上の運動ヲナシタルコト無之、然ルヲ如斯強迫ヶ間敷手段ヲ以テ接スルハ如何ナル訳ナルヤト反問」したところ、応答がなく突然「何ニ故癪《ママ》ナ」と言って襲いかかってきた。幸い暴漢五名は逮捕され、月村も「右側面眉毛ノ上一ヶ所」の傷で済んだが、投票所管理者を助役に譲ることになった。月村は有権者であるから髙木の票を減らす目的の他、村長であることから村民への影響力の強さを排除しようとしたことや、投票所管理責任者を変更させることで警察官の入場など便宜を受けやすくすることを狙ったと思われる。暴漢七名は品川警察署が選挙運動を依頼した二〇歳前後の若い壮士であった。彼らは品川警察署の警部の実弟や藤崎署長の秘書に指揮され、二月十二日の溝の口村での民党演説会を大声で妨害し、十三日には世田ヶ谷村で示威脅迫運動を行い髙木派運動員を殴打した。月村村長襲撃で逮捕された一人は「警察より依頼を受け運動なしたるに拘留せらるゝ筈なしと主張」したが、拘留され科料一円九五銭を支払った。

投票日当日、規定により投票所内に立ち入ることが出来ない筈の警察官が各地の投票所で入場を迫った。玉川村投票所では、管理者が拒否したが結局命令書の到着を待つ形で場内を警察官が巡回した。駒沢村のある有権者は投票に行く際、平林派の有権者二人から「駒沢村は悉く平林九兵衛を選挙すへき様確定したるに付御前さんも平林へ投票なさるへく」と声を掛けられたが挨拶せずにいた。すると近づいてきた壮士から平林に投票しなければこの場で貴殿を打ち殺す覚悟と脅迫された。巡査三人もその場に来て平林への投票を呼びかけた。その場では平林への投票を口にしたが投票所では髙木に入れる決心だったが、巡査二人が投票所内まで誘導し、離れないため、「後害を畏れ自分の代表と頼むへかれざる平林氏を投票」した。町村別投票結果は表15の通りである。大差で平林が勝利した。藤崎署長が村長に働きかけた村では平林の得票率が高い。村長の影響力の強さがうかがえる。

一〇区（北豊島郡、東多摩郡、南豊島郡）は政府側が北岡文兵衛を擁立し、改進党の林和一に対抗させた選挙区である。前回選挙では森時之助が当選したが刑事事件で逮捕され、議会に出席することなく重禁錮一年の有罪判決が確定したことを受けて辞職し[26]、補欠選挙で改進党の角田真平が当選した。

花井源兵衛板橋町長は改進党の鳩山和夫と親しく、鳩山から林のために運動を頼まれたが尽力できないと断った[27]。

その後、井上穆板橋警察署長が警視総監の添書をもって北岡のために運動するよう要請し、財政上の破綻について婉曲に圧迫をかけた。当時の郡内は改進党勢力が強く、町村長をはじめ多くは林派となり運動していた。花井は林有利の情勢を知りつつ、北岡の選挙事務所を設置し、秋津行蔵郡長代理が指揮をとり、井上署長は毎日事務所に詰め、郡吏、警察官は総動員で集票活動にあたった。有権者への圧迫も強くなり自由意思の通りには行動できなくなっていった。林自身によると、千住署長が三河島村長に北岡への投票を迫り、ある名望家にも迫った(28)。名望家は林に泣きつき相談に来たため、林は村の迷惑ならば何分か投票を分けても良いと言ったところ四人を北岡派に分けたが、署長は半分を分けるよう迫った。北岡は選挙人を招いて供応したり、警察官、郡吏、村長等を招いて宴会を開いたりした。

結局、北岡が約百票差をつけて林に勝利した。

小括

以上、東京府の選挙区における政府側の選挙運動を政治家・官僚と警察に分けて論じてきた。これにより明らかになったことをまとめたい。

まず、有権者に財閥当主、政治家、名士など社会の上層に位置する者が多い地域では、政治家・官僚など関係者による説得が主に行われた。一区のように、争いは対立候補との選挙戦というよりも、むしろ関係者内での候補者選考に生じていた。尾崎三良の動きに注目すれば、関直彦を推していたが、黒田綱彦に決まった後も徳川家を訪問するなど選挙活動に手を抜いた様子はない。一方、渡辺昇は途中から黒田に乗り換えており、画策した様子が見られる。結局一本化したことで勝利につながった。しかし、改進党勢力が強い選挙区では、同じ方法であっても苦戦した。九区の鳩山、七区の角田に対しては藩閥関係者が人脈を使って説得に動いたが、情勢を変えるには至らなかった。この場合、人脈を駆使した言葉による説得以外の買収、供応、脅迫、引致、暴行など騒動が大きくなった地域でみられるような強硬手段はとれなかった。

したがって、同じ東京であっても、相手にする有権者が他の地域と変わらない中流以下の階層に対しては警察が動くことで情勢を変えることができた。一般に小選挙区制においては前職が有利になる。しかも前回選挙から一年半しか経過していない時点での政府が追い込まれての解散であるから、よほど候補に問題があったり、対立候補に魅力があったりしない限り通常の手段では再選するだろう。それを覆すため、一二区では警察署長を中心として他の地域と同じような強硬手段がとられた。当初は「間接之尽力」と表現されたように、村長に対する訓示や立場の弱い相手に対する圧迫であったが、選挙戦が熱を帯びると、民党側運動員に対する警察の根拠なき引致、拘束、逮捕が行われ、壮士を使っての演説会妨害、暴行がみられた。投票日においても、規定を守らず警察官を投票所内に強引に入場させ、有権者の投票に対する圧迫すら行った。なお、駒沢村の例のように、当時は同じ村の有権者が一団となって同じ候補に投票する傾向がみられた。村長に対する警察署長の要請は効果があったと見るべきだろう。

大きな騒動に発展しなかった東京においても、干渉がなかったわけではなく、強硬手段が可能な相手に対しては他の地域とほぼ同じ行動がとられたことを確認することができた。これは暴力沙汰や流血の事態のみを選挙干渉ととらえる見方では実態を把握できないことを示している。

註

（1）佐々木隆「干渉選挙再考――第二回総選挙と九鬼隆一」『日本歴史』第三九五号、昭和五十六年四月。

（2）一月一日付松方孝次郎宛大浦兼武書簡（松方峰雄、兵頭徹編『松方正義関係文書』第八巻、大東文化大学東洋研究所、昭和六十二年、一四一頁)。
(3) 関直彦『七十七年の回顧』(三省堂、昭和八年、七七—七八頁)。
(4) 二月二十日付松方正義宛尾崎三良書簡(前掲『松方正義関係文書』第八巻、一六三頁)。楠本落選後、これまでの功績を讃え、松方に貴族院議員勅任への周旋を懇願した。楠本は結局、二十五年八月十九日の藤田茂吉死去を受けて行われた九月の東京四区補欠選挙に当選し衆議院議員となった。
(5) 尾崎の選挙への関わりは、伊藤隆、尾崎春盛編『尾崎三良日記』中巻(中央公論社、平成三年、五五六頁以下)に詳しく記されている。以下、尾崎の動きについては同日記にもとづく。なお、尾崎には『尾崎三良自叙略伝』中巻(中央公論社、昭和五十二年)という自伝があるが、選挙に関する内容に自己弁護的な傾向があるため注意が必要である。例えば、自伝では尾崎自身は黒田に投票するが他人を勧誘することはないと楠本や有権者に約束したと事実に反する記載があり、また楠本と黒田の票差を数票と表現するなど(三〇四—三〇五頁)、楠本を裏切ったことに対する後ろめたさが表れている。
(6) 前掲『七十七年の回顧』七八頁。
(7) 〔一月〕十五日付末松謙澄宛白根専一書簡(堀口修、西川誠編『末松子爵家所蔵文書』上巻、ゆまに書房、平成十五年、二七七—二七八頁)。
(8) 関によれば、「黒田側より君が止めるなら其得票名簿を譲受けたしと交渉し来りし故、虫の好いことを云ふな、余が田舎落ちは君の寝返へりしが為なれば勝手にせよと云はん計りに之を断り」(前掲『七十七年の回顧』七九頁)と、黒田が裏切ったととらえている。
(9) 一月二十七日付陸奥宗光宛品川弥二郎書簡(「陸奥宗光関係文書」三〇—一二、国立国会図書館憲政資料室蔵)。
(10) 〔一月〕二十九日付陸奥宗光宛品川弥二郎書簡(前掲「陸奥宗光関係文書」三〇—一三)。
(11) 二月十五日付花房義質宛白根専一書簡(「花房義質関係文書」A一五四、首都大学東京図書館蔵マイクロフィルム)。当時、花房は京橋区在住であり、一区有権者ではない。白根による動員が最後まで徹底されていたことがわかる。
(12) 一月十三日付松方正義宛渡辺昇書簡(前掲『松方正義関係文書』第九巻、昭和六十三年、九四—九五頁)。
(13) 二月十二日付大木伯閣下宛兼磯〔大浦兼武カ〕書簡(「大木文書」2ハ33、明治大学博物館蔵)。
(14) 二月十四日付大木伯閣下宛差出人不明〔辻新次カ〕書簡(前掲「大木文書」2ハ34)。
(15) 二月十一日付大浦兼武宛樺山資紀書簡(尚友倶楽部品川弥二郎関係文書編纂委員会編『品川弥二郎関係文書』第三巻、山川出版社、平成八年、一七六頁)。
(16) 前掲一月一日付松方孝次郎宛大浦兼武書簡。
(17) 二月十二日付松方正義宛品川弥二郎書簡(前掲『松方正義関係文書』第八巻、二九五頁)。
(18) 二月十二日付品川弥二郎宛松方正義書簡(前掲『品川弥二郎関係文書』第七巻、平成二十一年、八〇頁)。
(19) 二月十三日付品川弥二郎宛松方正義書簡(同前書、八〇―八一頁)。
(20) 一月二十八日付品川弥二郎宛伊東巳代治書簡(前掲『品川弥二郎関係文書』第一巻、平成五年、四一五頁)。
(21) 一月三十日付品川弥二郎宛松方正義書簡(前掲『品川弥二郎関係文書』第七巻、七七頁)。
(22) 二月一日付松方正義宛品川弥二郎書簡(前掲『松方正義関係文書』第八巻、二九六―二九七頁)。
(23) 一月二十一日付松方正義宛園田安賢書簡(同前書、三五九頁)。
(24) 『選挙干渉ニ関スル参考書類』(衆議院事務局、明治二十五年、一三―三〇頁)。以下の藤崎の動きについては同書にもとづく。
(25) 『東京市史稿・市街編第八十三』(東京都、平成四年、三三四―三三七頁)。以下の殴打事件に関する引用は全て同書からの引用である。
(26) 拙稿「第一回衆議院議員選挙の当選者をめぐる訴訟・逮捕事件と議院の自律性――議員資格審査と不逮捕特権を中心に」『近代日本研究』第三四巻、平成三十年二月、一六六―一六八頁。
(27) 前掲『東京市史稿・市外編集八十三』、三三一―三三五頁。以下の花井に関する記述は同書を参照した。
(28) 前掲『選挙干渉ニ関スル参考書類』一一―一二頁。

第六章　選挙結果と議会運営

本章では、これまで論じてきた第二回総選挙がどのような結果となったのかについて、「衆議院総選挙議員候補者名簿」(1)などを用いて改めて数量的に検証する。そして、選挙の結果を受けて開かれた第三議会で各議員がどのような採決態度をとったのかについて、「民吏両軍一覧詳表」(『自由党党報』所収)などの資料を用いて明らかにしたい。その上で、選挙干渉の有効性について考察を加える。

これまでの研究では、政府が全力を挙げた選挙干渉がどの程度有効性をもったのかという点は必ずしも明らかでない。(2)選挙干渉の有効性を検討するためには、総選挙の結果、政府支持派の議席を増やすことができたかという点と、第三議会の議案採決で政府の方針通りに投票する議員を増やすことができたかという点を分けて分析しなければならない。だが、第二回総選挙の結果については民党・吏党の区分の違いによって諸説あり、また、第三議会で各議員が個別議案に対してどのような態度を示し、会派ごとにどの程度結束を固められたかという点に至っては全く明らかにされていないのが現状である。第三議会での政府と民党の対立については、これまで民力休養論と富国強兵論の対立を論点とした研究がなされてきた。(3)楠精一郎氏が、戦前期の選挙については「公的・私的な基礎的選挙データの徹底した収集が必要である」(4)と指摘されてから長い年月が経過したが、依然として選挙や議会の基礎的データに乏しい状態が続いている。(5)

一　選挙結果

第二回衆議院議員選挙は、明治二十五年二月十五日に全選挙区一斉に投票日を迎えた。当時の選挙制度は、北海道、沖縄を除く四五府県で三〇〇議席を選出する小選挙区制であった。内務省は警保局長の官舎に選対本部を設定し、幹部が選挙情報を集約し、全国に指示を出していた[6]。

選挙情勢に関する資料をみると、選挙を主管する品川弥二郎内相の文書には、「着実派百五十四人、互角三十四人、形勢未定十四人、自由党六十四人、改進党三十四人」という中間報告のメモがある[7]。また、多くの選挙区で開票が行われた二月十七日には、小松原英太郎警保局長が品川内相に「只今全弐百六十五人丈け開票の結果報告有之、此内温和派百五十三人（既に過半数）過激派百十二人に有之候」と報告している[8]。両方とも途中報告ながら、すでに政府支持派（吏党）が過半数を占め勝利したという内容である。両報告を受け、白根専一内務次官は「既に味方多数なる事判然、先つ是れにて一段落は相付き候得共」と勝利を確信している[9]。内務省が吏党の勝利したことで、政府にも祝賀ムードが広がった。

ところで、『衆議院議員党籍録』[10]（以下、『党籍録』）によれば、第三議会時の各党派の議席は、表16の通り、弥生倶楽部（自由党）九四名、議員集会所（改進党）三八名、中央交渉会九五名、独立倶楽部三一名、無所属四二名である[11]。単純に弥生倶楽部と議員集会所を合計したものを民党勢力とし、中央交渉会と独立倶楽部を合計したものを吏党勢力とした場合、民党一三二名、吏党一二六名となり、両勢力とも過半数に達しないが、民党勢力の方が六議席上回る結果となる。従来、この会派構成が固まった議会開会時の数字から、第二回総選挙の結果は僅差であって、政府が激しく選挙に干渉したにもかかわらず、その効果は乏しいという見解が多く出されてきた[12]。

表 16　勢力別当選者数

		着実		過激		無所属				
		中央	独立	自由	改進	着	過	不明	互角	形勢未定
名簿	解散時	**141**		**159**						
	中間報告	**154**		**98**					34	14
				64	34					
	結果	**168**		**130**						
党籍録	第2回選挙	126		132		42				
		95	31	94	38	34	6	2		
	修正後	**168**		**130**						

注　「名簿」は「衆議院総選挙議員候補者名簿」（「品川弥二郎文書」）、「党籍録」は『第一回議会乃至第五十五回議会衆議院議員党籍録』（衆議院事務局、昭和 3 年、10–14 頁）にもとづく。

では、内務省はどのような根拠で吏党勝利を伝えたのであろうか。その手がかりとして「衆議院総選挙議員候補者名簿」[13]（以下、「名簿」）を用いたい。この「名簿」は、全選挙区の候補者を、吏党系を意味する「着実派」と民党系を意味する「過激派」に分類し、一部選挙区に内務省の票読みを加えて選挙状況を示している資料である。「名簿」の着実派と過激派を集計してみると、『党籍録』の会派区分と異なる議員が存在することがわかる[14]。すなわち、『党籍録』での所属は民党勢力でありながら「名簿」では着実派と分類されている者が一二名（弥生倶楽部九名、議員集会所三名）いる一方、逆に『党籍録』では吏党勢力と扱われながら「名簿」では過激派と分類されている者が四名（中央交渉会一名、独立倶楽部三名）存在する。そして、無所属四二名も、着実派三四名、過激派六名[15]、「名簿」に記載がなく分類不明な者二名[16]に分類される。以上をすべて計算すると、着実派は『党籍録』の一二六名に無所属三四名、民党一二名を加え、過激派に分類される四名を引いた結果、一六八名となる。一方、過激派は『党籍録』の一三二名に無所属六名、吏党四名を加え、着実派に分類される一二名を引いた結果、一三〇名となる。

また、「名簿」を府県別に集計すると（表17）、解散時と比べ議席構成に全く変化がない地域が一一あるが、着実派が過激派を議席数で上回る地域は解散前一八から二六に増加し、逆に過激派の方が多い地域は解散前二三から一六に減少している。これを地方別にみると（表18）、着実派が議席を大きく増やしたのは、九州（一二議席増）、近畿（八議席増）、中部（五議席増）であり、唯一議席を減らしたのが関東（六議席減）である。

以上のことから、内務省幹部が吏党勝利を確信したのは、内務省の情報を集約した「名簿」上の計算では、九州、近畿などで大幅に議席を伸ばし、着実派が過激派を三八議席という大差で上回ったからであることがわかる。民党議員の再選阻止と吏党議員の議席増という選挙干渉の当初の目的は達成されたといってよい結果である。

表17　「名簿」にみる府県別当選者数とその変化

			選挙結果		解散時		着実側の増減	
	府県	定数	着実	過激	着実	過激	県別	地方別
東北（6）	青森県	4	1	**3**	0	**4**	+1	+3
	岩手県	5	**4**	1	2	**3**	+2	
	宮城県	5	**4**	1	**4**	1	0	
	秋田県	5	1	**4**	2	3	−1	
	山形県	6	**6**	0	3	3	+3	
	福島県	7	3	**4**	**5**	2	−2	
関東（7）	茨城県	8	3	**5**	4	4	−1	−6
	栃木県	5	0	**5**	0	5	0	
	群馬県	5	1	**4**	3	2	−2	
	埼玉県	8	2	**6**	3	**5**	−1	
	千葉県	9	1	**8**	2	**7**	−1	
	東京府	12	**8**	4	**7**	5	+1	
	神奈川県	7	0	**7**	2	**5**	−2	
中部（9）	新潟県	13	2	**11**	2	**11**	0	+5
	富山県	5	**5**	0	1	**4**	+4	
	石川県	6	**5**	1	1	**5**	+4	
	福井県	4	1	3	0	**4**	+1	
	山梨県	3	**2**	1	**3**	0	−1	
	長野県	8	3	**5**	3	**5**	0	
	岐阜県	7	7	0	3	**4**	+4	
	静岡県	8	1	**7**	4	4	−3	
	愛知県	11	**6**	5	**10**	1	−4	
近畿（7）	三重県	7	**4**	3	2	**5**	+2	+8
	滋賀県	5	**4**	1	**3**	2	+1	
	京都府	7	**6**	1	**5**	2	+1	
	大阪府	10	**9**	1	7	3	+2	
	兵庫県	12	3	**9**	1	**11**	+2	
	奈良県	4	**4**	0	**4**	0	0	
	和歌山県	5	**5**	0	**5**	0	0	
中国（5）	鳥取県	3	**3**	0	1	**2**	+2	+2
	島根県	6	**5**	1	**5**	1	0	
	岡山県	8	**4**	4	**4**	4	0	
	広島県	10	**8**	2	**8**	2	0	
	山口県	7	**7**	0	**7**	0	0	
四国（4）	徳島県	5	**4**	1	1	**4**	+3	+3
	香川県	5	1	**4**	2	**3**	−1	
	愛媛県	7	0	**7**	1	**6**	−1	
	高知県	4	2	2	0	**4**	+2	
九州（7）	福岡県	9	**8**	1	7	2	+1	+12
	佐賀県	4	**4**	0	0	**4**	+4	
	長崎県	7	**5**	2	2	**5**	+3	
	熊本県	8	7	1	7	1	0	
	大分県	6	3	3	**4**	2	−1	
	宮崎県	3	**2**	1	1	**2**	+1	
	鹿児島県	7	**4**	3	0	**7**	+4	
合計		300	168	132	141	159	+27	

注　「衆議院総選挙議員候補者名簿」（「品川弥二郎文書」）にもとづき作成した。

二　多数派工作

前節でみたように、内務省の「名簿」上は選挙干渉は成功し、民党勢力を減らすことができた。ただし、それは着実派が内務省の見込み通りに政府に味方することが前提であり、なおかつ、第三議会の運営が解散前よりも政府にとって円滑なものにならなければ意味をもたない。本節では、選挙中から第三議会までに政府、内務省の多数派工作の対象となった自由党、独立倶楽部の動きについてまとめたい。

（1）自由党をめぐる動き

自由党は総選挙後から第三議会の間に党員の異動が頻繁にあり、二名が新規入党・加入し[17]、四名が除名され、九名が脱党した[18]。その中には、民党候補として当選しながら吏党に通じた「変節食言代議士[19]」も存在した。以下、政府や吏党議員の関与が疑われる例をみておく。

まず、四月八日、和田彦次郎が党則第十条の「党員にして不都合の行為あるものは除名す」により除名された[20]。和田は井上角五郎の勧誘を受け、三月十二日から着実派議員の会合に参加し、四月三日からは着実派の立場で中国地方の議員をとりまとめる役割を担い始めた[21]。こうした動きが除名理由になったと推測される。

表18　「名簿」にみる地方別当選者数

		第2回			解散時		
地方	定数	着実	過激	差	着実	過激	差
東北	32	**19**	13	＋6	16	16	±0
関東	54	15	**39**	－24	21	**33**	－12
中部	65	32	**33**	－1	27	**38**	－11
近畿	50	**35**	15	＋20	**27**	23	＋4
中国	34	**27**	7	＋20	**25**	9	＋16
四国	21	7	**14**	－7	4	**17**	－13
九州	44	**33**	11	＋22	21	**23**	－2
合計	300	**168**	132	＋36	141	**159**	－18

注1　「衆議院総選挙議員候補者名簿」（「品川弥二郎文書」）にもとづき作成した。
注2　表中の「差」は、着実派からみた議席差である。

次に、五月十一日、渡部芳造が「上京以来往々吏党と結託したる跡」を理由に除名された(22)。渡部は鳥取での自由党勢力同士の競争を避けて一本化した候補であったが、吏党との関係を自由党員に質され、当選時に自由党が祝電を送らなかったことや、自分の承諾なく関西自由大懇親会の発起人に加えたことを理由として自由党を離れ独立する意向を示した(23)。

十三日には、党議に反して選挙干渉上奏案に反対した清水文二郎(24)、由雄與三平が除名された。清水の場合、選挙時に地元の松江自由党が当初、前議員の菅了法を候補に推したが、清水が「真正の自由主義潔白の民党純粋自由党員也」と誓ったため支援したにもかかわらず、上奏案に反対し「其偽民党たるの馬脚を顕した」として除名となった(25)。由雄の場合も、選挙時に自由主義者を標榜しながら、「今回或る威力ある部分の人々より痛く脅迫せられ遂に節を変して吏党に降り(26)」、除名となった。これは、選挙の際に官僚の援助を得て当選した由雄、橋本次六、新田甚左衛門、百万梅治の石川県四議員が議会で民党支持の姿勢をみせたことから、石川県の税所篤一警部長とその命令を受けた警部が脅迫によって由雄・橋本の両名に吏党側に味方することを約束させた事件が背景にある(27)。由雄ら四議員は、先に紹介した内務省の「名簿」で着実派として扱われていた。

さらに、二十一日、新井章吾、飯村丈三郎が脱党した。新井は大井憲太郎率いる自由党関東派の中心的人物であり、薩摩閥の高島鞆之助陸相と密会し、薩関同盟を画策した「赤毛布事件」で知られている。高島との関係は選挙中から始まっており、高島は新井を「掌中の物」として栃木県における選挙工作に使っていた形跡がある(28)。新井の脱党の背景として、第一に関東派が党大会で党制改革を主張したが受け入れられなかったこと(29)、第二に「赤毛布事件」で自由党内に新井は賄賂を受けて軍艦製造費に賛成しているとの疑惑を呼んだことが挙げられる(30)。飯村は同じ関東派として新井に同調したと思われる。

次に、政府から選挙中に支援を受けながら、当選後も民党側に味方した議員についてみておきたい。「名簿」で着実派とみなされていた野口勝一（茨城二区）は、政府から渡辺国武大蔵次官経由で金一〇〇〇円を受け取り当選した。[31] 二区には改進党前議員の大津淳一郎がおり、大津の当選を阻止するための野口支援であったらしい。[32] しかし野口は当選すると弥生倶楽部に加入してしまい、政府側の期待は裏切られた。最初の争点となった衆議院議長選挙に際して、野口は自由党の河野広中を議長にするために尽力していた。それを止めるため、白根専一内務次官は、[33]「一層御世話被成下度」と、さらなる金銭的な懐柔工作を示唆する依頼を渡辺次官に対して行った。[34] だが、野口は再び政府の期待を裏切り、河野に投票したのである。

以上のことから、政府・内務省が選挙時に着実派と見込んだ自由党候補に対しても援助していたこと、選挙後も金銭的な支援や脅迫などによって工作を広く行っていたことがわかる。それにより自由党を離れる議員も出たが、石川県四議員や野口のように政府の工作が実を結ばない例もあった。

（2）独立倶楽部をめぐる動き

以下では、内務省が着実派と認識していた独立倶楽部の設立経緯とその政治的立場について検討する。[35]

岡崎邦輔は従兄弟である陸奥宗光農商務大臣の指示のもと、児玉仲児とともに和歌山県選出議員のまとめ役を務めた。陸奥は選挙直後の二月十七日にはすでに「次期の国会迄に我々が計画すべき事も不少、胸間種々の考案も有之」[36] と次の第三議会に向けて計画を練っており、「他県他党の議員とも多少之連絡相付け置き候事も必用《ママ》」[37] と、和歌山県選出議員を他の勢力と連携させて議会に一定の勢力を保持しようとした。陸奥自身は、三月十四日、「憲法政治には有る間敷」選挙干渉に対する不満と自らの「政府改正策」が閣僚に受け入れられなかったことを理由として、[38] 農商務大臣を辞職し、枢密顧問官に転じた。ただし、本人は民党に加入するつもりはなく、松方内閣の継続に疑問をもち、年内にも何らかの動きがあることを見すえていた。[39]

そして、和歌山選出議員も陸奥の意向をふまえた動きをみせ、第三議会前の四月二十四日には岡崎、関直彦ら和歌山県議員が中心となって独立倶楽部を結成した。閣外に去った陸奥は「何れの団体に入るも可成は民七官三の主義を行はれ候[40]」と、民党七割、吏党三割の立場をとるよう指示し、さらに「干渉論、三条例、議院法改正などは無論民党主義可然[41]」と、選挙干渉問題など具体的に民党側に同調する議案を指示した。しかし、警視総監の探聞によれば、独立倶楽部結成の動きに対して、「政府は種々の手段を回《ママ》らし知事警部長等をして自己の干渉して当選せしめし議員に手を回はし独立団体に入る可らさる旨を勧誘」し、さらに、「流言を放ちて独立団体を離間せんと試みた」ことにより、佐々田懋、佐々木善右衛門、岡崎運兵衛など心を動かされる議員があらわれ、「中立不偏なれとも実際は民三吏七の割合」で動くようになった[42]。政府の工作により、独立倶楽部には結成当初から亀裂が生じていたことがわかる。また、北垣国道京都府知事も政府支持議員の結集に尽力しており、多数派工作の対象となったと思われる議員リスト(表19)をみると、弥生倶楽部五名、議員集会所一名、中央交渉会八名、無所属一四名、そして独立倶楽部二二名の合計五〇名が挙がっている[43]。北垣の工作対象も独立倶楽部が中心であったことがわかる。

また、五月二日の衆議院議長選挙において河野広中、星亨、渡邊洪基の三人が候補として選ばれると、陸奥は岡崎を通じて、親しい星亨が民党側候補ならば賛成すると民党に持ちかけ、星を議長に当選させた。陸奥は星に対し、政府には終始強硬姿勢をとるように促した[44]。これにより、民吏の対立の中で独立倶楽部がキャスティングボートを握り議案の成否を左右すること[45]、陸奥が和歌山県議員だけでなく議長となった星を通じて議会に影響力を強めることが鮮明となったのである。以後、政府は独立倶楽部議員に対して切り崩し工作を激しく行っていくことになる。

表19　北垣国道日記所収衆議院議員リスト

府県	記号／人名	所属	パターン	異動	4月21日懇親会
滋賀	○ 大東	無	準民		
	○ 川島	無	準吏		
	○ 中小路	無	吏		
	林田	弥	準吏	脱	
	◎ 江龍	中	吏		
京都	竹村	無	吏		
	西川	独	吏	脱	
	○ 石原	無	吏		
	田中	無	吏		
岡山	坪田	無	準吏		
	西	無	吏		
	阪田	無	吏		
	渡辺	無	吏		
富山	稲垣	独	準民		
	岩城	独	準吏		○
	谷	独	吏		○
	建部〔武部〕	独	吏		
	◎ 原	中	吏		
島根	△ 佐々田	独	準吏		
	△ 佐々木	無	吏		
	△ 吉岡	独	民		
	△ 岡崎	独	吏		
	△ 木佐	無	民		
三重	○ 角	無	準民		
	△ 伊東	独	準民		
	伊藤〔謙吉〕	独	準吏		
奈良	植田〔清一郎〕	独	準民		
	◇ 森本	独	中間	脱	
	植田〔理太郎〕	独	準吏		
	玉田	独	準吏		
鳥取	木下	独	吏		
	若林〔若原〕	独	吏		○
	渡辺	弥	吏	除	
長野	金井	中	吏		
	窪田	中	吏		○
	◇ 佐藤	弥	民		
新潟	鵜飼	独	中間		
	目黒	議	民		
石川	◇ 大垣	中	吏		
	神保	中	吏		
宮崎	○ 川越	独	準吏		
鹿児島	篠田	中	吏		
徳島	川真田	独	準吏		
	椎野	無	準吏		
	曽我部	中	準吏		
愛知	△ 加藤〔政一〕	独	中間		
茨城	◇ 関戸	独	民		
岩手	◇ 上田	弥	準吏	脱	
千葉	◇ 大須賀	独	準吏	脱	
	◇ 千葉	弥	民		

会派	人数	吏	準吏	民	準民	中間
弥生倶楽部	5	1	2	2		
議員集会所	1			1		
独立倶楽部	22	6	8	2	3	3
中央交渉会	8	7	1			
無所属	14	8	3	1	2	
合計	50	22	14	6	5	3

パターン	人数
吏	22
準吏	14
民	6
準民	5
中間	3
合計	50

凡例　○　6人　元巴派
　　　△　7人　元独立派
　　　◎　2人　大同派へ入るべきもの
　　　◇　7人　自由・改進名籍のもの

注　塵海研究会編『北垣国道日記「塵海」』（思文閣出版、平成22年、377–378頁）をもとに作成した。

三　第三議会

本節では、選挙結果と多数派工作の動きをふまえ、実際に第三議会で政府はどの程度味方となる議員を確保できたか、また議案の採決を有利に進めることができたかについて検討したい。

（1）議員の採決賛否パターン

第三議会は、明治二十五年五月二日に召集され[46]、八議案が重要議案として扱われた[47]。日付順に議案と吏党側の賛否を示すと、次の通りである。

①選挙干渉上奏案（五月十二日）＝否
②選挙干渉決議案（同十四日）＝否
③軍艦製造費修正案（同三十日）＝賛
④軍艦製造費政府案（同三十日）＝賛
⑤愛知岐阜両県震災救済及河川堤防費予算外支出（六月六日）＝賛
⑥岐阜愛知富山福岡四県土木補助費予算外支出（同七日）＝賛
⑦貴族院回付予算案返送動議（同九日）＝否
⑧府県監獄費国庫支弁案（同九日）＝賛

本項では、各議員の上記八議案に対する賛否について強弱を含めてパターン化してみる(48)。分類方法としては、八議案すべてについて、吏党、民党の打ち出す方針通りに投票した議員は強い支持を示す「吏党パターン」、「民党パターン」とし、どちらのパターンにも該当しない議員は、欠席を除き方針に適合する数が多い方の準パターンと判断し、弱い支持を示す「準吏党パターン」、「準民党パターン」とする。適合数が民吏半々の議員は「中間パターン」に分類する（詳細は表20・21参照）。

その結果をまとめたのが、表22である。吏党パターンは一〇九名で、準吏党パターンは三七名である。これにより、吏党側と位置づけられる勢力は一四六名ということがわかる。一方、民党パターンは一三〇名で、準民党パターンは一五名であった。これにより、民党側勢力は一四五名ということがわかる。したがって、選挙時における着実派大勝という政府・内務省の認識に反し、議案採決での民党との差は僅か一議席に迫っていた(49)。しかも、吏党側一四六名のうち、方針に一致する強い支持を示した者は一〇九名に過ぎず、一致率は約七五％であった。一方、数では劣る民党側一四五名中、方針に一致する強い支持を示した者は一三〇名で、一致率は約九〇％になる。したがって、政府の多数派工作を受けながらも民党の結束が固かったこと(50)、吏党の方が弱い支持を含んだ脆弱な基盤の上に立っていることがわかる。政府からみれば、解散前より議席構成は改善したとはいえ、第三議会で重要議案を通すことは困難な状況であったといえる。

なお、第二節で述べた『党籍録』と「名簿」上の扱いに違いがみられる人物と、第三節で述べた政府の多数派工作を受けた自由党、独立倶楽部議員の採決賛否パターンをまとめたのが表23である。選挙時に民党候補でありながら、「名簿」では着実派として扱われていた自由党九名、改進党三名の賛否パターンをみると、「民党」が五名、「準民党」、「吏党」、「準吏党」が各二名、全欠席一名と分かれ、結果として政府の期待通り重要議案に吏党・準吏党パターンを示したのは三分の一の四名に過ぎなかった(51)。また、中央交渉会・独立倶楽部議員でありながら「名

表 20　第三議会における勢力別採決賛否一覧（1）

			選挙干渉上奏案	選挙干渉決議案	軍艦製造費修正案	軍艦製造政府案	愛知岐阜震災救済	四県土木補助費	貴族院回付予算案	監獄費国庫支弁案
吏　党（パターン）			×	×	○	○	○	○	×	○
中央交渉会　吏党パターン（82 名）										
準吏党13名	○	天野伊左衛門	○	欠	○	○	○	○	○	×
	○	千葉　胤昌	×	×	○	○	○	○	○	○
	○	浅野　長慶	×	○	欠	欠	○	○	欠	欠
	○	牛場　卓蔵	×	×	○	○	○	○	○	×
	○	船坂與兵衛	×	○	○	○	○	○	×	
	○	橋本善右衛門	×	×	○	○	○	○	×	×
	○	斎藤　良輔	×	×	○	○	○	○	○	○
	○	八田謹二郎	×	×	○	○	○	○	×	×
	○	黒川　修三	×	×	○	○	○	○	×	×
	○	曾我部道夫	×	欠	○	○	○	○	×	×
	○	郡　保宗	×	○	○	○	○	○	×	○
	○	有吉　平吉	×	×	欠	欠	○	○	○	○
	●	長井松太郎	×	欠	欠	○	○	○	欠	欠
独立倶楽部　吏党パターン（7 名）										
準吏党9名	○	伊藤　謙吉	×	○	欠	欠	○	○	○	欠
	○	佐々田　懋	×	○	欠	欠	○	○	○	○
	○	川越　進	×	欠	欠	欠	欠	欠	欠	欠
	○	川真田徳三郎	×	×	○	×	○	○	○	×
	○	斎藤善右衛門	×	欠	○	○	○	○	○	×
	○	植田理太郎	×	○	○	○	○	○	○	欠
	○	玉田金三郎	×	○	○	○	○	○	×	欠
	○	岩城　隆常	×	○	○	○	欠	○	×	○
	○	大須賀庸之助	○	欠	○	欠	○	○	○	欠
弥生倶楽部　吏党パターン（3 名）										
準2名	○	上田　農夫	○	欠	○	○	○	○	○	○
	○	林田騰九郎	×	欠	欠	欠	○	○	○	×
無所属　吏党パターン（17 名）										
準吏党14名	○	高梨哲四郎	×	×	○	×	○	○	×	○
	○	坂本　則美	×	○	○	○	○	○	×	○
	○	神鞭　知常	×	○	×	×	○	○	×	○
	○	鈴木　麟三	×	×	欠	欠	○	○	○	×
	○	椎野伝次郎	×	×	×	×	○	○	×	×
	○	藤澤幾之助	×	○	○	○	○	○	○	○
	○	村松亀一郎	×	○	○	○	○	○	○	○
	○	山口千代作	×	欠	○	○	○	○	○	○
	○	安部井磐根	×	○	欠	欠	○	○	×	○
	○	宮城　浩蔵	×	○	欠	欠	欠	欠	×	○
	○	小坂善之助	×	×	○	○	○	○	○	○
	○	岡　研磨	×	×	×	×	○	○	欠	欠
	○	川島宇一郎	×	欠	×	×	○	欠	○	×
	○	坪田　繁	×	欠	○	○	○	○	×	×
造反投票			3	14	4	6	0	0	19	13
欠　席			3	24	15	21	8	7	8	20

注 1　「民吏両軍一覧詳表」（『自由党党報』第 15 号）にもとづき作成した。
注 2　各議案について、○は賛成、×は反対、欠は欠席を表す。吏党の賛否パターンは一番上に示した。網掛けはそのパターンに造反した投票であることを示す。氏名の左に、「名簿」上の着実派には○、過激派には●を付した。「準」は準吏党である。

表 21　第三議会における勢力別採決賛否一覧（2）

			選挙干渉上奏案	選挙干渉決議案	軍艦製造費修正案	軍艦製造政府案	愛知岐阜震災救済	四県土木補助費	貴族院回付予算案	監獄費国庫支弁案
民　党（パターン）			○	○	×	×	×	×	○	×
弥生倶楽部　民党パターン（82名）										
準民党 5名	●	三崎亀之助	○	○	欠	欠	×	×	×	×
	●	森　東一郎	○	○	×	×	○	○	○	×
	●	飯村丈三郎	○	○	×	欠	×	欠	×	×
	○	小西甚之助	○	○	○	○	×	×	×	×
	○	立川　興	○	○	○	欠	×	×	×	欠
議員集会所　民党パターン（35名）										
準 2名	●	石井　定彦	欠	○	×	×	×	×	×	×
	●	鳩山　和夫	○	○	×	×	×	×	○	○
独立倶楽部　民党パターン（7名）										
準民党 4名	○	伊東　祐賢	○	○	×	×	欠	×	×	×
	○	植田清一郎	○	欠	欠	欠	欠	欠	○	×
	○	稲垣　示	×	欠	欠	欠	×	×	○	○
	●	加藤　六蔵	○	○	×	×	○	○	○	×
無所属　民党パターン（6名）										
準民 3名	○	角　利助	○	欠	×	×	○	○	○	×
	○	工藤　卓爾	×	○	×	×	×	×	○	○
	●	大東　義徹	○	欠	欠	欠	欠	○	○	×
造反投票			2	0	2	1	3	4	6	3
欠　席			4	6	7	9	5	5	4	6

中間（5名）										
独立	○	鵜飼郁次郎	○	○	○	○	○	○	○	×
	●	片野東一郎	○	○	○	○	○	○	○	欠
	○	森本　藤吉	×	○	欠	欠	欠	欠	欠	欠
	●	加藤　政一	×	×	×	×	○	○	○	×
無	不	横井善三郎	×	×	×	×	○	○	○	×

全欠席（3名）										
弥	○	橋本　次六	欠	欠	欠	欠	欠	欠	欠	欠
議	●	藤田　茂吉	欠	欠	欠	欠	欠	欠	欠	欠
無	○	柴　四朗	欠	欠	欠	欠	欠	欠	欠	欠

注 1　「民吏両軍一覧詳表」（『自由党党報』第 15 号）にもとづき作成した。「中間」は、投票結果が民吏半々でどちらにも分類できない者である。なお、「準民」は準民党である。

注 2　各議案について、○は賛成、×は反対、欠は欠席を表す。民党の賛否パターンは一番上に示した。網掛けはそのパターンに造反した投票であることを示す。氏名の左に、「名簿」上の着実派には○、過激派には●を付した。不は「名簿」に記載がない人物である。中間・全欠席欄の独立は独立倶楽部、弥は弥生倶楽部、議は議員集会所、無は無所属を表す。

表 22　会派別採決賛否パターン

パターン	吏党		民党		中間	全欠	合計
	吏	準吏	民	準民			
中央	82	13	0	0	0	0	95
独立	7	9	7	4	4	0	31
弥生	3	2	82	5	0	1	93
議員	0	0	35	2	0	1	38
無所属	17	13	6	4	1	1	42
合計	109	37	130	15	5	3	299
	146		**145**				

（議長を除く）

注 1　パターンの「吏」、「民」はそれぞれ吏党パターン、民党パターン、「準吏」、「準民」はそれぞれ準吏党パターン、準民党パターンを示す。「中間」は中間パターンである。

注 2　「中央」は中央交渉会、「独立」は独立倶楽部、「弥生」は弥生倶楽部、「議員」は議員集会所を指す。

簿」で過激派と扱われた四名のパターンは、「吏党」、「準民党」が各一名、「中間」が二名と分かれた。そして、政府による激しい切り崩し工作が行われた独立倶楽部については、採決態度はほぼ二分され、吏党・準吏党パターンが一六名、民党・準民党パターンが和歌山県議員を中心に一一名となった(52)。政府・内務省の選挙時の干渉や、第三議会までの必死の多数派工作は、各議員の投票行動を吏党につなぎ止めるには至らなかったことがわかる。

（2）政府の弁明

第三議会では、五月十二日に選挙干渉上奏案が否決されたが、十四日に緊急動議によって出された選挙干渉決議案が可決された。政府は、上奏案審議に際して松方首相の反駁演説を準備した。松方文書に存在する演説草稿は実に九通に及ぶ。草稿を分析することで、政府が選挙に関してどのような認識をもっていたのか考察したい。

実際に行われた首相演説の骨子は以下の五点にまとめられる(53)。(I)行政官吏が職権を私的に用いて選挙人を誘惑または脅迫したことはない。(II)凶暴の徒が家屋破壊、殺人などの犯罪を犯したが法令に従って処分し不問に付したことはない。(III)島田三郎が無政府と言ったが讒誣も甚だしい。(IV)上奏案否決を望む。(V)帝室資金の利子を選挙運動に充当したことはない。すなわち、政府は作為・不作為の選挙干渉を共に否定したといえる。

表 23　主な議員の採決賛否パターン

弥生倶楽部

民　3 名	○ 野口　勝一	○ 百萬　梅治	● 新井　章吾　脱
準民 3 名	○ 小西甚之助	○ 立川　興	● 飯村丈三郎　脱
準吏 2 名	○ 上田　農夫　脱	○ 林田騰九郎　脱	
吏　3 名	○ 渡部　芳造　除	○ 由雄與三平　除	● 清水文二郎　除
全欠 1 名	○ 橋本　次六　脱		

議員集会所

民　3 名	○ 佐々木松坪	○ 廣住　久道	○ 守野為五郎

中央交渉会

吏　3 名	● 長井松太郎	○ 薬袋　義一　脱	○ 和田彦次郎　除

独立倶楽部

民　7 名	○ 岡崎　邦輔	○ 塩路彦右衛門	○ 児玉　仲児	○ 関　直彦
	○ 吉岡倭文麿	○ 山本　登	○ 関戸　覚蔵	
準民 4 名	● 加藤　六蔵	○ 植田清一郎	○ 稲垣　示	○ 伊東　祐賢
中間 4 名	● 片野東一郎	● 加藤　政一	○ 鵜飼郁次郎	○ 森本　藤吉　脱
準吏 9 名	○ 大須賀庸之助 脱	○ 伊藤　謙吉	○ 佐々田　懋	○ 川真田徳三郎
	○ 斎藤善右衛門	○ 植田理太郎	○ 玉田金三郎	○ 岩城　隆常
	○ 川越　進			
吏　7 名	○ 西川　義延　脱	○ 谷　順平	○ 武部　其文	○ 木下　荘平
	○ 若原　観瑞	○ 中澤　彦吉	○ 岡崎運兵衛	

無所属

民　1 名	● 加賀美嘉兵衛 脱

凡例　○：着実派　　脱：自由党からの脱党者
　　　●：過激派　　除：自由党からの除名者

注　左端は賛否パターンごとの分類を示す。例えば、弥生倶楽部の○(着実派)がついた野口ら 9 名は政府の工作を受けたことを示すが、それぞれ賛否パターンにはばらつきがある。

次に、草稿に見られる上記以外の主張・説明を取り上げれば、以下の五点にまとめられる。(54) (i)第一回総選挙で不正手段を用いた者がいたため、今回の選挙は厳重な取り締りを実施し選挙の自由を保護することを訓令した。(ii)選挙上、法律の範囲を超えた行為があるならばなぜ法律の手続きに従って糺さないのか疑問である。(iii)官吏も他の国民と同じ政治的権利をもち、自己の信じる者のために尽力しても不法でなければ法律上も徳義上も構わない。(iv)政府が適当な取締りをしたにもかかわらず選挙競争のあまり、紛擾を生じた地方があることは大臣として深く悲しむところである。(v)上奏は議会の権利であるから政府は好んで容喙するものではない。

すなわち、政府は訓令で適切な取り締りを指示し、選挙の自由を保護しようとしたが、選挙競争のため紛擾が生じたととらえていること、一個人の資格という表現こそ使っていないが官吏の選挙運動を正当化していることが読み取れる。したがって、取り締りを強化する内容の内務省の訓令二通（第八章参照）が出されたことは、実態は別として選挙における政府の適切な対応を主張することにつながることがわかる。「斯かる訓令を再度発する一方で、実力行使を含む選挙干渉を指示するということは尋常の常識では考え難く」と解釈する説もあるが、(55) 表面上であろうとも取締りを求める指示を出すことには治安維持の責任を果たしているという意味があり、なおかつ実際には発令した品川内相自身が民党支持者に対する暴行事件を積極的に取締まろうとはしなかったのである。また、選挙中各地で行われた官吏の一個人の資格という名目での選挙運動も政府の認知するところであったこともわかる。草稿では(iii)のように官吏の選挙運動を正当化する文言があったが、実際の演説では(I)の形で職権を用いた誘導、脅迫を否定した。

さらに、決議案可決後、政府内で作成された文書には、下記の通り、三権分立に関わる内容が記されている。(56)

政府は之を審案するに官吏が選挙に干渉し其職権を濫用したるや否やは法令の命する所に依り司法権及行政権

のあるあり敢て議会の喙を容るへき所にあらす且也国務大臣は議会の決議に依り其進退を決すへきに非す

これにより、立法権による選挙干渉の追及を越権ととらえ、司法権、行政権が優先されるという見方が出てきたことがわかる。この点で、選挙干渉自体が行政権による立法権制御の試みであったと表現することもできるだろう。

（3）第三議会の帰結

前項まで述べてきたことをふまえ、本項では第三議会の帰結についてまとめたい。

第三議会での重要議案採決の結果は、先に付した番号でいえば、民党が②〜④、⑦、⑧の五案で勝利した一方、吏党は①、⑤、⑥の三案での勝利にとどまった。

特にここでは、焦点となった①、②について詳しくみることにしたい。

第三議会で最大の焦点となったのは、河野広中（弥）他八名が提出した天皇に対して政府の責任を問う選挙干渉上奏案（①）であった。園田安賢警視総監から松方正義首相に伝えられた探聞報告によれば[57]、八日の時点で、上奏案提出を準備する自由党が、字句を温和なものに修正するよう求めた独立倶楽部の要請を受け入れ大半の同意を得たことで一四八人の賛成が見込まれていた[58]。ただし、吏党側の壮士が「畢生ノ運動今日ニアリ」と民党議員の家を襲撃して議会に出席できないようにする準備をしたり、吏党議員が味方を集める運動をしているため、まだ勝敗はわからないとも報告している[59]。このとき、政府は後藤象二郎逓信大臣や大江卓を中心として独立倶楽部に対する工作に着手しており、関直彦（独）は、政府が中立議員を威嚇し、議員買収に着手した結果、独立倶楽部の大半が引き抜かれ、買収に応じない関や岡崎邦輔は暴漢に狙われたと述べている[60]。

さて、衆議院より一足早く貴族院では、十一日に山川浩の緊急動議によって「選挙干渉ニ関スルノ建議案」が提出された。これは干渉によって地方で官吏を敵視する状態が生じていることを「政府に於て深く此事を省慮し之を現在に処理して之を将来に遏止せんことを希望」するものであった[61]。結局、この選挙干渉を批判する議案は、賛成八八票、反対六八票で可決された[62]。衆議院よりも保守的な貴族院で可決されたことで政府の動揺はいっそう激しくなった。

そして衆議院は十二日の上奏案の審議において、民党側は、提出者の河野、島田三郎（議）のほか、立川雲平（弥）、角田真平（議）が各地の選挙干渉の実態を証拠書類を示しながら演説した。特に、島田と立川の演説は各二時間を超える大演説となった[63]。

河野の上奏案提出説明は、選挙の様子を次のように説明する[64]。

行政権を濫用して選挙に干渉し、法律を無視して言論を束縛し、集会を妨害し、保安条例を濫用し、予戒令を逆施し、或は賄賂を以し、或は脅迫を以し、辜なき者を拘留し、無頼の徒を使嗾して兵器を携へ隊伍を結び暴力を肆にせしめ、人を殺し家を毀ち、甚しきは之に放火し、全く自由任意の選挙権を蹂躙し、我々人民の参政権を妨害せし者でありまして、誠に議会の鞏固、議会の清浄は、全く破壊せられし者でありまする

民党側の批判は、行政府が行政権を濫用して選挙に干渉し、選挙権を蹂躙したことに重点が置かれていることがわかる。つまり、各地で起きた現象としての流血の事態だけを取り出し問題にしたのではなく、行政権の濫用により立法府およびその前提となる参政権を妨害したことを問題にしており、立憲政治の根本を揺るがす重大な問題提起であったといえる。

吏党側は大岡育造（中）、高梨哲四郎（無）が反対演説を行ない、政府からは松方正義首相と後藤逓相が演説し

干渉の責任を否定した。審議終盤に討論終結の動議が出された後、村松亀一郎（無）が上奏案採決の意味について、第二読会を開いて文面を修正することができるかどうか星亨議長に尋ねた。村松の質問には次のような意図があった。(65)

……即ち此の選挙干渉事件はどうしても相当の処分をしなければならぬと云ふことを確信して居る、又止むを得ざる時には是非とも上奏をなさなければならぬと云ふことを信じて居る、併ながら尚ほ他に手続があって相当のことがあらうと云ふ質問であります

つまり、選挙干渉に対する処分や上奏の必要性を十分認識しているが、提出案の文章を修正したいという立場である。これに佐々田懋（独）、神鞭知常、山口千代作、坂本則美（以上、無）の四議員も同調したが、議長は修正動議は討論終結動議の前でなければ認められないという姿勢を貫いた。そのため、坂本も「選挙干渉を是認せぬと云ふことゝ勿論同感でありますが、一字一句も動かすことをも得られぬとならば止なく青い札〔反対票――引用者注〕を入れます」と発言し、反対に回らざるを得なくなった。(66) 結果として上奏案は、賛成一四三票、反対一四六票の三票差で否決されたが、(67) 字句の修正を認めていれば少なくとも五名は賛成に回り、可決される可能性があったことがわかる。(68)

さらにそのことを示したのが、選挙干渉決議案（②）であった。十四日、中村弥六（無）は突然、緊急動議で発言を求め、衆議院として内閣に選挙干渉の責任を問う決議案を提案した。(69) なお、上奏は天皇に対して出されるが、決議は衆議院が政府に対して姿勢を示すものである。この動きを政府は事前に察知しておらず、松方首相に園田警視総監から探聞報告がなされたのは当日朝のことであり、(70) 各議員に対して工作する余地はすでになかった。民党側

の武市安哉（弥）、鳩山和夫（議）の賛成演説と、吏党側の千葉胤昌（中）、片岡直温（無）の反対演説、松方首相による内閣の責任を否定する発言があった後、採決に移った。このときの状況を、伊東己代治は次のように伊藤博文に伝えている(71)。

本日政府党之出席も平生よりは殊に少く、又欠席者なきも昨日来敵党の運動其盛にして上奏案を否決せし連中も多人数取込られ兎而も勝算なきとの事に而、大臣連中も余程落胆被致居候処に有之……

伊東がみるところ、吏党側に欠席者が多かったが、もし欠席者がなくても民党の攻勢によって上奏案に反対した議員も取り込まれ、政府の勝算はなかったことがわかる。

結局、決議案は賛成一五五票、反対一一一票の大差で可決された(72)。上奏案から決議案に形式を改め、中村を提案者に起用した自由党の戦術が奏功し、先の五名のうち四名（山口は欠席）を含め、①に反対、②に賛成という議員は、独立倶楽部を中心に計一六名を数えた(73)。決議案可決を受けて政府は一週間の停会を余儀なくされた。

このように、民党・吏党の勢力の差はほとんどなく、その上、所属会派の違いがそのまま議案採決時の態度の違いとはならず、賛否が流動的な状況にあったといえる。そのため勝敗は党議に反する投票数だけではなく、欠席数によっても左右された。その例として、第三節（1）で取り上げた野口勝一をめぐる一件を挙げたい。第三議会中、白根次官は懸案の軍艦製造費（③、④）の審議に野口を欠席させるよう渡辺次官に依頼している(74)。白根は、議会開会中も政府を裏切り続けた野口に対して、欠席すればこれまでの態度は不問に付すとまで述べ、民党側の票を一票でも減らそうとしたのである。しかし、工作は結実せず、野口は結局民党パターンの投票を貫いた。この一件から、政府側が議会運営に苦慮しており、味方票の確保のみならず、欠席数も重要な意味をもっていたことがわかるだろう。

また、軍艦製造費については、第三議会の会期末（六月十四日）に稲垣示（独）が緊急動議を発し、議員買収工作の実態を調査することを求める一幕があった。稲垣自身も買収対象となって議案に賛成するよう誘導を受けたが、③、④ともに欠席している。結局、稲垣が、買収の周旋を行なった疑いのある議員の実名を秘密会で暴露する事態にまで発展した。[75] さらに問題は議場外に波及し、『改進新聞』に松方正義首相が軍艦製造費復活のために井上角五郎と伊藤謙吉（独）を使って議員買収を行なった趣旨の記事が掲載されたことに対して伊藤謙吉が提訴し、法廷でその真偽が問われることとなった。法廷に証人として呼ばれた稲垣は、詳細に買収工作の実態を明らかにした。陳述の要点をまとめると次のようになる。[76]

（ア）総選挙後、稲垣は井上角五郎から松方正義首相や増田繁幸に会うよう勧められ、増田と面会し、その場で賄賂と思われる金の話が出た。

（イ）六月十一日あるいは十二日、稲垣は井上角五郎から軍艦製造費復活に賛成するよう勧誘されたが拒否した。

（ウ）その後、稲垣のもとに旧知の久我懋正が岡本柳之助を連れて来訪し、両名から運動費二〇〇〇円を提示された。

（エ）その際、岡本の手帳を見たところ、買収従事者欄に井上角五郎・伊藤謙吉の名、被買収者欄に岡崎・立川・千葉の名があるのを確認した。[77]

（オ）稲垣は買収工作と議案賛成を拒絶したが、岡本から森本藤吉（独）に賛成するよう説得してほしいと依頼され、それも拒絶した。

以上の内容から、中立と目される議員に対する多数派工作が議員のみならず民間人を使って大規模に行なわれていたことがわかる。

さて、**表24**[78]は、吏党側一四六名と民党側一四五名の基礎票がどのような要因で最終的な票数になったのかという

表 24　議案別賛否数の内訳

	吏党		民党		欠席	吏党（146）				民党（145）			
						(−)欠席	(−)造反	(+)造反	(+)中間	(−)欠席	(−)造反	(+)造反	(+)中間
選挙干渉上奏案	**146**	否	143	賛	10	3	3	3	3	4	3	3	2
選挙干渉決議案	111	否	**155**	賛	33	23	14	0	2	7	0	14	3
軍艦製造費修正案	132	賛	**141**	否	26	15	3	2	2	7	2	3	2
軍艦製造政府案	123	賛	**142**	否	34	21	5	1	2	9	1	5	2
愛知岐阜震災救済	**146**	賛	136	否	17	8	0	4	4	5	4	0	0
四県土木補助費	**148**	賛	135	否	16	6	0	4	4	6	4	0	0
貴族院回付予算案	126	否	**157**	賛	16	8	18	6	0	4	6	18	4
監獄費国庫支弁案	117	賛	**151**	否	31	20	12	3	0	6	3	12	3
平均	**131.1**		**145.0**		22.9	**13**	**6.9**	2.9	2.1	**6.0**	**2.9**	6.9	2

注 1　賛否票数は「民吏両軍一覧詳表」(『党報』第 15 号付録)にもとづく。
注 2　造反は自陣営を引き(−)、相手陣営を足した(+)。「中間」は民吏どちらにも分類できない人物の賛否である。なお、全体の欠席数は「全欠」の 3 名、「中間」の欠席者を加えた数字である。

内訳を示したものである。これをみると、吏党側に欠席者と造反者が多いことがわかる。民党側は両方とも一桁で収まっているが、吏党側は議案によって変動が激しい。平均値でみれば、欠席者は吏党一三名に対して民党六名、造反者は吏党六・九名に対して民党二・九名といずれも大きく差がついた。吏党の基礎票一四六票は、欠席平均一三名と造反平均の差引四名を失い、中間の二名を足すことで、一五票減らし一三一票となった。それに対して、民党側は基礎票と平均値が全く同じ一四五票となった。

したがって、第三議会の吏党・政府の苦境の原因は、基礎票の拡大を狙った多数派工作で自由党や独立倶楽部を十分に取り込めなかったことだけではなく、吏党議員の結束の弱さによる基礎票の取りこぼしにもあったといえよう。井上角五郎ら吏党議員のまとめ役が懸命に動いてはいたが(79)、吏党側と見なされていた議員でさえも政府とは一定の距離があった。例えば、湯本義憲（中）は第三議会を総括して次のような認識を示している(80)。

……知るへし、温派必すしも政府の奴隷となりたるにあらす、中立議員の又た政府の一味をのみなしたるにあらさるを。若し温派にして政府の糾合する所となり、之か節度を受くるものとせは、豈に夫れ如此結果あらんや。故に曰く温派一流は政府又党人の死命を制したりと。然り而して吾人の目的とする国権伸暢の基つく国防問題と国家事業問題との一半に付ては、政府の意見を達せしめたるは即ち取も直さす吾人の目的を貫きたるものなり。

これにより、湯本の認識では、吏党は「政府の奴隷」ではなく、政府と党人（民党）の対立の中で、重要議案の「死命」を制する存在であったことがわかる。湯本自身は、政府に味方するためというよりも、「国権伸暢」という目的に合致する議案に賛成したと認識しているのである。

かかる吏党議員の性質については、井上毅が選挙前日に第三議会対策を伊藤博文に提言する中で、以下のように説明している(81)。

穏和派百五六十人中には、政党殊に政府党たることを避る者あり、又主義に異見を生する者あり、又種々の感情より分離する者ありて、政党の成立は其の半数内外に出さるへし。若政党のみ政府案を賛成して、他の中立無所属は賛成せさるの結果を生せは、却て議会政策の為には不利益なるべし。

これにより、吏党議員には政党という形に対する違和感があり、政府党を組織することはかえって味方を減らす恐れがあったことがわかる(82)。

この点に関して、松方首相も選挙結果を過半は「先ツ見込之人物選出相成候」と喜びながらも、「此後之処甚懸念之至ニ不堪」と懸念を示している(83)。なぜならば、「彼温和派の者は其主義とする所は同一又は相近きにも拘はらず、互に相下らず個々別々」であるため、政府がまとめることが難しいと考えていたからである。[84]

したがって、従来の研究でも指摘されてきたように、政府党を組織し吏党議員の結束を強めようとする動きは、かえって「不偏不党」を掲げる穏健な議員の離反を招く恐れが強く、実現が困難であった。[85]そのため政府・内務省は、すでにみたように自由党や独立倶楽部に在籍する着実派と目された議員に対して多数派工作を懸命に行うより他に手段がなかったのである。

小括

以上、選挙結果と第三議会の運営について検討した結果、明らかになったことをまとめたい。

第一に、選挙結果について、内務省が候補を着実派と過激派に分類した「名簿」では、解散時の着実派一四一議席、過激派一五九議席が、選挙の結果、着実派一六八議席、過激派一三二議席と大きく逆転したことがわかった。あくまでも内務省の主観的な計算ではあるが、選挙干渉が成功したという内務省・政府関係者の認識には数字上の根拠があることを示した。ただし、「名簿」の着実派には反民党姿勢が鮮明な者から比較的穏健な民党候補までを広く含んでおり、着実派が増加したと喜ぶ内務省の認識は楽観的過ぎる。その理由として、内務省の選対本部といえども、多経路に亘る政府の選挙対策全体を把握しきれなかったことが考えられる。

第二に、第三議会の重要議案に対する各議員の賛否を、「吏党」、「準吏党」、「民党」、「準民党」、「中間」の五種類にパターン化して示した。それにより、支持の強弱を合わせると、吏党一四六人、民党一四五人となり、議会審議において一人差まで差が縮んでいたことがわかった。しかも、方針に一致する強い支持の割合は、民党が約九〇%に対して、吏党は約七五%にとどまり、民党が大差で逆転した。これは、吏党議員の中には政党に対する違和感をもつ者が多く、政府の方針通りに組織的に結束させることが困難であったためである。そもそも政府は、地方名望家や民権家中心の「過激派」民党議員とは異なる出自（実業家など）の「着実派」候補を議会に送り込もうとしていたのであり、[86]自ずと政党のように結束させることには限界があったといえよう。

第三に、選挙中から幅広く味方を求めて工作を行っていた政府は、選挙後も第三議会開会中にわたって切り崩し工作を自由党、独立倶楽部、中立議員などに対して行ったが、狙い通りの成果は必ずしも得られなかったことを明らかにした。その工作の一端は、議員によって第三議会の秘密会や法廷、新聞上で暴露されるに至った。結局、内務省が着実派一六八人に含めていた独立倶楽部は分裂し、吏党に一六人、民党に一一人が同調し、政府の思惑通りにはならなかった。

第四に、第三議会における民党側の選挙干渉批判は、内容として行政府の権力濫用による参政権の蹂躙を批判するものであり、流血の事態そのものを取り上げたものではなかった。これに対する政府側の反駁は、官吏の職権を用いた干渉を否定するなど作為・不作為いずれの干渉も否定したが、草稿段階では官吏による選挙運動を肯定した内容や訓令で厳重な取り締りを命じたことを述べる内容が含まれており、一個人の資格を口実とした干渉を政府が認識していたこと、取り締りを命じる訓令を出すこと自体が治安維持の責任を果たした証拠として使えることを示している。

第五に、選挙干渉に対しては、貴族院が政府に反省と今後の防止を促す建議案を可決し、衆議院も上奏案こそ政府の必死の工作により否決されるが、政府に対して選挙干渉を批判する決議案は可決された。貴族院と衆議院は帝国議会として足並みを揃えて選挙干渉を批判した。

第一次松方内閣は、各種人脈を活用して実業家を擁立し、幅広い勢力を着実派として取り込むことで、民党議員を減らす選挙干渉には一応成功したといえる。しかし、着実派の中には、選挙に当選する目的で政府の支援を受け入れながら、議案採決では政府の方針通りに動かない者が多かった。その点から、松方内閣は選挙後の多数派工作、議会工作に失敗し、選挙干渉の本来の狙いであった議会運営の円滑化には有効な結果をもたらさなかったと結論づけることができる。

註

（1）「衆議院総選挙議員候補者名簿」（「品川弥二郎文書」九五六、国立国会図書館憲政資料室蔵）。
（2）民党議員の再選率の低さから選挙干渉の効果を指摘する研究として、川人貞史『日本の政党政治一八九〇―一九三七年――議会分析と選挙の数量分析』（東京大学出版会、平成四年）がある。
（3）代表的研究として、坂野潤治『明治憲法体制の確立』（東京大学出版会、昭和四十六年）がある。第二回総選挙から第三議会までを詳しく扱った研究としては、前掲『藩閥政府と立憲政治』のほか、升味準之輔『日本政党史論』第二巻（東京大学出版会、昭和四十一年）、林茂「第三議会と第一次松方内閣の瓦解」（一―五、『国家学会雑誌』第六二巻、第一〇・一一号、第六三巻、第一―三号、昭和二十三年十・十一月、二十四年三月）がある。
（4）楠精一郎「日本政治史における選挙研究」『選挙研究』第一四号、平成十一年、三五頁。
（5）基礎的データという点では、末松謙澄「二十五年総選挙統計」（『国家学会雑誌』第六巻、第六六―七〇号、明治二十五年）が、各選挙区における有権者数、棄権者などの統計調査を明らかにしている。
（6）平山成信内閣書記官長の述懐による（有松英義編『小松原英太郎君事略』木下憲、大正三年、六五頁）。特に重点選挙区については情勢を電信で問い合わせ大臣に報告し、一月二十五日には全国選挙区の選挙運動の様子や勢力の強弱、見込みをまとめていた（一月二十四日付品川弥二郎宛小松原英太郎書簡、尚友倶楽部品川弥二郎関係文書編纂委員会編『品川弥二郎関係文書』第三巻、山川出版社、平成八年、四五八頁）。
（7）前掲「衆議院総選挙議員候補者名簿」所収。
（8）二月十七日付品川弥二郎宛小松原英太郎書簡（前掲『品川弥二郎関係文書』第三巻、四五九頁）。当時、政府支持派は味方からは「温和派」、「着実派」、敵対勢力からは「吏党」と呼ばれ、自由党・改進党は味方からは「民党」、敵対勢力からは「過激派」と呼ばれた。

（9）二月十九日付品川弥二郎宛白根専一書簡（前掲『品川弥二郎関係文書』第四巻、平成十年、二九一頁）。

（10）『第一回議会乃至第五十五回議会衆議院議員党籍録』（衆議院事務局、昭和三年、一〇―一四頁）。

（11）自由党、改進党は議会内でそれぞれ弥生倶楽部、議員集会所という会派を結成した。したがって選挙時には政党、議会開会時には会派で呼ぶことになる。

（12）例えば、高橋雄豺氏は、「開票の結果は高島の確信――或は松方首相以下多くの閣僚の確信でもあったろう――に反し、解散前よりは与党の数を増したにせよ、実勢力においては野党が優勢」（前掲『明治警察史研究』第三巻、二八七頁）とみている。また、佐々木隆氏は「民党だけでは過半数に届かぬものの、温和派勢力も纏まりを欠いていた」（前掲『藩閥政府と立憲政治』二三五頁）、伊藤之雄氏は「やはり民党の優位は動かなかった」（前掲『立憲国家の確立と伊藤博文』八九頁）と述べ、見解は異なる。通史においては、「苛烈をきわめた大干渉にもかかわらず、結局選挙は民党側の勝利に帰し、自由、改進両党は引つづき依然合計で過半数を制することになった」（岡義武『岡義武著作集・明治政治史Ⅱ』岩波書店、平成四年、一二頁）と、民党勝利の見解である。これに対して、坂野潤治氏は民党が過半数を占められず、独立倶楽部と無所属の動向次第で予断を許さない状況になったとして、「選挙干渉の効果はかなりあった」（前掲『近代日本の出発』二二四頁）と明確に効果を認めている。

（13）前掲「衆議院総選挙議員候補者名簿」。なお、この名簿には、候補者氏名の上に黒墨と朱墨で○、△などの記号が記入され、中には一度記入した記号を訂正しているものもある。しかし、どの時点で、どのような意図で付けられているか不明である。例えば△が○に訂正されている場合、選挙戦途中で優勢になったことを示すのか、事前予測と異なり選挙結果が当選だったために訂正したのかはわからない。したがって使用する際には注意が必要である。

（14）該当議員の氏名については、表20・21参照。

（15）加賀美嘉兵衛（山梨三区）、大東義徹（滋賀三区）、中村弥六（長野六区）、鈴木重遠（愛媛四区）、廣瀬貞文（大分四区）、河島醇（鹿児島五区）。

（16）横井善三郎（愛知三区）、木佐徳三郎（島根三区）。なお、木佐は第三議会の開会前に「少しく事情あり貴党に入党せさるも、飽迄自由主義を奉して議院に登り、貴党代議士と共に進退する考」（『党報』第一五号、明治二十五年六月二十五日、二四頁、文献資料刊行会編『復刻自由党々報』第一巻、柏書房、昭和五十四年所収、以下、『党報』の引用はすべて同書による）と、自由党と同一歩調をとることを表明し、第四議会では弥生倶楽部に所属した。同様に横井も第四議会で弥生倶楽部に所属した。

（17）三月十日、無所属の野口勝一が弥生倶楽部に加入した（『党報』第九号、明治二十五年三月二十五日、三七頁）。四月十五日、改進党の小野吉彦が入党した（『党報』第一一号、明治二十五年四月二十八日、三四頁）。
(18) 本文で扱わなかった分は以下の通り。四月中に加賀美嘉兵衛、森本藤吉が脱党し、加賀美は無所属、森本は二十四日独立倶楽部に加入した（前掲『党報』第一一号、三四頁）。四月二十八日、西川義延、大須賀庸之助が脱党し、独立倶楽部に加入した。五月十五日、監獄費国庫支弁案否決が「持論に反対する」として上田農夫が脱党した（『党報』第一三号、明治二十五年五月二十五日、二七頁）。上田も「名簿」上で着実派として扱われていた。六月中に薬袋義一が脱党し、中央交渉会に加入した（前掲『党報』第一五号、二五頁）。
(19) 小室重弘「変節食言代議士の処置を論す」前掲『党報』第一三号、一八頁。
(20) 党則については、『党報』第一号、明治二十四年十月二十五日、一五頁。除名については、『党報』第一〇号、明治二十五年四月十日、三四頁。
(21) 松方峰雄、兵頭徹編『松方正義関係文書』第六巻（大東文化大学東洋研究所、昭和六十年、二九三―三〇七頁）。除名後、和田は四月二十七日の中央交渉会結成時に加入した（前掲『党報』第一一号、二三頁）。
(22) 前掲『党報』第一三号、二七頁。例えば、白根専一内務次官は、末松謙澄に「鳥取之三区ハ渡邊《ママ》芳造ト内心相極メ居候」と伝えている（堀口修、西川誠編『末松子爵家所蔵文書』上巻、ゆまに書房、平成十五年、二八一頁）。
(23) 同前。
(24) 清水は島根四区選出で、「名簿」では菅了法とともに過激派と扱われているが、清水には「中立稍改進ニ近シ」という注がついている。井上角五郎は清水を「十分雄健の人物」と松方首相に紹介しており（六月二十六日付松方正義宛井上角五郎書簡、前掲『松方正義関係文書』第六巻、二九四―二九五頁）、思想、人脈ともに自由党議員とは距離があったことが推測される。
(25) 前掲『党報』第一三号、二八頁。
(26) 同前。
(27) 『石川県史』第四編（復刻版、石川県、昭和四十九年、四〇二頁）。すでに高橋雄豺氏がこの事件について紹介している（前掲『明治警察史研究』第三巻、二八八―二八九頁）。なお、『石川県史』によれば、新田と百万は脅しに屈せず、自由党に残ったため、寺田救一警部が新田に短刀で議員辞職を強要し、地元支持者も警察の支援を受けていたことを知り絶交を決議したため、新田は九月に議員を辞職した。また、橋本が第三議会の重要議案採決をすべて欠席し、会期中に自由党を脱党したことも脅迫の影響が疑われるが、角利助によれば、病気による欠席である（角利助『第三期議会』角利助、明治二十五年、六頁）。

(28) 明治二十五年一月十四日付松方正義・品川弥二郎宛白根専一書簡（前掲『松方正義関係文書』第八巻、昭和六十二年、三四七頁）。
(29) 関東派にとって、現行の党制は東北、九州のような遠隔地には適しているが関東などの中央に近い土地には適していないという不満があったと指摘されている（河西英通「大井憲太郎と初期議会自由党――組織改革をめぐって」『歴史評論』第四四三号、昭和六十二年三月、一三〇頁）。
(30) 野島幾太郎『新井章吾先生』（野島幾太郎、昭和五年、三三五―三三六、三四一頁）。新井は、軍艦製造費への賛成は以前からの持論であり（ただし、実際には同案採決を欠席）、高島陸相との連携工作も事実と認めている。この間の新井や関東派の動きについては、前掲『日本政党史論』（第二巻、二二一―二二七頁）参照。なお、升味氏は新井らの離党を六月一日としているが、五月二十一日が正しい（前掲『党報』第一三号、二七、四〇頁）。
(31) 明治二十五年三月一日付渡辺国武宛井上毅書簡同封別紙二月八日付領収書（「渡辺国武関係文書（二）」『社会科学研究』第一八巻、第五号、昭和四十二年、一七四―一七五頁）。この件については、伊藤隆「野口勝一という人物」『ＵＰ』昭和四十九年三月、一六頁、森田美比「初期議会のころの野口勝一」『日本歴史』第四六九号、昭和六十二年六月、八五―九〇頁、参照。
(32) 石井省一郎茨城県知事は、選挙後、「於本県而も、大津淳一郎ハ倒れ候得共、森隆介当選仕候、結果十分ニハ無御座候得共、面目一変仕候」と松方首相に報告している（前掲『松方正義関係文書』第六巻、五三八頁）。
(33) この一件は、各省次官も干渉を担っていたことを示しており、従来の理解よりもさらに干渉の経路が複雑であることがわかる。
(34) 五月一日付渡辺国武宛白根専一書簡（前掲「渡辺国武関係文書（二）」一八六―一八七頁）。
(35) 前掲『立憲国家の確立と伊藤博文』（二八六―二九〇頁）は、岡崎邦輔を中心とした和歌山県議員の動向と陸奥の関係について詳しく論じている。以下では同書を参照した。
(36) 二月十七日付児玉・岡崎宛陸奥宗光書簡（伊藤隆、酒田正敏編『岡崎邦輔関係文書・解説と小伝』自由民主党和歌山県支部連合会、昭和六十年、一〇二頁）。
(37) 同前。
(38) 三月二十日付陸奥広吉宛陸奥宗光書簡（「陸奥宗光関係文書」国立国会図書館憲政資料室蔵マイクロフィルム）。陸奥は品川との喧嘩が辞職原因との見方を否定し、複数の閣僚と意見が異なったとしている。
(39) 同前。実際に、陸奥は八月発足の第二次伊藤博文内閣で外務大臣に就任した。

(40) 二十七日付岡崎邦輔宛陸奥宗光書簡(前掲『岡崎邦輔関係文書・解説と小伝』一〇四頁)。なお、書簡の書かれた時期を同書は三月と記載しているが、伊藤之雄氏は五月から七月の間と推定している(前掲『立憲国家の確立と伊藤博文』三〇五頁)。

(41) 同前書簡。

(42) 明治二十五年四月二十四日付松方正義宛園田安賢探聞報告(「自由党選挙干渉上奏事件」、「伊東巳代治文書」国立国会図書館憲政資料室蔵)。園田は独立倶楽部の分裂をもって「民党は全敗なり」との見通しを報告している。

(43) 塵海研究会編『北垣国道日記「塵海」』(思文閣出版、平成二十二年、三七七—三七八頁)。

(44) 五月三日付岡崎邦輔宛陸奥宗光書簡(前掲『岡崎邦輔関係文書・解説と小伝』、一〇九頁)。

(45) 独立倶楽部所属の角利助は著書の中で、二議案以外は「皆独立員の多数票と議会の議決と相一致したる」、「其投票の効力は議会の決定を左右するに足る」として独立倶楽部の意義を強調している(前掲『第三期議会』八頁)。

(46) 第三議会の会期は五月二日から六月十四日までだが、途中停会をはさんだため正味三十日間である。

(47) 第三議会全体の議案数は、予算案三件、政府提出法案九件、承諾を求める議案三件、議員提出法案四二件、動議案七件、請願委員意見書案四件、上奏案四件、建議案九件、質問一八件(『衆議院事務局諸課報告第三回』衆議院事務局、明治二十五年、五—一六頁)。記名投票によって採決された八議案を重要議案と扱った。議事録をみても、個別議員の賛否がわかるのは①、②のみである。

(48) 議員二九九名の採決態度は、前掲『党報』第一五号の巻末付録「民吏両軍一覧詳表」に掲載されたものを用いた。なお、各議員の所属については前掲『党籍録』の記載通りに扱った。

(49) 個別議員の賛否をみることにより、上奏案採決で「民党側は独立倶楽部などから一一票しかあつめられなかったことになる」(前掲『近代日本の出発』二二四頁)という記述が誤りであり、実際には民党一二二票に、独立倶楽部一三票、無所属七票、中央交渉会一票の計二一票が加わったことがわかる。

(50) 前掲『日本の政党政治一八九〇—一九三七年』は、第二回総選挙後の衆議院議長選挙における自由党の党内対立に注目して「議会政党の結束は弱かった」(六九頁)と述べているが、少なくとも重要議案については当てはまらないといえる。

(51) 過激派と扱われながら後に自由党を離れた三名は、民党、準民党、吏党の各パターンに分かれ、こちらも採決賛否は個人によって違いがあった。

(52) 民党に同調した一一名のうち、岡崎邦輔ら和歌山選出議員を含む一〇名は、選挙干渉上奏案に賛成した翌日の五月十三日に独立倶楽部を脱退した。同案に反対した稲垣示は脱退しなかった。
(53) 『帝国議会衆議院議事速記録』第四巻（東京大学出版会、昭和五十四年、七二頁）。
(54) 「上奏案内容ニ対スル反駁文」（「松方家文書」R二八―一六〇、マイクロフィルム版近代諸家文書集成）。草稿はいずれも内閣用箋を用いている。
(55) 前掲『藩閥政府と立憲政治』二〇三頁。
(56) 「選挙干渉ニ関スル緊急動議ノ越権ニ就テ」（前掲「松方家文書」R二八―二〇六）。当資料は逓信省用箋を用いている。
(57) 秘第百三十八号・明治二十五年五月八日付松方正義宛園田安賢警視総監探聞報告（前掲「松方家文書」R二八―二〇八）。
(58) 内訳は、自由党八六人、改進党三九人、独立倶楽部一六人、中国団体二人（清水文二郎他一人）、無所属三人（中村弥六、鈴木重遠、河島醇）であった（同前）。
(59) 五月三日付松方正義宛後藤象二郎書簡（前掲『松方正義関係文書』第六巻、六八頁）。前掲二十七日付岡崎邦輔宛陸奥宗光書簡。
(60) 関直彦『七十七年の回顧』（三省堂、昭和八年、七五―七六頁）。
(61) 『帝国議会貴族院議事速記録』第四巻（東京大学出版会、昭和五十四年、二四頁）。
(62) 同前書、三一頁。
(63) この日は、午後一時十三分に始まり八時二十五分までの七時間一二分の間、中断なく審議が行なわれた。第三議会での最長時間は六月六日であるが、四時間四五分経過したときに一度休憩時間をとっている（前掲『衆議院事務局諸課報告第三回』六二―六四頁）。
(64) 「選挙干渉上奏案説明演説原稿」（「河野広中文書」国立国会図書館憲政資料室蔵）。
(65) 前掲『帝国議会衆議院議事速記録』第四巻、八一頁。以下、議事の経緯は特に断わりのない限り、同書にもとづく。
(66) 坂本の後年の回顧によれば、「気儘組」と呼ばれた神鞭や坂本ら一一人の中立議員は、神鞭の「院内の議決に止めて、大臣等の処決を求むれば可なり、敢て上奏して御上を累はすは忠良の所為に非ず」という意見に賛同して上奏案に反対したという（橋本五雄編『謝海言行録』復刻版、大空社、昭和六十三年、二〇八頁、原著は明治四十二年発行の非売品で、神鞭知常の伝記と回顧録である）。
(67) 上奏案否決の要因について、佐々木隆氏は、前掲『藩閥政府と立憲政治』においては、「独立倶楽部の票が反対に傾いたことが否決の原動力」（二四五頁）と述べたが、『明治人の力量』（講談社、平成十四年）では、「高嶋《ママ》陸相が自由党の一部を切り崩し」、「独立倶楽部も工作で分裂した」（八六頁）ことを理由としている。確かに独立倶楽部に対する工作は実際に行なわれ、賛成者は園田報告の一六人から採決時の一三人まで減り成果がみられたが、高島陸相の自由党切り崩しに関しては、新井章吾ら関東派を対象とするものであって、新井、飯村は上奏案については賛成していることから、佐々木氏の指摘は当たらない。

(68) 無論、その場合には民党側が修正によって選挙干渉の責任追及の勢いがそがれることを嫌うことも考えられる。実際に審議中、神鞭、安部井磐根、藤澤幾之助らが島田三郎を通じて文言の修正を求めた際、河野広中自由党院内総理は「鼓を打つの急なるに方ては、決して中裁を許さぬ。況にや戈を交ゆるの時に於てをやだ」と拒絶したという（河野磐州伝編纂会編『河野磐州伝』下巻、河野磐州伝刊行会、大正十二年、一八五頁）。また、民党側はすでに独立倶楽部に妥協して字句を修正した上で議会に臨んでおり、これ以上の妥協が果してなしえたかどうかは疑問である。なお、河野は上奏案否決の責任をとり十三日に院内総理辞職を表明したが（「自由党院内総理辞職願」、前掲「河野広中文書」）、板垣退助自由党総理をはじめとする党員から慰留され辞職を撤回した。

(69) 元は自由党院内総理となった河野広中が発案し改進党の賛成を得た案だが、提出者が中村になったのは、上奏案の趣旨に賛同しながらも形式面から反対した議員が適任であるとの理由による（前掲『河野磐州伝』下巻、一八六頁）。

(70) 乙秘第六三号・明治二十五年五月十四日付松方正義宛園田安賢探聞報告（前掲「松方家文書」R二八―一九八）。

(71) 明治二十五年五月十四日付伊藤博文宛伊東巳代治書簡（伊藤博文関係文書研究会編『伊藤博文関係文書』第二巻、塙書房、昭和四十九年、一九九頁）。

(72) 坂野潤治氏は、「天皇に訴える上奏案ではつよすぎるが、政府と議会かぎりの問題ですむ問責案なら賛成だとする者が、かなりいた」（前掲『近代日本の出発』二二四頁）と述べたが、実際の議事において上奏の必要を認めている村松の発言から厳密にいえば、「天皇に訴える」性質よりも、上奏案の過激な文言に否定的な反応を示した議員が多く存在したというべきであろう。

(73) 村松、佐々田、神鞭、坂本のほか、伊藤謙吉、森本藤吉、植田理太郎、玉田金三郎、岩城隆常（以上、独）、浅尾長慶、船坂與兵衛、郡保宗（以上、中）、安部井磐根、宮城浩蔵、藤澤幾之助、工藤卓爾（以上、無）の一二名。

(74) 六月七日付渡辺国武宛白根専一書簡（前掲「渡辺国武関係文書（二）」一七八頁）。

(75) 議事録によれば、稲垣示が調査委員会で話したことを本会議場では述べないとしたのに対して、何人かの議員から話すように迫られたため、稲垣は激高し、稲垣を懲罰委員会にかけることを主張した井上角五郎に向かって「サウイウ汝カ誘導シタヂヤナイカ」と発言した。立川雲平、田中正造両名が井上に向かって言ったのか確認をとったが、稲垣は明確には答えなかった（前掲『帝

国議会衆議院議事速記録』第四巻、六三五―六三六頁）。

（76）「衆議院議員賄賂事件に関する公判」『読売新聞』明治二十五年十月八日・九日付。稲垣の証言内容は、衆議院の秘密会で語られたことを噂として『東京朝日新聞』（明治二十五年六月十五日付）が報じたものと同じ趣旨であるから、内容は一致するものと判断してよいだろう。

（77）なお、稲垣証言で久我が説明したところによると、「岡崎」は岡崎運兵衛（独）を指し、「立川」は立川雲平（弥）ではないと述べているから、議員中で他の立川姓は立川興（弥）のみとなる。千葉は説明がないため、千葉禎太郎（弥）か千葉胤昌（中）かわからない。議案賛否をみると、岡崎運兵衛、立川興はともに③賛成、④欠席、千葉禎太郎は両方反対、千葉胤昌は両方賛成である。工作の対象者として中央交渉会の胤昌を選ぶとは考えにくく、前掲の北垣リストに名前がある禎太郎を指すと推測される。

（78）なお、民党・吏党とも方針とは逆の投票を「造反」と表現している。

（79）この間の井上角五郎の動きについては、前掲『藩閥政府と立憲政治』二三五―二四〇頁参照。

（80）「［第3回議会成績ニ付報告文］」（「湯本家文書」四五六六、埼玉県立文書館蔵）。

（81）明治二十五年二月十四日付伊藤博文宛井上毅書簡（前掲『伊藤博文関係文書』第一巻、昭和四十八年、四二七―四二九頁）。

（82）なお、井上毅の提言の背景には、伊藤が自ら政党を組織し選挙を戦うことで議会での政府の劣勢を覆そうとしたが、天皇の理解を得られず断念した経緯があった。

（83）明治二十五年二月二十日付山田顕義宛松方正義書簡（日本大学大学史編纂室編『山田伯爵家文書一』日本大学、平成三年、一四八頁）。

（84）伊藤隆、尾崎春盛編『尾崎三良日記』中巻（中央公論社、平成三年、五八四―五八五頁）。

（85）村瀬信一「『吏党』大成会の動向」『日本歴史』第四五四号、昭和六十一年三月、五四頁、同「吏党」（有馬学、三谷博編『近代日本の政治構造』吉川弘文館、平成五年、一五三頁）。前掲『藩閥政府と立憲政治』二三五―二四〇頁。

（86）季武嘉也「山県有朋と三党鼎立論の実相」（伊藤隆編『山県有朋と近代日本』吉川弘文館、平成二十年、二一九―二二一頁）は、初期議会における吏党議員について、中央高級官僚や全国的実業家が多く含まれ、「中央的要素」が強いことを指摘している。

第七章　言論規制

選挙干渉事件における干渉の具体的手段について、高橋雄豺氏は「内務大臣が治安を妨害しまたは風俗を壊乱すると認めた新聞紙に対しては発行停止の権限を与えていたので、これが選挙干渉に利用せられた」[1]と述べ、新聞の発行停止処分を挙げた。しかし、高橋氏も発行停止を受けた新聞名を列挙するに止まっているため、新聞以外も含めた言論規制全体の実態は不明である。したがって、どの程度まで政府・内務省が選挙干渉に関わる言論を規制したのかという大きな課題が残されている。これは干渉の組織性、強権性を検討するためにも明らかにすべき課題である。

また明治期の新聞研究では、主に発行部数や読者層に関する研究が進んでいる[2]。明治二十年代の新聞研究に限れば、第一次松方内閣期の新聞操縦や、第二回総選挙時の自由党『党報』告発問題についての研究などがある[3]。言論規制に関する研究は、明治十年代の筆禍事件での新聞記者に対する刑罰が明らかにされているが[4]、二十年代の言論規制についてはほとんど空白に近い状態といえるだろう。

本章は、これまでの研究に導かれながらも、明治中期の言論をめぐる状況を「井上馨関係文書」（国立国会図書館憲政資料室蔵）中の調査資料や内務省統計などで明らかにした上で、「有松英義関係文書」（同）や「警視庁史料・国事警察編」（国立公文書館蔵）[5]などに存在する言論規制関係資料を用いて、明治二十五年の選挙干渉事件における言論規制の実態について明らかにする。

一　言論をめぐる法制度とその運用

本節では、明治二十五年時点の言論状況をとらえるため、明治十年代から二十年代にかけて整備された言論関係の法制度を概観し、その運用例をみていきたい(6)。

明治政府は明治初年から言論を統制する法規を制定し、明治八（一八七五）年には他人への誹謗、皇族・官吏への侮辱などを罰する讒謗律や、新聞発行手続きを厳格にして外国人が発行できないようにした新聞紙条例を設け、言論を抑圧する政策をとった。新聞紙条例については、九年からは新聞の発行停止・禁止を命じることができる条項が追加され、十年代は新聞記者への罰金、禁錮、新聞の発行停止などの処分が行なわれるようになった。そして十四、五年に自由党、改進党が結成されると、十八年頃までは「政党機関紙時代」と呼ばれる政党の主張が盛り上がりをみせた時期となった(7)。この頃から言論について定めた法規が制定もしくは改定されていった。

新聞と並んで言論の重要な手段であった政談演説会に対しては、明治十三（一八八〇）年、集会条例が制定された(8)。集会条例の主な特徴は次の通りである。（ア）政治集会の開催や政治結社の組織は警察に届出を行い認可を受けなければならず（一条）、治安妨害のおそれがあると判断されれば認可されない（四条）、（イ）警察官の臨席監視があり（五条）、警察官は安寧に妨害ありと判断したときに退去を命じ、従わない場合は全会を解散させる（六条）、（ウ）現役及び予備後備軍人、警察官、教員、生徒、農業工芸の見習生の参加禁止（七条）、（エ）集会の広告、委員・文書を用いる公衆の誘導、支社の設立、他の結社との連結通信の禁止（八条）などが定められ、違反者に対する罰則（十条以下）も規定された。

その後、集会条例は衆議院議員選挙と帝国議会開設に合わせて、明治二十三（一八九〇）年に集会及政社法に改められた。[9] 集会に関しては次のような規定が置かれた。（ア）選挙準備のための集会は、投票前三〇日間に限り、選挙権、被選挙権をもつ者であれば軍人、警察官、教員などでも参加できる（四条）、（イ）帝国議会開会から閉会まで、国会から三里以内での屋外集会、多衆運動の禁止（八条）、（ウ）集会での戎器や兇器の携帯禁止（十条）、喧擾狂暴を制止されても従わない場合は警察官に退出させられる（十二条）、（エ）集会の規定違反、安寧秩序の妨害、警察官の臨監拒否、退出命令に従わないなどの場合は集会を解散させる（十三条）などである。政社については次のような規定が置かれた。（ア）委員・文書を用いる公衆の誘導、支社の設立、他の政社との連結通信の禁止（二十八条）、（イ）帝国議会議員の発言・表決について議会外で責任を問うことの禁止（二十九条）、（ウ）内務大臣による安寧秩序を害する結社の禁止命令（三十条）などである。

新聞に関しては、幾度かの改正を経て明治二十（一八八七）年に新聞紙条例が制定され、次のような特徴をもつものとなった。[10]（ア）新聞発行二週間以前に題号・発行人氏名などの届出（一条）、（イ）発行人は内国人で二〇歳以上の男子限定（六条）、（ウ）保証金の支払い（八条、東京は千円、地方によって額が異なる）、（エ）発行ごとに内務省に二部、管轄庁及び管轄治安裁判所検事局に各一部納める（十二条）、（オ）関係者から正誤記事の掲載を求められた場合は次回又は第三回の発行で掲載する（十三条）、（カ）掲載記事に関して裁判を受けた場合は次回発行紙に宣告の全文掲載（十五条）、（キ）重罪軽罪の予審に関わる事項は公判以前に掲載禁止（十六条）、犯罪を庇う論説禁止（十七条）、非公開の公文書などの無許可掲載禁止（十八条）、（ク）治安妨害、風俗壊乱のおそれのある新聞は内務大臣が発行禁止・停止できる（十九条）、その場合に大臣は発売頒布を禁止し、差し押えできる（二十条）、（ケ）政体変壊、朝憲紊乱の論説を掲載した場合は発行人、編集人、印刷人は軽禁錮、罰金を科される（三十二条）などが定められた。

また、出版条例は新聞・雑誌以外の文書図画を対象として、新聞紙条例と同趣旨で制定された(11)。そのため、文書図画を出版する場合は発行日の一〇日前までに製本三部と出版届を内務省に提出する条項（三条）以外は、治安妨害、風俗壊乱のおそれのある文書図画について内務大臣は発売頒布を禁止し、差し押えできること（十六条）など、新聞紙条例と同様である。

以上のように法令が整備され、集会は警察官、結社・新聞雑誌は内務大臣がそれぞれ解散、禁止などの命令を出す権限を有することが定められた。これらの権限を用いて、政府は自由民権運動などに対する言論規制を強めたのである。無論民権派も対抗し、大同団結運動では言論集会の自由を含めた三大建白運動を展開し、帝国議会発足後は議席を得た民党議員が言論の自由を主張していった。

そして、第二回総選挙の際には上記の権限にもとづいた通常の取締りとは別に、特に民党首脳に打撃を与えることを狙った事件が起きた。すなわち自由党『党報』告発事件と自由党・改進党集会及政社法違反事件である。前者は自由党の『党報』号外に対して新聞紙条例第二十四条違反を理由に板垣退助自由党総理も含めた告発が行なわれたが、結局批判の声が強く不起訴となった(12)。一方、後者は板垣自由党総理と大隈重信改進党代議総会長が連名で民党候補の推薦広告を出したことについて、集会及政社法第二十八条違反で内務省が告発した事件である(13)。この事件も反対の声が上がったが告発が行なわれ、自由党、改進党の両代表と選挙候補者を含めた計四四名が被告となった。被告たちは投票日直前の二月十三日から断続的に裁判所に召喚されたが、結局、四月二十九日に予審で証拠不十分で免訴となった。両事件とも当時の法制度では違法とはいえないだろうが、運用の仕方によっては、政府が選挙を有利に進めるために強制力を行使することもできたことを示している。したがって、外形的に法に依拠した取り締りを行なったかどうかを検討するだけでなく、どのように法を運用して取り締りを行なったのかをみる必要があるだろう。

二　集会及政社法による言論規制

前節で述べた法制度のもとで、明治中期の言論活動はどの程度活発に行なわれ、また、どの程度規制されたのであろうか。本節では集会・結社に焦点をあててみていきたい。

（1）集会・結社をめぐる状況

本項では、集会及政社法による言論規制の状況について、統計資料を用いて数量的に示したい。まず、明治十四（一八八一）年から二十八（一八九五）年までの政談集会開会数と解散・禁止数をグラフで示したのが**図1**である。[14]また、明治十三（一八八〇）年四月から二十五（一八九二）年七月までの結社数と解散・禁止数をグラフで示したのが**図2**である。[15]

明治十年代半ばは、自由民権運動が全国的に広がりをみせた時期に当たる。二十年代前半は、大日本帝国憲法公布と、それにともなう第一回衆議院議員選挙の実施や帝国議会の開会を迎えた時期に当たる。**図1**をみると、政談集会の開会は、帝国憲法公布の二十二（一八八九）年から急激に増え、衆議院議員選挙が実施された二十三年（七六二一回）と二十五年（八七一六回）が特に多くなっている。また、**図2**をみると、結社数も二十二年から急激に増えている。二十五年は演説人員二万一七九六人、結社数二一（七月まで）である。一方、規制については、特に政談集会の停止命令が二十四年から急増し、二十五年（二〇三〇件）にピークに達していること、また、解散命令は二十五年（四七四件）が突出して多いことがわかる。

一般的に、自由民権運動期の政治熱の高まりはよく知られるところである。だが実際には、憲法公布後から政談

図１　政談演説会数と解散・禁止数（明治 14 年〜28 年）

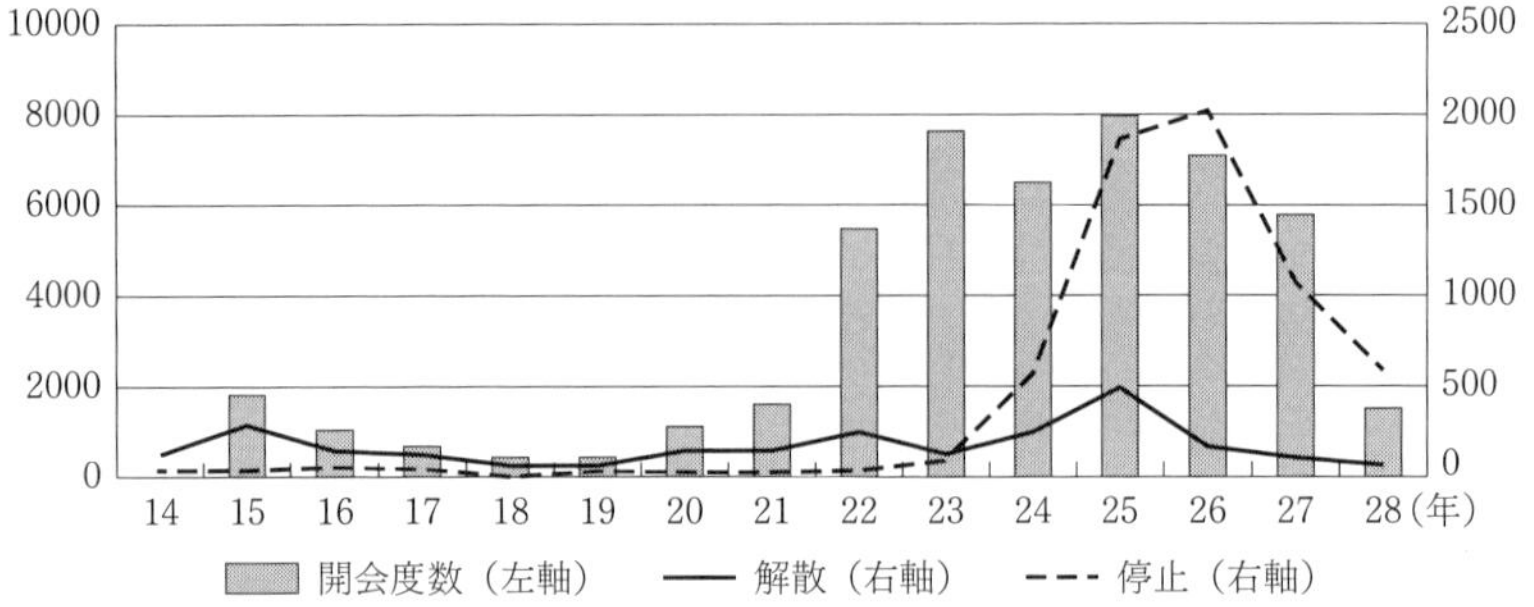

注　『内務省統計報告』第十一巻（日本図書センター、平成元年）をもとに作成した。

図２　結社数と解散・禁止数（明治 13 年４月〜25 年７月）

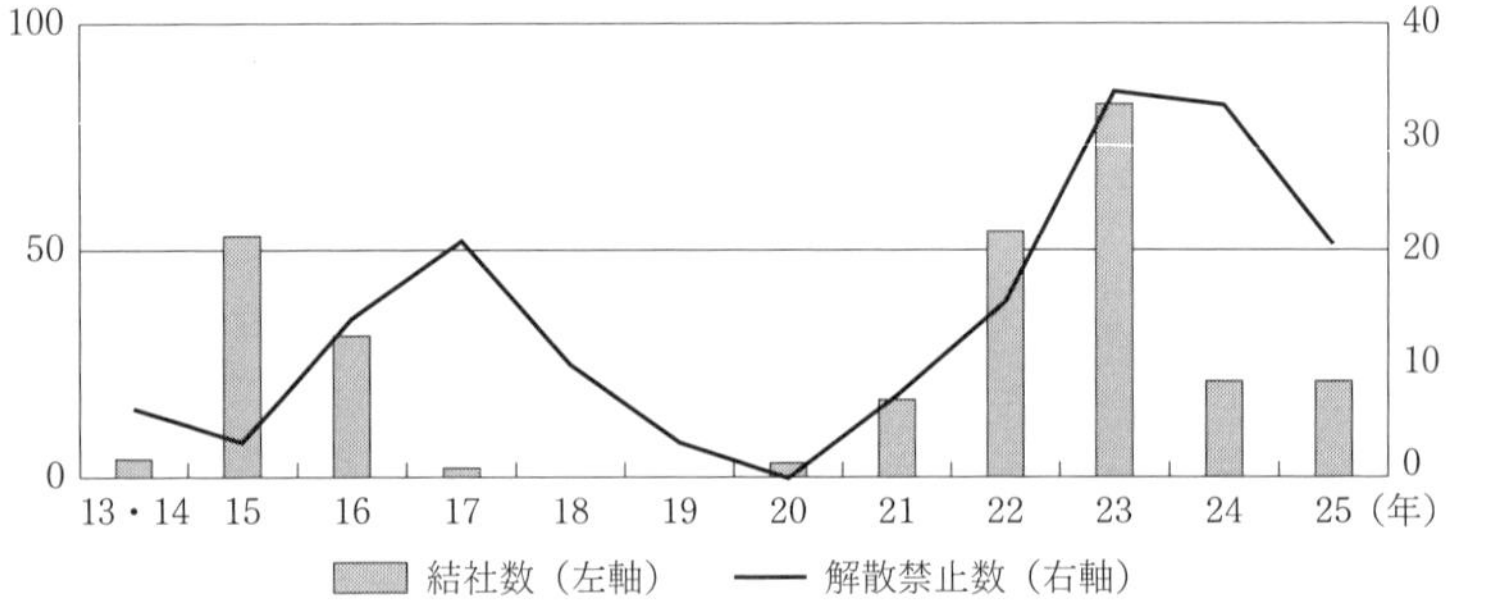

注　「新聞紙法案参照・新聞雑誌調・明治二五年一〇月調」（「井上馨関係文書」国立国会図書館憲政資料室蔵）をもとに作成した。

集会数、結社数とその規制回数が急激に増加している。政治意識の全国的高まりは、むしろ総選挙や帝国議会の設置などにより二十年代の方が熱を帯びていたといえる。

（2）法運用の変遷

本項では、活発化する言論活動に対して、内務省、警察がどのような方針で関連法を運用し取り締りを行おうとしたかという点について、具体的な訓令を用いて明らかにしたい。

まず、集会及政社法制定前の明治二十二（一八八九）年四月六日、山県有朋内務大臣は集会取締りに関する訓令を発した(16)。内容は、「政党競争益々熱度を増進するに従ひ甚しき軋轢を醸し」ている状況において、選挙で候補者を脅迫したり、他党の演説を妨害したりする行為が続出したため、「他の正当なる権利を妨害」する者に対しては、「未た犯罪を構成するに至らすと雖も機に臨み変に応し宜しく之を防制」し、「正当の権利者を保護」するように指示し、権利を妨げる者への取締りを命じるものであった。その上で具体的指示を七項目にわたって示している。特に見るべきは、第二項目の「高等にして最熟練の警察官二名以内を派遣」することを命じたものと、第五項目の次の内容である。(17)

出場の警察官に対し軽侮するの行為あるも、其の甚しきに渉らさるに於ては成るへく耐忍し、苟も演者及聴衆に対し粗暴の行為を試み其の他演説会場に於て有間敷挙動を為すものあらは、厳に之を制止し尚肯せさるものは公力を以て退場せしむること

これにより訓令が軽率な権力行使を戒めていることがわかる。前述の通り、すでに集会条例第六条によって警察官は集会を解散させる権限を持っていた。監臨する警察官に「高等にして最熟練」という条件が付された理由は、第五項目にあるように軽侮に対して耐え、また、制止に従わない者を退場させるかどうかを慎重に判断させるためであった。

その後、第一回衆議院議員選挙を目前に控えた明治二十三（一八九〇）年六月二十四日、田中光顕警視総監が命じた内訓によると、(18)東京では選挙競争の弊害はこれまでなかったが、初の衆議院議員選挙だけあって、「宴席を設け選挙者の甘心を買はん事に汲々とし或は公然集会を開き攻撃誹謗の弁を振ひ互に相競争する実況」が生じている。これが過激になると「卑劣の手段粗暴の行為に出るの徒」が当選し、「老成着実の輩」が落選することになりかねない。そのため警備を強化し、衆議院議員選挙法や補則の罰則に抵触する行為を取締まるよう指示した。これにより予防的措置として取締りの強化を指示していることがわかる。

さらに、二十四（一八九二）年十二月二十五日に衆議院が解散されると、翌日、園田安賢警視総監は警察官に対して、次のように「集会又は政社に対する処分」を指示している。[19]

一　旧議員たる者は衆議院の解散と同時に其資格を失ひたるものなれは、事苟も政事に関する事項を論議する為旧議員異党派を以て相集会し或は通信を為すものあらは法律に照し相当の処分を求むへし

一　新聞雑誌等の記事に依り其発行を停止せられたる論説と等しき演説を為すものは、悉く停止又は解散の処分を行ふへし

一　詭弁激論以て安寧秩序を紛擾せしめんとするの講談論議は停止解散其宜に従ふへきは勿論なりと雖も、国家の治平秩序を害するの意に出てすして解散の得失を論し、或は政府の政略を批難し、又は其是非を評するものゝ如き言論は之を制限するの限にあらす

これによれば、第一項は解散後の衆議院議員が議員資格を保有しないことを強調し、異党派すなわち自由党と改進党の前議員が連携して集会や通信を行うことを封じる措置を命じていることがわかる。これは集会及政社法第二十八条に規定されている。次に第二項は新聞雑誌に対する発行停止処分（新聞紙条例第十九条）が同内容の演説取締り（集会及政社法第十三条）の根拠になることを示している。つまり異なる法規の処分を一体化させることにより、内務大臣が特定の新聞を発行停止にすれば東京の警察官が演説を停止・解散できるようになったのである。そして、第三項は国家の秩序を乱す意図がない議論は一定程度許容することを伝えている。園田警視総監は解散前から自由党と改進党の連携について密偵に探聞させ、松方首相に報告していた。[20] 解散後は集会及政社法と新聞紙条例の具体的運用を指示し、両政党の連携や言論活動の規制を狙ったことがわかる。

また、小松原英太郎内務省警保局長からも、二十五年一月八日付で各府県に向けて次のような指示が出された。[21]

過激派の者は政府の信用を傷けん為無闇に無根のことを構造し、仮令は政府は丸の内の地所を払下け其の金の行先きは判らぬとか大蔵省は使用すへからさる金を使ふとか等の如きことを演説したる場合は停止又は解散するは其実況に依るへしと雖も、右等の演説は其官名を指さゝるも政府即ち内閣大臣等を侮辱したるものとなし、検事と協議を遂け司法処分に附し然るへし

これによれば、民党候補者あるいは支持者が政府の土地払下げや大蔵省の金をめぐる不正を噂として流していること、またそれを取り締りたい内務省が、集会の停止・解散ではなく、官吏侮辱罪で告発する強硬的な手法をとるよう指示していることがわかる。背景には、先述の自由党『党報』告発事件で問題とされた「自由党宣言書」（一月五日発行）が内閣の官有物払下げや特定の商人との結託などを「藩閥政治の弊」であり、「民間の発達を妨害」しているとして批判したことがあると考えられる。[22]白根内務次官は、宣言書を「内閣諸公は官金を盗みたると、失敬にも、不都合にも之を天下に宣告した」もので、「政府即ち内閣諸公之職務に対し、大なる侮辱」であると認識しており、[23]八日付の指示は政府を「侮辱」する言論を力で抑えることを指示したものであろう。

以上の四通の命令をみると、内務省の言論に対する取り締り方針は段階的な変化をみせている。第一段階は政党間の過熱する競争を沈静化するため、熟練した警察官が慎重に正当な権利者を保護する方針を示した二十二年である。第二段階は第一回総選挙で粗暴な行為が老成着実な者に不利にならないよう選挙法違反を取り締まるよう指示した二十三年である。最後は第二回総選挙を迎え、具体的な取締り対象を指示し民党の言論を封じようという意図が明確に内務省、警察に現われる二十五年である。このように、同じ法令に依拠しながらその時々の取締り方針に

よって法運用が顕著に変化していることがわかる。

(3) 板垣遊説にみる演説規制

本項では、実際に政談集会における演説がどのように規制されたのか、自由党総理板垣退助の遊説を例にみていく。

板垣が民党候補の選挙応援演説を各地で行うことに関し、内務省はすでに明治二十四年末に遊説予定を把握し、松方首相や遊説先の地方に警戒を呼びかけていた(24)。

板垣は、翌年一月五日、最初の遊説先埼玉に向かった。六、七日は数ヶ所で演説会、懇親会を開催し、大勢の聴衆を集め中止されることもなかったという(25)。しかし、次の遊説先福島では、二十一日に郡山町で中止を命じられ(26)、以後、二月五日に山梨の相興村、十一日に大阪でも中止を命じられ、思うように演説できなくなっていった(27)。

ここでは大阪での演説中止の状況を詳しくみておきたい(28)。演説会は午後二時から始まり、板垣は「選挙区民ニ告ク」という題で演説した。板垣は、解散による選挙を「行政官か原告」で、「議会が被告」となった裁判にたとえ、裁判官である有権者によって「国利民福」が決まると述べた。その上で、町村長が干渉をしたり、商売の取引上で投票を促したり、水をせき止めて下流民に自派への投票を強いる例を挙げ、「代議政体治下」では腕力を用いることや、金で人の意思を乱す行為は許されないと過熱する選挙の状況を戒めた。そして、板垣が「金のために意志を枉げたる時ハ即ち国を売ると云ふものである」と述べたところで、臨監の警察署長が演説の中止を命じた。これに対し、板垣は選挙規則でも賄賂に罰則があることを指摘したが、警官は答弁しないと取りあわなかった。

この一件に関して、関西地方を中心に政府の選挙工作に従事した九鬼隆一は、二月十一日、神戸に到着する板垣一行について、松方首相に「当港而は十分防戦之積、用意完全に致し居申候也」と、備えを万全にしたことを伝えた。[29] さらに十三日には次のように報告している。[30]

　板垣のこと、大坂《ママ》にては小々無理ながら挫《ママ》ぎ、神戸にては却而穏和に演術を畢へしめ（何《ママ》等害なきことをのみ申せり、必竟大坂《ママ》にて強而挫《ママ》ぎ候影響と、加ふるに壮士的のことにて、怖るゝことも多く有之、……

　これにより、大阪での演説中止が強引な処分であったこと、その影響で神戸での演説内容が政府にとって無害なものとなったことがわかる。しかも、神戸の演説会場は地元候補の鹿島秀麿陣営（改進党）が手配する段階で管理者が吏党壮士の脅迫を受け、借りられない事態も起きており[31]、演説会の開催すら困難な状況にまで陥っていた。

　一方、自ら広島九区で立候補し、吏党候補のまとめ役を担っていた井上角五郎は一月二日に神田錦輝館で演説会を計画し、松方首相に「警視庁へは、十分ニ保護を乞ひ度、成る丈け平服の巡査を派出候様ニ願上候」と、平服警官による保護を依頼している[32]。

　以上述べたように、板垣の遊説については政府から警戒され、地方の警察から強引な処分を受けたのとは対照的に、吏党候補には政府・警察の手厚い保護が与えられていたことがわかる。近年、第二回総選挙に関する中央からの指示は合法性、間接性などが強調される傾向にあったが[33]、今後は本章でみたような具体的な取締り命令や板垣の演説に対する強引な中止処分などを考慮して干渉の性格をとらえる必要があるだろう。

三　新聞紙条例による言論規制

　本節では当時の新聞・雑誌をめぐる状況をみた上で、新聞紙条例にもとづく言論規制の状況について明治二十五年中の発行停止処分を例にとり検討したい。

（1）新聞・雑誌をめぐる状況

本項では新聞・雑誌をめぐる状況を統計資料にもとづいて数量的に示したい。

「井上馨関係文書」中には「新聞紙法案参照・新聞雑誌調・明治二五年一〇月調」（以下、「新聞雑誌調」）という資料が含まれている[34]。この調査結果が表25である。これによると、十四年から二十五年九月までの期間で、新聞の発行停止が四一八紙、発行禁止が一三紙あったのに対して、雑誌の発行停止は九八誌、禁止は三誌である。

また、新聞・雑誌に対する十四年から二十八年の発行停止数を示したのが図3である[35]。「記録材料」に記載されている停止理由をみると、明治二十二年の治安妨害七四件は主に憲法公布と条約改正にともなう停止処分であり、二十四年の五〇件は大津事件などによるものと説明されている。二十五年は八七件でそれまでで最も多い数字になっている。二十七、八年が一四〇、二三八件と急激に増えているのは日清戦争に関する報道への規制が原因である。一般に国内外で大事件が起きると様々な情報や噂がとびかうため、停止命令も多く出される傾向にあるといえる。これに関連して、西田長寿氏は憲法公布後の言論弾圧として大隈条約改正案に対する反対運動への新聞雑誌発行停止による言論弾圧、大津事件報道に対する事前検閲などの言論弾圧を挙げた上で、第二回総選挙の選挙干渉批判と日清戦争報道も例として挙げている[36]。

以上のように、新聞・雑誌上での言論活動は憲法公布を契機として活発化したが、政府は大事件が発生する度に関連法規を用いて言論規制を強めていった。

次に当時の新聞の色分けについて概観しておく。明治二十五年前後の新聞については表面上とは異なり、政府とのつながりが指摘されるものも多い。佐々木隆氏は次のように説明している[37]。

表 25　項目別新聞雑誌調査結果

項　目	計	新聞	雑誌	期　間
現在発行紙誌数	746	241	505	
新聞雑誌禁止数	16	13	3	14年〜25年9月
新聞雑誌停止数	516	418	98	14年〜25年9月
停止平均日数・回数		15 日弱	4 回強	
出版条例による雑誌許可数			2,272	21年 1 月〜25年10月
（内現在発行数）			781	25年 1 月〜10月
新聞雑誌発行数	2,804	501	2,303	21年〜25年9月
同　廃刊数	2,005	319	1,686	
廃刊紙誌の発行平均日数・冊数(東京)		473 日	46 冊弱	23年 1 月〜25年10月
同　（地方）		426 日	17 冊弱	24年 1 月〜25年10月

注　「新聞紙法案参照・新聞雑誌調・明治二五年一〇月調」（「井上馨文書」国立国会図書館憲政資料室蔵）にもとづき作成した。

図 3　新聞雑誌の発行停止処分件数（明治 14 年〜28 年）

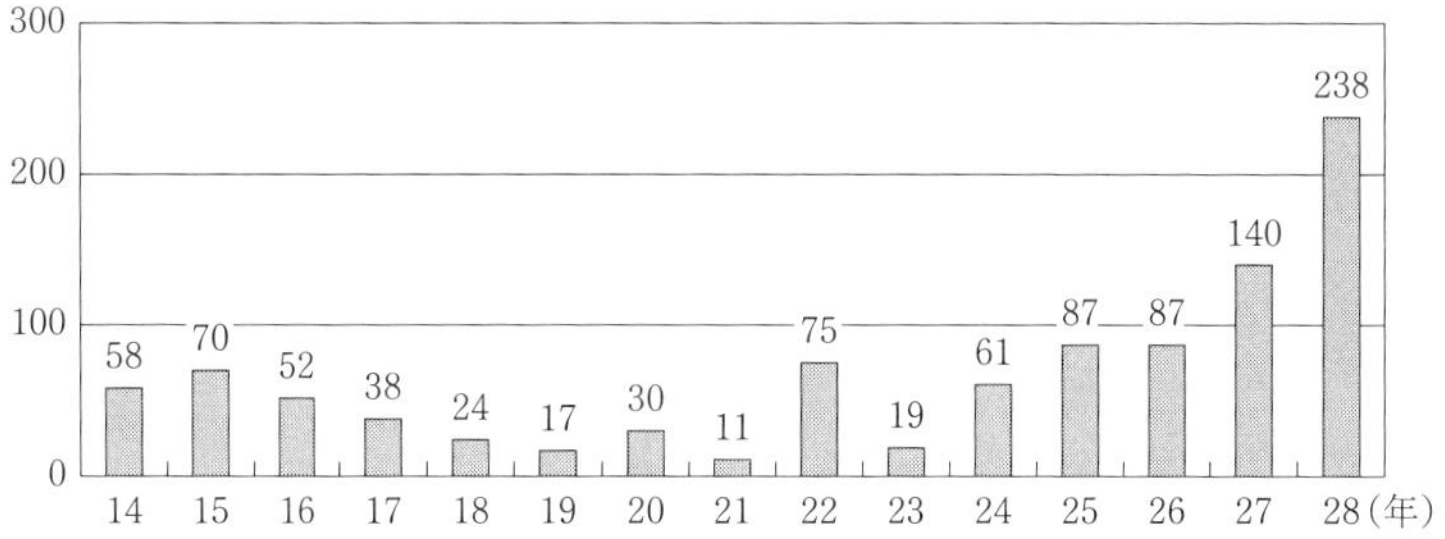

注　「記録材料・功程報告・内務省」（明治十八—二十五年度、国立公文書館蔵）、『内務省統計報告』第 11 巻（日本図書センター、平成元年）をもとに作成した。

『朝野』『国会』『中央新聞』が内務省系、『都』『中正日報』が準内務省系、『東日』が伊藤・井上系、『経世』が松方系、『寸鉄』が陸奥系、『東京新報』が伊藤と内務省に両属（伊藤に傾斜中）、中立紙の『日本』と『時事』も内務省または品川に連絡があると目されていた。

このように有力新聞の多くが政府との関わりを持ち始め、特に政府による資金援助が行われたことが指摘されている(38)。この背景には松方内閣の新聞操縦策があったことがわかっている。まず、政務や新聞統制を統一するために陸奥宗光農商務大臣を部長とする政務部が設置されたが、結局藩閥内の反発から陸奥が部長を辞任し政務部構想は破綻した(39)。その後、松方首相による「新聞操縦本部」を通じた新聞統制が行なわれるなど(40)、政府と新聞の関係はこの時期に大きく変化したといえる。

一方、自由党系としては新聞『自由』、雑誌『党報』、『自由平等経綸』があり、改進党系としては『郵便報知新聞』、『毎日新聞』があった。その他、地方の民党系新聞も自由民権運動や大同団結運動の流れをくんだ新聞が多く経営されていた。

第二回総選挙において選挙運動が始まると、上記のような政府系・民党系の新聞が敵味方に分かれ、ときに中傷合戦を繰り広げた。そのため選挙戦における新聞記事は敵対勢力に対する意図的な攻撃や根拠のない風説が多くなり(41)、事実と認定するには注意が必要な状況であった。

（2）明治二十五年の新聞・雑誌発行停止状況

次に、先行研究をまとめた上で、新聞・雑誌に対する発行停止処分の状況について詳しくみていきたい。

先行研究では、前述の通り、高橋雄豺氏が政府の選挙干渉手段の一つとして新聞の発行停止を取り上げている。高橋氏は、明治二十四年十二月初めから翌年二月十六日までの官報警察欄を調べ、発行停止と発表された二四件の新聞名と発行月日を挙げている。特徴として、「停止処分を受けた新聞のうちには、大新聞と見られるものはない」ことを指摘し、その理由は停止処分によって受ける被害が大きいため記事に注意したからとしている[42]。また、第二回総選挙後に発行された民友社の『選挙実録』は、二十五年一月一日から三月二日までに発行停止処分を受けた新聞雑誌を三九件挙げている[43]。両者の問題点として、第一に調査漏れの可能性があること、第二に処分を受けた新聞雑誌名と日付しかわからず、どのような部分が治安妨害に抵触したのかわからないこと、第三に本当に選挙干渉に関する処分なのかわからないことが挙げられる。これは通常、発行停止処分を受けた紙面は差し押さえられ、資料として残らないためである。

ところが、幸いなことに「有松英義関係文書」には「明治二十五年中新聞発行停止取調表」（以下、「取調表」[44]）という資料があり、処分を受けた新聞名、発行月日、停止月日、停止期間、禁止紙数、対象府県などが記載されている。管見の限り、これまで当資料を用いた研究は見あたらない。そこで、以下では「取調表」を用いて二十五年の言論規制状況を考察したい。

「取調表」によると、二十五年の新聞発行停止件数八七件のうち、風俗壊乱を理由とするものが五件[45]、治安妨害を理由とするものが八二件である。新聞の種類としては、選挙干渉関連では民党系の地方新聞が圧倒的に多く、当該期の紙面がほとんど現存していない新聞も多い[46]。他に『中正日報』、『都新聞』、『寸鉄』など民党系ではない新聞も含まれている。二十五年全体についてみると、松方系の『経世新報』が三度[47]、『日本』が二度の処分を受けている[48]ほか、『東京日日新聞』[49]、『回天新聞』[50]、『国会』[51]、『朝野新聞』[52]、『読売新聞』[53]など政府と関係がある新聞の名前もみられる。

次に処分内容をみてみたい。最も重いものは廃刊であり、『肥筑新聞』[54]（佐賀）、『中越自由』、『山陰暁鐘』（島根）、『廓新聞』[55]、『埼玉平民雑誌号外』[56]、『第十濃飛日報』（岐阜）、『埼玉新報』、『埼玉日報』の八紙が対象とされた。停止期間として最も長いのは六〇日間、最も短いのは五日間[57]である。治安妨害を理由とする処分の平均停止期間は、選挙干渉に関係するものが約二四日間、関係しないものが約一八日間となり、前者の方が重い傾向がある。先に紹介した「新聞雑誌調」（**表25**）の明治十四年から二十五年九月までの平均停止日数一五日弱と比較しても重いことがわかる。

（3）選挙干渉に関わる発行停止記事

本項では「取調表」中の選挙干渉に関係するとみられる記事を取り上げ考察していく。

まず、八二件の治安妨害を理由とする発行停止記事のうち、選挙干渉に関係すると考えられる記事は**表26**で示した五一件である[58]。内訳は投票日の二月十五日までが二八件、投票日後から選挙干渉の騒ぎが続いた三月四日までが一七件、それより後のものが六件となる[59]。選挙干渉に関係する記事が原因で廃刊となったのは、四紙である[60]。

次に、「取調表」の記載を用いて選挙干渉に関係して処分対象となった五一件の記事内容についてみていきたい。ただし、記載のすべてを扱うことは紙数の都合上困難であるため、ここでは内容を四種類に分類し典型的な記事について取り上げていきたい[61]。

第一分類は、選挙期間中に政府を批判した記事である。該当記事は一〇件あり、いずれも選挙序盤の一月中の発行である。平均停止期間は三三・六日である。

『中正日報』（一月一日付）の「徳川幕府の末路は殆んど明治政府の今日に似たり[62]」や、『活世界号外』（一月九日付）の「薩長政府が大日本皇帝陛下の御威徳を如何なる度迄敬重し奉る乎」、『通信新聞』（一月十二日付）の「国民

表 26　選挙干渉関連発行停止処分一覧

題　名	発行月日	停止月日	停止期間	禁止紙数	対象府県	分類
中正日報	1月1日	1月1日	3週間	9	東京他2県	1
若狭自由新聞	1月7日	1月8日	23日間	227	福井	1
越中新聞	1月8日	1月10日	23日間	191	富山	1
活世界号外	1月9日	1月9日	60日間	1765	東京	1
進歩	1月10日	1月18日	51日間	13	岡山	1
通信新聞	1月12日	1月12日	2週間	○	○	1
九州自由新聞	1月13、14日	1月15日	4週間	○	○	1
日本魂	1月15日	1月18日	51日間	59	兵庫他2県	1
峡中日報		1月20日	23日間	1144	山梨	1
土陽新聞	1月23日	1月23日	17日間	29	高知	2
民報	1月25日	1月27日	42日間	○	○	1
肥筑日報	2月27日	1月27日	5週間	782	佐賀	3
自由	1月29日	1月29日	2週間	188	福井他10府県	2
湖南日報	1月30日	2月2日	3週間	28	滋賀	2
土佐	1月31日	2月2日	3週間	8	高知	3
民党	2月1日	2月6日	16日間	○	○	4
党報	2月2日	2月2日	5週間	184	滋賀他11府県	4
寸鉄	2月3日	2月3日	3週間	424	東京他9県	3
大阪自由新聞	2月3日	2月4日	3週間	101	大阪他7県	2
都新聞	2月4日	2月4日	1週間	299	兵庫他11府県	3
千代田新聞	2月4日	2月4日	1週間	1	岐阜	3
北門新報	2月4日	2月5日	3週間	○	○	3
峡中新報	2月5日	2月8日	3週間	11	山梨	3
大阪曙新聞	2月7日	2月9日	19日間	450	愛媛他2府県	4
北陸自由新聞	2月10日	2月10日	3週間	7	福井	3
下野民報	2月15日	2月15日	2週間	○	○	3
肥筑新聞		2月16日	廃刊	○	○	4
自由平等経綸	2月15日	2月19日	56日間	51	東京他5県	3
山形自由新聞	2月18日	2月21日	3週間	71	山形	2
大和新聞	2月19日	2月21日	3週間	○	○	3
長崎新報	2月21日	2月25日	3週間	1	長崎	3
大分新聞	2月23日	2月24日	3週間	42	大分	2
越中新聞	2月26日	2月29日	18日間	618	富山	3
自由	2月26日	3月19日	3週間	221	兵庫他11府県	3
亜細亜	2月28日	3月1日	50日間	151	東京他9県	3
山陰暁鐘	2月29日	3月4日	廃刊	38	鳥取	3
郵便報知新聞	3月1日	3月1日	15日間	165	東京他14県	3
鹿児島新聞	3月1日	3月2日	3週間	1582	鹿児島	3
国民新聞	3月2日	3月2日	3週間	316	東京他11県	3
寸鉄	3月2日	3月2日	3週間	197	山形他6府県	2
中越自由	3月2日	3月4日	廃刊	52	富山	4
富山日報	3月3日	3月5日	3週間	142	富山、岐阜	2
北陸自由新聞	3月3日	3月6日	3週間	○	○	3
肥筑日報	3月3日	3月7日	3週間	○	○	3
因伯時報	3月4日	3月5日	2週間	53	鳥取	2
秋田魁新聞	5月31日	6月3日	2週間	○	○	3
埼玉平民雑誌号外	8月23日	8月25日	廃刊	199	埼玉	3
因伯時報	9月2日	9月5日	10日間	1	鳥取	3
北陸自由新聞	9月14日	9月16日	2週間	○	○	3
中国民報	11月30日	12月3日	3週間	○	○	3
埼玉民報	12月5日	12月5日	廃刊	○	○	4

注1　「明治二十五年中新聞紙発行停止取調表」（「有松英義関係文書」）にもとづき作成した。
注2　空欄（網掛け部分）、記号○は元の資料のままである。対象府県名は元の資料には全て記載されているが、この表では省略した。順番は発行月日順である。
注3　分類欄は本文中の第1分類から第4分類を示す。

の輿望を失ひし以上は明治政府の運命蓋し亡びざるを得ず。徳川幕府の末路も明治政府近日の現象に似たりしならん」など、藩閥政府の将来を徳川幕府の崩壊になぞらえて批判する内容が目立つ。注目すべきは政府系、特に準内務省系とされる『中正日報』が政府批判で発行停止になっている点である。内務省の同紙に対する管理が「余り徹底したものではなく、体系的なものでもなかった[63]」ことを示す一例といえる。この分類中、最も過激なのは『越中新聞』（富山、一月八日付）の「不公平ハ革命の基なり」と題する記事である。衆議院解散の上奏文が民党を誹謗し国安を妨害していると批判した上で、「政治の不公平は革命を促すの原因たらさるはなし」、「輿論の憤怨は終に革命の卵子となり」と述べ、「革命」を持ち出している。

以上のように、第一分類は本格的な干渉が始まる前の選挙戦序盤で天皇や革命などを持ち出して政府を批判している。これらの記事は選挙において政府、吏党に不利となることは明らかである。

第二に、選挙に干渉を加え本来の職務を遂行しない警察を批判した記事である。該当記事は九件あり、二月から三月にかけて掲載された。平均停止日数は一九日である。

『自由』（一月二十九日付）は「兇漢あり暴夫あり白昼公然群隊をなして横行す而して警察の力○○○○○○《ママ》と仮定せよ□□□□《ママ》云々」、「演説会場に入るの《ママ》吏党壮士は暴語を放ち暴行を加へ人を殴打するに至る。而して警察は之を制止せす……之を以て警察は集会を保護したりと謂ふを得る乎」と、一月二十一日に高知県第二区で弁士が演説中に殺害された事件を取り上げ、本来の職務を放棄する警察官を批判している[64]。伏字にしている部分も処分対象に入っていることがわかる。この高知の殺害事件以後、警察に対する批判が強まり、同様の記事で処分される新聞が出てくる。

次に『寸鉄』（三月二日付）は「警察の干渉」と題する記事で、「警察官か一個人の資格を以てせり」というのは選挙干渉を「自白」していると述べ、警官が「甲を選挙すへしと説き乙を選挙すへからすと勧め」、「之に従はさる者あれは陰に言うへからさるの手段を用ひ」るというのは「人民の選挙権を蹂躙」していると、選挙の際に警察官の行なったことを具体的に伝えて処分されている。

以上、第二分類は選挙戦が過熱する中、本来選挙運動を取締まる立場にある警察が干渉の当事者になっていることを伝えた記事である。記事の内容自体が、干渉を否定する政府にとって都合の悪いものであったことがわかる。

第三に、選挙干渉の実態を暴露し、批判した記事である。該当記事は二六件あり、四分類の中で最も多い。時期は二月から十二月まで広く存在し、五月以降の六件はすべてここに分類される。平均停止日数は二一・四日で、廃刊が二紙ある。なお、この分類は記事によって力点の置き方が多少異なる。

『寸鉄』（二月三日付）は「選挙競争の原因」と題して、次のように政府が選挙に介入していった過程を全体的に詳細に伝えている。

目下各府県に於る選挙の争闘に対しては亦責を政府に帰せさるへからす。抑々政府は嚢に議会を解散するや反対党と選挙を争はんと欲して各地方官に内訓を下し所謂吏党たるへき候補者を推薦せしめ、又政府自からも候補者を指名して其準備に着手したり云々。各府県知事が候補者を推薦して内務省に上申し、又は内務省より直接候補者たるへき者に内命し、又は警察官か選挙人に所謂吏党選挙の勧誘を為し云々。又は其職権を以て部下の事務官を使用し加ふるに所謂吏党の選挙費を政府より支給する如き政府の為すへき事にあらす云々。是れ此を今回の選挙競争の熱度に一層の昇騰を現はし血を雨らし肉を飛はすの悲境を各地に生したる所以なりとす。

内容は政府、警察官が職権を用いて選挙に干渉している点を指摘するものである。先の三月二日付記事と合わせて、『寸鉄』の記事は干渉に批判的であった陸奥の意向を受けて書かれたことが推測される(65)。同傾向の記事として、た。

『北門新報』（北海道、二月四日付）[66]は、「何ぞ腐敗の甚しき」と題する記事で宮内省官吏、知事、内閣書記官、郡長、警察官が様々な手段を用いて選挙に干渉したことを挙げ、官僚は「法律を蔑視したり其職分を忘れたり」と批判した。

また、『土佐』（一月三十一日付）と『都新聞』（二月四日付）は、一月二十九日に高知県第二区の斗賀野村で民党と吏党が衝突し二人が死亡した騒動を伝えたが、処分は前者が三週間、後者が一週間と分かれた。『土佐』は地元高知の民党系新聞であり、記事では民党二一名と吏党一〇四名が互いに抜刀、発砲し、戦闘している様子を詳細に伝えた。一方の『都新聞』は先の『中正日報』と同様に準内務省系といわれるが、記事では通常の議員競争と同一視できない「戦争」状態になっているにも関わらず、政府が予戒令も憲兵も使おうとせず「傍観」していることを批判し、巡査が吏党に加担して民党を攻撃していると伝えた。両者の記事は、地元と東京の距離や新聞の性質から、事件報道の詳細さや使用している字句の不穏さに差があり、これが処分の差になったといえそうである。内務省が政府批判よりも字句の不穏さの方に神経を尖らせていたことがわかる。

そして、自由党系雑誌『自由平等経綸』（二月十五日付）は、選挙干渉に関連して政府を批判した「無茶苦茶」と題した記事で、五六日間の停止という重い処分を受けた。記事の概要は、白昼殺人が起きても警察が犯人を捕まえないような状況になり、選挙に贈賄脅迫が行なわれ、武器で争い、憲兵が登場し、二党の首領が告発されるなど「無茶苦茶」である、という内容である。この件について『自由平等経綸』の編集人であった野島幾太郎は、次のように述べている[67]。

此の十五日発行の「自由平等経綸」第二十四号は、不運にも発行停止の災厄に遭ふた、而して其の内容を点検したるに、赤堂初見八郎氏の執筆に係る「時事漫言」にあつたらしい、其の漫言三章にして、第二章の「内閣の処置は如何」と題したるのに曰く、……其の第三章は「無茶苦茶」と題して、政府の対選挙の事実三四を指摘し、之れを冷嘲したるのであつたが、痛く其の急所を突かれたものらしい、但し第三者に在りては、矢張り平々凡々の記事たるに過ぎぬ。

実際の処分は第三章のみを対象としたものであったが、編集人にも、どの記事が処分の対象になったか推測できたようだ(68)。

以上、第三分類は警察に限定せず政府の干渉が引き起こした事態を批判的に伝えた記事であり、第二分類と同様に記事自体が政府にとって都合の悪いものだったことがわかる。

第四に、停止処分期間中に代用（替え玉）として発刊した新聞が停止権軽視を理由に処分を受けたものである。該当するのはいずれも民党系の『民党』(69)、『大阪曙新聞』(70)、『中越自由』(71)、『肥筑新聞』(72)、『埼玉民報』(73)、『党報』の六紙である。同じ停止権軽視でも処分が大きく異なり(74)、その具体的基準についてはよくわからない。特に『中越自由』の廃刊処分は替え玉を理由にしたものとしては重くみえるが、これは元の『越中新聞』の処分対象記事が廃刊処分を受けた『山陰暁鐘』と同記事であるところに理由があるのかもしれない。

ここでは、最後の『党報』第八号（二月二日付）を取り上げたい。同誌は毎月二回（十日、二十五日）発行の自由党の機関誌である。機関新聞『自由』の二週間停止中に発行された第八号が替え玉と見なされ、五週間の発行停止処分を受けた。したがって、『党報』は一月二十六日から三月九日まで、『自由』は一月三十日から二月十三日までの、選挙期間で重要な時期に言論機関としてほとんど発信不能の状態になった。これが他の五件と異なるのは、『党報』は従来から発行されており、替え玉として新たに発刊したものではないことである。「取調表」によると、党報付録に『自由』発行停止中の代用として配布する旨が記されていることをもって停止権軽視と見なし、さらに社説「立憲治下ノ良民」で各地の「格闘戮殺発砲抜剣」は民党から行なったことではないという趣旨の文面を載せたことの二つが理由として挙げられている。社説はとりたてて字句が不穏なものでも政府を名指しで批判している内容でもなく、一見して停止されるような文面とは思えない(75)。また、「取調表」は『自由』の替え玉と見なしたが、『党報』第九号の社告は第八号の停止に関して「民党の新聞停止の厄に逢ふ者一にして足らす於是我『党報』は民党に声援を与へんことを期し俄かに日刊新聞と為し」と、『自由』に特定せず多くの民党系新聞が停止されたため『党報』を新聞化しようとしたことを説明している(76)。したがって、社説内容や『自由』の替え玉という示された根拠は内務省の口実に過ぎず、むしろ雑誌から日刊新聞に変更することで、選挙の残り期間中に発行可能になることを防ごうとした可能性も否定できない。すでに一月上旬に『党報』号外が告発対象となり、下旬には『自由』が発行停止となり、さらには板垣遊説での強引な演説中止という執拗なまでの内務省の対自由党策をみれば、二月上旬の『党報』第八号の五週間発行停止も内務省の選挙対策であった可能性は十分あるだろう。その点に関連して、井上毅は「近来内務省之高等警察処分稍厳に過る之嫌無きにあらず、宣言書之告訴の如き、新聞之停止の如き」と(77)、『党報』告発とともに新聞停止処分の行き過ぎについて品川弥二郎内相に苦言を呈している。井上のいう「新聞」は『党報』のみを指しているのではないだろうが、内務省が新聞発行停止という手段でも強硬な選挙対策に走っていることを示しているのは明らかである。

以上、第四分類は停止権軽視を理由とした替え玉新聞に対する処分であり、干渉に批判的な新聞が替え玉を用いて発行を継続することを阻止するためであったことがわかる。

小括

以上、選挙干渉事件における言論規制について、集会及政社法と新聞紙条例に分けて論じてきた。これまで述べてきたことから、明らかになったことをまとめたい。

まず、集会及政社法に関連して、従来の内訓では権力の濫用を戒めるなど慎重な取締りを指示していた内務省が、第二回総選挙においては、内務省警保局長や警視総監が取締り対象とする民党の言説とその取締り手法までを細かく具体的に指示するに至った。実際に政府・内務省が、警戒していた板垣退助の遊説に対して強引な規制を行なったことも明らかにした。内務省が法の運用を選挙対策用に切り替え、強硬的な言論規制に乗り出していたことは、間接的な干渉を指示したという既存研究の見方に疑問を投げかけるものである。

次に、明治二十五年に新聞紙条例にもとづいて行なわれた新聞・雑誌発行停止について、治安妨害を理由とする八十二件のうち、選挙干渉に関係すると考えられる発行停止は五十一件あり、そのうち投票日の二月十五日までが二十八件、投票日後から選挙干渉の騒ぎが続いた三月四日までが十七件、それより後のものが六件であることがわかった。さらに、五十一件の選挙干渉関連の停止処分を分類した結果、序盤の藩閥政府批判、中盤からの警察による干渉への批判、干渉の実態暴露、そして停止権の軽視の四つに分けることができた。停止処分の明確な基準が示されていないためわかりにくいが、特に自由党機関紙誌をはじめとした民党系新聞・雑誌への厳しい処分をみることができる。

明治十年代から二十年代の言論規制は、根拠となる法規の制定・改正によって行なわれ、運用面でも慎重な取締りを徹底させていた。しかし、本章で考察した明治二十五年の選挙干渉事件においては、言論法規の制定・改正を行なうことなく、恣意的な法運用によって演説取締りや新聞雑誌の発行停止処分を厳格化し、民党候補の選挙運動に打撃を与えようとした。こうした政府の強硬な言論規制は、選挙後、第三議会が開かれると民党議員によって実態を暴露され、第三回総選挙に引き継がれることはなかったのである。

註

（1）高橋雄豺『明治警察史研究』第三巻（令文社、昭和三十八年、二七三頁）。

（2）西田長寿『明治時代の新聞と雑誌』（増補版、至文堂、昭和四十一年）。山本武利『近代日本の新聞読者層』（法政大学出版局、昭和五十六年）。鵜飼新一『朝野新聞の研究』（みすず書房、昭和六十年）。有山輝雄『「中立」新聞の形成』（世界思想社、平成二十年）。

（3）言論全体に及ぶものとしては、佐々木隆『メディアと権力』（日本の近代一四、中央公論新社、平成十一年）、同『藩閥政府と立憲政治』（吉川弘文館、平成四年）がある。新聞操縦問題に関する論文としては、福地惇「第一次松方内閣期の政府系新聞統一問題——伊藤、井上、伊東の動きを中心に」『史学雑誌』第八三編、第六号、昭和四十九年六月、佐々木隆「第一次松方内閣期の新聞操縦問題」『東京大学新聞研究所紀要』第三一号、昭和五十八年、成田賢太郎「政務部問題の位置」（福地惇、佐々木隆編『明治日本の政治家群像』吉川弘文館、平成五年）がある。自由党『党報』告発に関しては、佐々木隆「自由党『党報』告発問題をめぐって」（『新聞学評論』第三四号、昭和六十年三月）がある。

（4）代表的な研究として、西田長寿『日本ジャーナリズム史研究』（みすず書房、平成元年）。土屋礼子「明治初期の言論統制と小新聞の筆禍」『メディア史研究』第一号、平成六年三月などがある。

（5）この史料は、元本所警察署長・室田景辰の手記の反古断片から復元された警視庁作成史料で、米国から返還された旧内務省関係の公文書の一つである。すでに大日方純夫氏が警察史研究の中で一部を用いている。例えば、大日方純夫『日本近代国家の成立と警察』（校倉書房、平成三年）、由井正臣、大日方純夫校注『日本近代思想大系三・官僚制・警察』（岩波書店、平成二年、解題は三九九頁）。

（6）以下の言論規制の経緯については、前掲『明治時代の新聞と雑誌』、山本文雄編著『日本マス・コミュニケーション史』（増補版、東海大学出版会、昭和五十六年）にもとづき述べていく。

（7）前掲『明治時代の新聞と雑誌』九八頁。

（8）太政官布告第十二号『法令全書』明治十三年四月、五七—六一頁。

（9）法律第五十三号『法令全書』明治二十三年七月、一六五—一七〇頁。

(10) 勅令第七十五号『法令全書』明治二十年十二月、二三九―二四五頁。
(11) 勅令第七十六号『法令全書』明治二十年十二月、二四五―二四九頁。
(12) 前掲「自由党『党報』告発問題をめぐって」。
(13) 第八章参照。
(14) なお、山室信一「解説・国民国家形成期の言論とメディア」(松本三之介、山室信一校注『日本近代思想大系一一・言論とメディア』岩波書店、平成二年、五二七頁)には、「全国政談集会統計」という表が示されているが、期間が明治十四年から二十三年までに限定されている。
(15) 図2は、「明治13・14年」を一項目としているが、これは「新聞紙法案参照・新聞雑誌調・明治二五年一〇月調」(「井上馨関係文書」国立国会図書館憲政資料室蔵)が明治十三年四月から十四年十二月を一つにしているためである。また、同様に二十五年の項目も一月から七月までの値である。
(16) 「警視庁史料・国事警察編」六五―六七頁(国立公文書館蔵)。
(17) 同前書、六七頁。
(18) 同前書、九二―九三頁。
(19) 同前書、一五四―一五五頁。
(20) 「松方家文書」(マイクロフィルム版近代諸家文書集成)には園田の探聞報告が残されている。
(21) 前掲「警視庁史料・国事警察編」一五七頁。
(22) 明治二十五年一月十二日付告発書(松方正義宛白根専一書簡、松方峰雄、兵藤徹編『松方正義関係文書』第八巻、大東文化大学東洋研究所、昭和六十二年、三三八―三三九頁)。
(23) 明治二十五年一月十四日付松方正義宛白根専一書簡(同前書、三四三頁)。この松方宛書簡は、平山成信宛書簡に同封されたものである。
(24) 大浦兼武警保局主事は、板垣が一月七日に東京を発ち、長野から東北を巡回し一旦帰京し、東海道を経て中国・四国を回り、場合によっては九州まで足を伸ばすと伝えた(十二月二十九日付松方正義宛大浦兼武書簡、同前書、一四三頁)。また、白根専一内務次官は、埼玉に板垣が遊説する際に、該当選挙区(第四区)の吏党系候補・湯本義憲に伝えたため、「充分防御方注意」するはずと平山成信内閣書記官長に報告している(〔一月カ〕五日付平山成信他宛白根専一書簡、同前書、三四二頁)。

(25)『党報』第六号、明治二十五年一月十日、二一—二二頁（文献資料刊行会編『復刻自由党々報』第一巻、柏書房、昭和五十四年所収、以下『党報』は当文献から引用する）。

(26) 第三議会の選挙干渉上奏案の審議で立川雲平（自由党）が述べたところでは、板垣の福島での演説は五、六回行なってすべて中止解散させられたという（『帝国議会衆議院議事速記録』第四巻、東京大学出版会、昭和五十四年、六四頁）。また、板垣の福島遊説に対抗するため、吏党議員のまとめ役を担っていた井上角五郎は十七日に福島入りすることを松方首相に伝えている（〔一月カ〕十六日付松方幸次郎宛井上角五郎書簡、前掲『松方正義関係文書』第六巻、昭和六十年、三〇四頁）。

(27)『党報』第九号、明治二十五年三月二十五日、三七—三八頁。

(28)「大坂《ママ》に於ける板垣伯」『岩手公報』二月十八日付。以下、板垣演説の内容と中止の経緯は当記事による。

(29) 二月十一日付松方正義宛九鬼隆一書簡（前掲『松方正義関係文書』第七巻、昭和六十一年、二二五頁）。

(30) 二月十三日付松方正義宛九鬼隆一書簡（同前書、二三五—二三六頁）。九鬼隆一の選挙に対する関与については、前掲「干渉選挙再考」、同『藩閥政府と立憲政治』が詳しい。ただし、本稿で取り上げた大阪での板垣演説中止以外にも、岐阜県では九鬼の買収工作の裏で反対候補に対する弾圧が行われていたことが指摘されており（伊藤克司「明治後半の衆議院選挙——阿子田積の見た運動人・有権者・候補者」『岐阜県歴史資料館報』第二一号、平成十年三月）、関西地方での政府系候補の優勢の理由を九鬼の工作にのみ求めるのは行き過ぎの感が否めない。

(31)「第一区の干渉」（「鹿島秀麿文書」神戸市文書館蔵）。同じ書類が『選挙干渉ニ関スル参考書類』（衆議院事務局、明治二十五年、三一—三二頁）に収められている。鹿島秀麿は改進党候補であるが、自由党・改進党は選挙協力を約束していたため、板垣の遊説を改進党候補も望んでいた。

(32)〔十二月カ〕二十八日付松方正義宛井上角五郎書簡（前掲『松方正義関係文書』第六巻、三〇二頁）。また、選挙資金についても「十分の補助」を受けながら、さらに選挙後に「板隈両党の刺撃の為め」不足の一〇〇〇円余を松方に請求している（三月四日付松方正義宛井上角五郎書簡、同前書、二九九頁）。

(33) 佐々木隆氏は、「とかく独善性・強権性だけが強調されがちな藩閥政府だが、選挙対策的な配慮がいくらかはあったにせよ、政治的言論の自由を極力尊重し、法令・権力の恣意的運用を戒める勢力が広汎に存在していたことは見逃せない事実」（前掲『メディアと権力』一九一頁）と述べている。確かに尾崎三良や井上毅のように外から内務省の独走に反対の声が上がったことは事実だが、この言論取締り命令のように内務省が選挙対策で法令を恣意的に運用していたこともまた事実であり、「広汎」に存在したというのは言い過ぎの感がある。また、佐々木氏が言論に関する藩閥政府の性質を述べるときに、不起訴に終わった自由党『党報』告発事件のみを取り上げて、実際に投票日前後に予審で多くの政党関係者を喚問した自由党・改進党集会及政社法違反事件を取り上げないのはいささか疑問である。

（34）「井上馨関係文書」（国立国会図書館憲政資料室蔵）。なお、明治七年から二十三年までの発行部数などの新聞・雑誌統計は、前掲「解説・国民国家形成期の言論とメディア」（前掲『日本近代思想大系一一・言論とメディア』四九〇頁）でも表になっている。ただし、期間が二十三年までに限定されている点と、新聞と雑誌が分けられていない点から、ここでは「新聞雑誌調」を用いた。

（35）『内務省統計報告』第一一巻（日本図書センター、平成元年）。「記録材料・功程報告・内務省」（明治十八―二十五年度、国立公文書館蔵）。「記録材料」は各年度共通で、警察事務の新聞紙雑誌という項目において前年分と本年分の停止処分件数が表になっている。

（36）前掲『明治時代の新聞と雑誌』二二七―二三〇頁。

（37）前掲『メディアと権力』一六四頁。

（38）詳しくは、前掲「第一次松方内閣期の新聞操縦問題」参照。

（39）政務部については、深谷博治「第一次松方内閣の政務部問題の顚末」（尾佐竹猛編『明治文化の新研究』亜細亜書房、昭和十九年）、前掲「政務部問題の位置」、前掲「第一次松方内閣期の新聞操縦問題」参照。

（40）前掲「第一次松方内閣期の新聞操縦問題」七三―七八頁。

（41）例えば、富山県第四区では大同団結運動の流れをくむ北陸自由党が吏党側にまわったため、機関紙『北陸政論』は頻繁に、敵対する改進党候補について、賄賂を受け取って警察に拘引された、キリスト教徒である、死亡したなどの根拠不明の風評を次々に報じたが、発行停止などの処分を受けることは一切なかった（第一章参照）。一方、対抗した改進党系『富山日報』は発行停止処分を受けた。

（42）前掲『明治警察史研究』第三巻、二七三―二七五頁。

（43）『選挙実録』（民友社、明治二十五年、一八九―一九二頁）。

（44）「明治二十五年中新聞発行停止取調表」（「有松英義関係文書（寄託）」R6―10、国会図書館憲政資料室蔵マイクロフィルム）。第二回総選挙時、有松英義は芝区裁判所判事を務めていたが、二十六年三月から内務省警保局書記官として治安警察法などの立法作業に関わった。「取調表」は「警部長・典獄諮問案（明治二六年）」と題された資料中にあり、「検閲の標準」とするための参考資料として添付されている。「有松英義関係文書」には、他に「発行禁止新聞一覧表」などの新聞取締り関係資料が含まれている。詳しくは、「近代立法過程研究会収集資料紹介（一四）」（『国家学会雑誌』第八六巻、第三・四号、昭和四十八年六月、一三六―一五二頁）の資料目録や、伊藤隆・季武嘉也編『近現代日本人物資料情報辞典』第一巻（吉川弘文館、平成十六年、二二頁）を参照されたい。

(45)『読売新聞』（一月二十日発行、同日停止、停止期間十二日間）、『艶の友』（二月二十日発行、二十六日停止、停止期間七週間）、『小詩人』（三月二十日発行、二十二日停止、停止期間四十五日間、二回）、『廓新聞』（七月九日発行、十二日廃刊）、『神戸日報』（十一月十三日発行、十五日停止、停止期間五日間）。

(46) 例えば、『富山日報』は明治二十五年前後の号が保存されていない。この点においても、「取調表」は史料価値が高いと思われる。

(47) 一月十七日付がギリシャ人の犯罪に対する裁判所、田中不二麿司法相、榎本武揚外相の対応を批判して二週間の停止。三月十二日付が伊藤博文の進退問題に関する記事で三週間の停止。六月五日付が朝鮮情勢を論じて三週間の停止。このうち、二度目の処分は、記事によって井上馨と松方正義の関係に亀裂が入った筆禍事件（「雲台の機微事件」）として知られる（前掲「第一次松方内閣期の新聞操縦問題」八五―八六頁）。

(48) 八月三十一日付「大隈伯の胆識」で九日間の停止。内容は伊藤内閣批判。十月二十一日付「宮内省ニ人材集ル」で一週間の停止。内容は白根専一、芳川顕正らをめぐる内閣の人事の内幕。また、八月三十一日付の停止期間にいわゆる替え玉新聞として『大日本』を発刊したが、九月一日に八日間の停止を受けている。

(49) 十二月十六日付「帝国議会紀要」で一週間の停止。内容は衆議院議員批判。

(50) 四月十四日付「大義名分を論して伊藤伯の猛省を望む」で二四日間の停止。内容は伊藤博文をめぐる風説、批評。

(51) 十二月二十五日付「板垣伯の秘密演説」で五日間の停止。内容は板垣の貴族院廃止論。

(52) 十月二日付「日露の交際『露の不注意』」で八日間の停止。内容はロシアに対する批判。

(53) 一月二十日付が風俗壊乱で十二日間の停止。七月二十七日付「天辺の一報」で二週間の停止。内容は高島鞆之助、渡辺国武、松方正義をめぐる内閣の人事の内幕。また、「天辺の一報」を転載した『峡中日報』、『大和新聞』七月二十九日付は八日間、『越佐新聞』同日付は九日間、『因伯時報』七月三十一日付は一週間の停止処分をそれぞれ受けた。

(54)『肥筑新聞』は『肥筑日報』の替え玉として発刊されたため、発行停止権を軽視していると判断された。
(55)この新聞のみ風俗壊乱が理由である。
(56)『活世界号外』(一月九日発行、同日停止)、『北海時論』(二月二十日発行、二十七日停止、ただし雑誌のため回数にすれば六回停止)の二件。
(57)『国会』(十二月二十五日発行、同日停止)、前掲『神戸日報』の二件。
(58)資料には、すべての対象府県名、停止理由となった記事の題名と対象部分(「風俗壊乱ノ要領」もしくは「治安妨害ノ要領」)が記載されているが、一覧表では省略した。
(59)三月以降も選挙干渉は各府県議会でも取り上げられ、県政が混乱をきたした地域もあったため発行停止処分も十二月まで行なわれている。
(60)『肥筑新聞』(発行日不明、二月十六日廃刊)。『山陰暁鐘』(二月二十九日発行、三月四日廃刊)。『埼玉平民雑誌号外』(八月二十三日発行、二十五日廃刊)。『埼玉日報』(十二月五日発行、同日廃刊)。
(61)以下、処分対象記事の引用はすべて前掲「取調表」からである。また、文中に「云々」という言葉が頻繁に出てくるが、これは処分対象の記事を抜粋しているために出てきており、元の記事ではなく内務省の作成者が使っているものと考えられる。
(62)真辺将之「帝国議会開設後の保守党中正派――『中正日報』における言論活動」(『歴史学研究』第七八四号、平成十六年一月、一六頁)は、この発行停止を取り上げている。その上で、四度目の発行停止によって『中正日報』が廃刊となったこと、保守党中正派が欧化主義的な傾向をもつ藩閥政府に対して保守の立場から厳しい批判を加えたことを指摘している(一八頁)。
(63)前掲「第一次松方内閣期の新聞操縦問題」三三頁。
(64)詳細は第二章参照。
(65)ただし、伊藤博文の一月時点での認識では、陸奥と『寸鉄』主筆の織田純一郎は「陸奥が指図して書かせる程の関係にはあるまじ」というものだった(一月一七日付松方正義宛九鬼隆一書簡、前掲『松方正義関係文書』第六巻、一九七頁)。これを松方系官僚である九鬼隆一に語っていることからすると、松方へ伝わることをふまえた政治的意図があるかもしれない。
(66)北海道は第二回総選挙では選挙法の対象外であり選挙は実施されなかった。『北門新報』の発行停止中に、渡辺千秋北海道庁長官は谷謹一郎首相秘書官に、中江兆民と親交のある久永廉三が「常ニ過激之徒と出没」し、選挙でも中江とともに長野県で民党の選挙応援に駆けつけていることを報告している(二月十七日付谷謹一郎宛渡辺千秋書簡、前掲『松方正義関係文書』第七巻、昭和六十三年、七四頁)。このことから、『北門新報』が民党系新聞であることがわかる。

(67) 野島幾太郎『新井章吾先生』(野島幾太郎、昭和五年、二七五—二七六頁)。『自由平等経綸』は自由党関東派の新井章吾が中心となって発行された雑誌である。

(68) 同誌は選挙干渉とは関わらない八月一日付記事でも、松方内閣の退陣を求める内容で発行二回分の停止処分を受けている。他にも二八号(六月十五日付)掲載の「石像内閣」と題する記事が官吏侮辱罪(刑法第百四十一条二項)に問われ、七月二十五日、発行人兼印刷人小野澤留作と編集人である野島がともに重禁錮二ヶ月、罰金十円の有罪判決を受けた(同前書、二七七—二七八頁)。

(69) 二月一日付が『九州自由新聞』(四週間停止)の替え玉として一六日間停止。

(70) 二月七日付が『大阪自由新聞』(三週間停止)の替え玉として一九日間停止。

(71) 三月二日付が『越中新聞』(十八日間停止)の替え玉として廃刊。

(72) 発行日不明、停止日二月十六日が『肥筑日報』(五週間停止)の替え玉として廃刊。

(73) 十二月五日付が『埼玉新報』廃刊後に発行し、同じく廃刊。

(74) 選挙干渉に関係しないが、『日本』の替え玉『大日本』はわずか八日間の停止処分であった。

(75) 『復刻自由党々報』には、第八号は「時の松方内閣の内務大臣品川弥二郎による大選挙干渉(第二回総選挙における民党弾圧)批判の論陣を張った」という説明文がつけられているが、それに相当するものとも思えない(前掲『復刻自由党々報』第一巻、二九〇頁)。また、そもそも説明文が実際に第八号の内容を把握して書かれたものかどうかはわからない。

(76) 前掲『党報』第九号、四〇頁。

(77) 三月三日付品川弥二郎宛井上毅書簡(尚友倶楽部品川弥二郎関係文書編纂委員会編『品川弥二郎関係文書』第二巻、山川出版社、平成六年、三五頁)。

第八章　天皇・政府・内務省

本章では、これまで述べてきた重要選挙区の事例や選挙結果、言論規制をふまえつつ、天皇・政府・内務省の選挙に対する姿勢と選挙干渉についてまとめる。天皇の選挙干渉への関与についてはすでに序章で紹介したとおり、坂野潤治氏の系統的指令説と佐々木隆氏の暴発説が対立している。いずれの説が実態に近いのかを改めて検討する。その上で、政府がどの程度の干渉を意図して選挙に臨んだのかという問題意識のもと、現存する資料を最大限用いることによって、金子堅太郎、佐藤暢が提案した選挙対策案、内務省から各府県への命令、選挙期間中の品川内相以下内務省幹部の動きについてそれぞれ考察を加える。それにより、中央における選挙対策と地方への指令を明らかにしたい。また、選挙後に法制局の問いに対して外国人顧問から出された意見を紹介することで、他の欧州諸国の実例を知っている立場から日本の選挙干渉はどのように論じられたのか確認したい。

なお、本章ではこれまで各章で明らかにしたことをふまえて考察しているため、引用する史料や内容が一部重複する。

一　明治天皇と第二回総選挙

（1）藩閥内対立の構図

従来、第一次松方正義内閣は不統一で度々内部対立が生じ、それは元勲が入閣していないことや松方首相に指導力がないことなどが原因であるとされた。松方を支えていたのは黒田清隆をはじめとする薩摩閥の人々であり、品川内相は山県有朋を、陸奥宗光農商務相は伊藤博文・井上馨らを後ろ盾としていたとされる。解散・総選挙に関しても意見が対立した。先行研究によると構図は次の通りとされている。選挙に関して強硬な姿勢を示したのは、相次ぐ解散によって民党優位の議会に打撃を与えようとする保守派（武断派）である。閣内では品川、高島鞆之助陸相、樺山資紀海相であり、元勲では山県、黒田が分類される。これに対して民党に融和的で干渉に批判的だったのが閣内では陸奥、後藤象二郎逓相であり、元勲では伊藤、井上ら改革派（文治派）である。伊藤之雄氏は、保守派は相次ぐ解散によって議会（憲法）を停止してもよいと考え、天皇は伊藤博文と同様に憲法停止を心配していることから改革派の立場に立っていたと主張する。[1] 相次ぐ解散を連続解散論と呼ぶとすれば、保守派の「連続解散論＝議会停止論＝憲法停止論」と改革派の「憲法停止回避論」が対立しているとみている。

しかし、その見方は対立を単純化しすぎている感がある。例えば、山県を例に取れば、松方に書簡を送り、議会解散にいたる情勢切迫は「政党の首領陰謀を企図せし」によるもので、政府は「二回之解散を決行するの覚悟」がなければ目的を果たせないと、再度の解散を辞さない覚悟を求めつつ、「若、一回之選挙に於て志誠着実、……実業主義を抱持する士民多数を得るに至れは、国家及ひ政府之大幸と存候[2]」と述べ、もし一回で望む結果になれば最善と伝えている。つまり、山県の連続解散論はその中に一回で決着をつける論理を包含しており、第二回総選挙への干渉を肯定する論理へとつながることがわかる。しかも高橋秀直氏が指摘している通り、山県が憲法停止を主張した形跡はない(3)。また、山県有朋宛品川弥二郎書簡で述べられている樺山の主張は「二度も三度も解散終に停止とまで論じ居候」であり停止論を語っているが、連続解散が停止まで行き着くのであって、連続解散論と憲法停止論は同じ論理ではないことに留意すべきであろう(4)。

内務官僚都筑馨六は解散後の事態に対処する方法として、第一に解散に次ぐ解散、第二に自由党と改進党への政権「城渡《ママ》」、第三に憲法中止を挙げている(5)。伊東巳代治も解散に反対する陸奥宗光に対して、内閣総辞職をして民党に政権を明け渡すのかと迫り、自分は二度三度解散に至っても悔いはなく、やむを得ない場合には国家・憲法のため非常手段を断行せざるを得ないと語っている(6)。都筑と伊東の議論ではいずれも連続解散と憲法停止は別に扱われており、段階としてつながる可能性があるとしても、別の論理と考えるのが妥当だろう。また、安田浩氏は、憲法停止について、単に誰かが提唱するだけでは危機にならないとした上で、次の三段階に分類する(7)。第一段階は政府と議会が対立して解散・総選挙となる。第二段階は解散・総選挙で対立構造が変化せず、二度・三度の解散・総選挙となる。第三段階は、緊急勅令での憲法上の議会権限の停止、議会の召集規定の効力停止、詔勅での議会・憲法停止宣言などが内閣で検討され、あるいは天皇に提案される。第三段階に至ってはじめて憲法危機となるとすれば、憲法停止論は提唱はされても実行は困難であったと指摘する。

都筑分類や伊東発言を参考にして当時の議論をまとめれば、解散後の展望は、(一)民党への政権譲渡、(二)憲法停止、(三)連続解散、(四)早期決着(選挙干渉)、(五)新党組織であった(表27参照)。(一)から(三)は議会対策であり、(四)・(五)は第二回総選挙対策である。(一)は藩閥政治の終焉を意味しており、藩閥全体に回避すべきものと共有されていた。樺山や土方久元宮相に代表される強硬派は(三)から(二)への指向性をもってい

表 27　解散・総選挙をめぐる藩閥内対立の構図

	伊藤	天皇	山県	樺山・土方
（閣内）	（陸奥）	（松方）	（品川）	（樺山）
（一）政権譲渡	×	×	×	×
（二）憲法停止	×	×	×	○
（三）連続解散	×	×	○	○
（四）早期決着（選挙干渉）	×	○	△	△
（五）新党組織	○	×	×	×

凡例　○：主張、△：許容、×：否定

た。[8] しかし、（二）は立憲政治の否定となる。保守派と目される山県・品川の論理は（三）だが、選挙対策としては一回で決着がつくのであれば、それを目指す（四）を許容する傾向があったとみるべきであろう。そして、改革派と目される伊藤は松方内閣と距離を置き、最終的には（五）を目指した。これらのことから、解散・総選挙は藩閥体制の危機と立憲政治の危機の二重の危機であったことがわかる。

（2）明治天皇の立場

では、明治天皇はどのような立場を取ろうとしたのか。

第二議会が樺山海相の蛮勇演説で紛糾すると、第一次松方内閣は解散をめぐって動揺し議論が錯綜した。天皇は議会運営の行き詰まりに対して強い憂慮を示し、解散の決断を先延ばしにする松方首相に解散を督促した。[9] 十二月二十五日に第二議会が解散され、井上毅によれば、「解散に而大愉快位之連中多く」という中で天皇は総選挙に対して再び憂慮を示し、二十六日は夜の食事後も「前途之事御疑問又御研思被遊候」と選挙に向けての懸念を強めていた。[10] 同日付で天皇の指示を受けた徳大寺実則侍従長は伊藤博文に以下の内容の書簡を送り、天皇の選挙に対する姿勢を示した。[11]

拗議員再選挙に就而は同一の議員を再選致候而は幾度も解散不祥の結

果を生すへくやと深御憂慮被遊、松方大臣へも度々御沙汰相成、各地方官へも注意之儀内示有之候得共、将来良民の議員となる事を被為望候

天皇は同一議員が再選されれば解散を繰り返すこと（連続解散）になる点を憂慮し、「良民」が議員となることを望んでいたことがわかる。(12) この書簡をめぐり、すでにみたように坂野潤治氏の系統的指令説と佐々木隆氏の暴発説が対立している。また、伊藤之雄氏は坂野氏の解釈を支持しながらも天皇の発意による選挙干渉を否定する。(13)

本稿では、徳大寺書簡中の「松方大臣へも度々御沙汰相成」という箇所に注目したい。天皇が松方に伝えた内容によって天皇の選挙への姿勢がより明確になるからである。それを示す史料が、松方が品川に宛てた十二月二十八日付書簡である。(14) 活字化された史料だが、管見の限りこれまでの研究では用いられていない。

陳者本日改選之手続細大奏上仕候処、精々今般之選挙尽力相成、良結果に至り候様再三御沙汰拝承仕候次第、実に恐縮罷在候。尚選挙之見込等内務大臣より言上可仕候旨も奏上仕置候間、何卒近日中御参朝之上細事御奏上被成下度奉頼上候。

これにより、天皇の「御沙汰」は、松方に対して今回の選挙に尽力して「良結果」となるよう再三求める内容であったことがわかる。恐縮した松方も品川から選挙の具体的な見込みを奏上させることを約束した。天皇の意向は「一般的な希望」の域を超えており、前の書簡と併せてみれば、天皇は政府に対して民党前議員の再選を阻止し、議会運営の円滑化に必要な人数の「良民」（＝政府支持派）を当選させるという具体的な成果まで求めていた。つまり、天皇は立憲政治の否定（憲法停止）につながる恐れのある強硬派の連続解散を避け、政党に対する疑念から伊

藤博文の主張する新党結成は退け、解散後の総選挙一回で決着をつけることを望み、松方内閣に実行を求めたのである。ただし、一度の選挙で良い結果を出すことを求めるのは、幾度もの解散・総選挙を経て民党勢力を削減させるよりもむしろ難しい課題を突きつけたといえる。藩閥による立憲政治体制を政党勢力に頼らずに維持するためにはその隘路しか残されていなかった。

先行研究の描いた構図とは異なり、天皇は総選挙対策に関して早期決着を図る方針を主導的に打ち出し、山県ら保守派や樺山ら強硬派はそれを許容し、伊藤ら改革派とは対立する構図となった（表27参照）。総選挙対策について、天皇が山県に内奏を求めなかったことをもって山県よりも伊藤を信頼していたという説があるが[15]、この構図では山県に下問する必要はなく、沈黙している伊藤の意向を確認するために内奏を求めたとみるべきだろう。天皇は二十五年一月、伊藤が山口から小田原に戻ると、七日侍従長を派遣して選挙対策を問うたが、このときの伊藤の回答は「何等考ふる所なし」であった[16]。その後、十六日になって伊藤は枢密院議長を辞職して政党を結成する意向を明らかにした。これに対して天皇や多くの藩閥政治家は反対し、結局伊藤新党構想は頓挫した。解散から総選挙にかけて伊藤は松方内閣と意図的に距離を置き、事態を憂慮する天皇の下問にも冷淡であり、この間の伊藤の役割を過大に評価することはできない[17]。

さて、松方は以前から逐一天皇に相談し、優柔不断が目立っていたが、解散後、天皇の早期決着を目指す強い姿勢が示されると、「総理は此度は大奮発にて断然仮面を脱し政府党として運動させ度」と明確な姿勢を取り始めた[18]。前日に「二回三回之解散ハ好マヌコトナレども其覚悟」を示した品川も[19]、天皇・松方からの明確な指示に接し、早期決着を受け入れた。品川は松方の指示に従い、土方宮相が「頻ニ内務大臣ヨリ報知有リ」と記した通り、天皇に選挙情勢を頻繁に報告した[20]。また、一大騒動となった高知や佐賀の情勢は、内務省から情報を得た侍従長らによって逐一天皇に報告された[21]。

さらに天皇は侍従を通じて府県知事からも選挙の状況を報告させていた。一月十四日という比較的早い時期に、山田信道大阪府知事は「御下問ニ預リ為」として、西四辻公業侍従に宛てて「各選挙区候補者競争ノ準備并其勢力比較概況」と題した報告書を送り、大阪の全選挙区の情勢を報告している[22]。内容は「着実派」と「過激派」の候補名、有権者数、「得点概算」、備考で構成され、備考に詳細な選挙区情勢が記載されている。つまり天皇は、品川・内務省を介した公式の情勢報告とは別に、直接地方長官からも「良結果」が得られるかどうかに関して詳細な情報を得ていたのである。これを見れば、選挙干渉における天皇の主導的立場は明らかではないだろうか。

（3） 選挙後の天皇

次に、選挙資金と選挙後の侍従派遣について取り上げたい。

まず、天皇と選挙資金の関わりについて取り上げる[23]。解散前の十二月十九日、すでに松方首相は杉孫七郎に内閣機密費二〇万円の用立てを依頼していた[24]。杉は「金を以運動する事は先般各知事へ内訓請合候由」と知事へ内訓があったことを記している[25]。選挙運動費としては帝室費からの支出も検討されたが宮中関係者の反対があり断念され、東宮殿建築費として保管されていた内閣機密費から五〇万円を支出した。さらに、松方や大木喬任文相ら閣僚は選挙対策に私財も投じた。これについては、選挙後天皇から選挙への尽力に報いるため松方に一〇万円が下付され、補塡された形となった[26]。佐々木氏は、この下付金について、支出が選挙後であることを理由に天皇の選挙への役割は政府に対する精神的支援であると主張している[27]。伊藤之雄氏は、天皇は大枠では伊藤ら改革派を支持したが、山県や品川ら保守派の感情を宥める必要を感じてバランス感覚から下付したと解釈している[28]。しかし、すでに述べたように、天皇は選挙に関して改革派と距離を置いていることから、下付金は自らの指示通りに選挙に尽力した閣僚に対する君主としての温情と解釈するのが適切であろう。

選挙後、天皇は選挙が激しく争われた地域を中心に「良民之不幸モ亦不少」と憂慮し、侍従を派遣した[29]。具体的には三月一日から北条氏恭を石川に、毛利左門を福岡・佐賀・高知にそれぞれ出張させ、選挙の顚末、政党の動静、選挙後の人民撫御の方法を視察させた。侍従は、選挙後も両派の軋轢が収まっていないこと、特に高知の人民が行政官吏や警察官を旧敵のごとくみていることを報告した。毛利左門の「復申書」によれば、各県知事が東京出張中のため書記官や警部長から主に選挙中の動向とその後について聞き取りを行った[30]。佐賀では大木・副島種臣の周旋で知事が民党派郡長四人を更迭したこと、本願寺派の僧侶に説教させたことが形勢逆転につながったと考察し、警察が政府支持派を支援し、民党の演説会や懇親会を国家に害があるとして中止・解散させたことが報告されている。高知についても地方官・巡査が「順良忠実」な候補を推薦し、官吏も一個人の資格で動き、特に二区で片岡健吉の演説会を国民派が妨害したことが騒動の発端だと報告している。また、「明治天皇御手許書類」には、「衆議院議員選挙ニ係ル騒乱（佐賀、高知）」という題名の簿冊が二つ存在し、佐賀の郷党会と同成会が提出した報告書類が含まれている[31]。

このように、天皇は選挙後に閣僚の投じた私財を補塡し、選挙中から情報を得ていた騒乱地域に侍従を派遣して人心の状況を把握させ、鎮撫の方法を探らせた。これらの行動は、内閣に選挙に対する尽力と良い結果を求める指示を出した君主の動きとして矛盾するところなく、一貫性がみられる。

以上のことから、総選挙への尽力により議会運営の早期円滑化を求めた天皇の決意は並々ならぬものであったことがわかる。その意向を松方・品川は地方に伝え、選挙で政府支持派候補を支援し、民党議員を落選させ、議会運営を有利にすることを目指した。品川に至っては、前日まで連続解散論を主張していたにも拘わらず、その後は天皇の求める「良結果」を実現するため選挙対策に全力を挙げた。

二　選挙対策案

これまで、第二回総選挙に対する政府の選挙対策については、藩閥政府首脳の書簡に記されたものを中心とし、現実に行われたか、あるいは中止されたものが取り上げられてきた[32]。したがって、政府が選挙前にどの程度の干渉を意図していたのかというきわめて重要な点については、ほとんどわかっていない。本節では、その点を明らかにするための一助として、二人の人物が政府首脳に提言した選挙対策案を検討する。

（1）金子堅太郎案

貴族院書記官長の職にあった金子堅太郎は、選挙後の議会を第二議会とは異なる新しい議員構成にするため、政府は方策を講じ、実施すべきであるとして、松方正義首相、品川弥二郎内相、陸奥宗光農商務相などに同一内容の提言書を送った[33]。

以下、「品川弥二郎関係文書」中の書簡を用いて、金子案の内容について、全十八項目を内容ごとに確認する[34]。

第一から第五は、知事への指示に関する提言である。知事に上京を命じ、その選挙区報告をもとに「政党色別ケ地図」を作成する。知事には表面は政府の方針を明示し、裏面で各大臣から親しい知事に方略を授けさせる。その後、選挙期日を決定する。

第六から第十一は、大臣の巡回に関する提言である。知事が帰県した後、各大臣は受持区域を定めて巡回を行う。巡回地は上記地図に従い、反対党の勢力が強い地方は避け、「我党」の勢力の強い地方とし、人心の歓迎を受け反対党の気炎を鎮圧する。公開の演説ではなく、懇話会や小宴を質素に行い政府の方針を懇切に諭示する。政府の事業に依存している地方（関西、九州、山陽、水戸、北陸）に巡回し「我党議員」を選出させる。

第十二から第十四は、旧藩主の利用に関する提言である。各藩の旧藩主に依頼し、藩出身の官吏を随伴させ、旧領地にて政府の方針を諭示させ、「我党議員」を選出させる。その応援でも見込みがなければ、藩主の出金の名目で政府から運動費を補助する。

第十五は、官吏の派遣に関する提言であり、内容は、有為の官吏を郷里に派遣し地方の有志者に遊説させるというものである。

第十六は、知事、郡長への指示に関する提言である。これは、「知事、郡長等ハ固ヨリ表面ニハ選挙ニ干渉スルコトヲ得スト雖モ、法規ニ背戻セサル範囲内ニ於テ我党選出ニ尽力セシムル事」を提案している。(35)

第十七は、反対党の取締に関する提言である。吏党を支援する一方で反対党の勢力を減少させるため、反対党が選挙人を脅迫したり、賄賂を用いたりした場合には警察の力で鎮圧する。

第十八は、知事の内申に関する提言である。選挙終了まで地方の事情と選挙の見込を毎週知事に内申させ、それにもとづいて大臣、官吏、旧藩主の派遣、出張を請求する。

以上の金子案をみると、府県知事、大臣、官吏、旧藩主を幅広く利用し、「我党議員」を選出させる方策であることがわかる。実際に「政党色別ケ地図」は作成され、井上毅は第三回総選挙でもこれを用いて選挙対策を行っている。(36) 特徴的なのは、大臣の巡回を「我党」勢力の強い公共事業に依存している関西、九州などの地方に限定している点や、旧藩主を利用して、政府の方針を有権者に対して演説させ、また、資金も旧藩主を通して補助しようとしている点である。大臣ではないが、実際に、九鬼隆一が関西地方を中心として巡回し、また、西郷従道はお忍びで九州地方を遊説した。長崎県では、吏党が旧藩主の名義を利用して有権者に書面を送るということが行われた。(37)

また、金子が十六番で提言した、知事、郡長に対して「法規ニ背戻セサル範囲内」で吏党候補選出に尽力させる点については、内務省の訓令との関係もあるため後にもふれるが、知事、郡長の認識によっては、法令を活用することで民党候補の運動妨害を強硬に行うことにもつながる恐れがあるという点を指摘しておきたい。実際の選挙では、これが火種となって深刻な紛争へと事態が悪化していった事例が数多く存在する。

（2）佐藤暢案

次に、佐藤暢案であるが、第一次松方内閣の内閣書記官の職にあった佐藤は、第二議会解散前から自由党、改進党議員の動向を松方首相に知らせていた。特に解散後の十二月二十七日には、松田正久、河野広中と親しい「長尾」なる人物を使って自由党内部の事情を探索させた結果を松方に報告している(38)。それによれば、会合の際、板垣退助が、自由党の資金難を嘆じて改進党との合併の可能性を口にし、吏党が「金力と官吏の周旋」で運動を展開した場合は吏党が勝利することは難しくないと述べた上で、「官吏も是迄之如く、単に知事に訓令し、知事は郡長に内諭し、……陰然運動する位なれは、左程畏惧するに足らさるも、此休暇を掛け、官省所謂働き手にして、郷里に民望を抱けるものを以、区民に交も々懇話する時は我々は立所に失敗すべし(39)」と吏党側の運動について板垣が警戒していることも報告している。板垣の発言は自由党員の選挙に対する危機感を喚起するためのものと思われる。その一方で、政府首脳にとってこの報告は選挙に対する指針を立てる上で、民党側動向の判断材料の一つになったと推測される。

そして佐藤は、翌二十八日、第二議会解散当日に首相に示した選挙対策の内容を改めて書簡として提出した(40)。ここには政府が全力で吏党候補を当選させるための方策が示されている。長文にわたるが、重要な部分であるので引用したい。

……此選挙に向ひ、政府は全力を尽し、我党議員を出さゝるべからす、是れに対する各選挙地に於而、知事方略左に申上候、即、議会解散之当夜、ストーブ前に於而申上候通なり
一、今般選挙に於而、政府味方議員を出す事能はさる府県知事は、平素恩威併行せられなるのみならす、威厳其府県に及はす、又職権外、即知事たるものゝ働らきなるもの毫もなく、延ひて、皇恩の辱なきを人民に浹洽せしむる余力なきものと、監督者たる内務大臣に於而認め置かるゝ事、
一、味方候補者を推選し、其他選挙の手段は、専ら警部長に任せらるゝ事、
一、味方の為に尽力すると共に、敵の弱点を抱へ、収賄事件等はビシビシ選挙際に於而告訴、告発の手続を為す事、
一、今日より、地方に於而、演説会に専ら注意し、苟も政府の悪口を云ふものある時は、片端より、ビシビシ中止解散せしむる事、
一、地方新聞、選挙に際し、民党庇保するものは、是も飽迄強硬政略を取り、停止する事、
一、内務大臣非常解散家なりし故に、此勇気なるものは、此際消滅せす、第一に、監督の下に在る知事に内諭し、此勇気を移し、選挙に当らしめ、第二次期国会開くる時に、議場に奮ふべし、此事は、解散の今日、御契約の方、大に為後来、可然事と、御注意申上候、次期国会も、今日と同しく、困難なる事は業に火を視るよりも明なれはなり……

上記の内容をみると、佐藤案は府県知事に対して吏党議員当選への協力を強く求めるものであることがわかる。第一項には、吏党議員を当選させられない知事は、その任地で威厳なく、働きなく、天皇の力にもなれない人物であると内相に認識されることになるという脅しともとれる強圧的な姿勢が示されている。これをみると、当時、政

府首脳が知事をどのように扱っていたのかがわかる。少なくとも、佐藤の認識では、知事は内務省の黙認を見越して自ら積極的に選挙に干渉していく存在とはとらえられていないといえる。そして、第二項では具体的な手法は警部長に任せることを指示し、第三項から第五項においては、「敵」に対しては収賄事件等による告訴・告発、演説会の中止・解散、新聞の発行停止という具体的手段を用いて臨むことが求められている。

この佐藤案から読み取れることは、佐藤は、松方首相から品川内相を経由して各府県知事、そして警部長へという明確な垂直的指令系統を用いて、選挙戦を有利に導こうと考えていることである。政府の選挙対策がどのようなものであったのかという点を検討するためには、この佐藤の松方首相への献言は看過できない。民党の動向に通じていた佐藤秘書官が選挙に際して危機感をもち、松方首相に民党対策を強く求めていたことは、松方首相の選挙に臨む姿勢を問いただす意味を持ったからである。

三　政府の指示

本節では、内務省から府県知事への訓示、内示を考察し、また内務省が選挙期間中にとった動きを追うことによって、内務省が選挙運動に介入していった過程について検討する。

（1）解散前の訓令

明治二十四年五月、府県知事は内閣総理大臣と内務大臣に宛てた建議を提出した(41)。これによると、府県知事らは民党議員を「徒らに国家を破壊するもの」と断じ、「言論行為の秩序安寧を紊乱するあらんか、政府宜く其罪を天下公衆に鳴らし議会を解散し、又之を中心し毫も仮借する所あるへからす」と、政府には、彼らの罪を世間に訴え、議会を解散し、民党に容赦しない姿勢をとることを求めている[42]。また、「小官等乏きを以て職を地方に辱ふするか故に、斯の国家安危の秋に臨み職権の区域を顧みるに遑あらす」と、地方の実情を熟知している知事ら地方官が、民党攻撃の一端を職権外の役割として担う意欲を示した。選挙以前から地方官は民党を破壊党ととらえ、議会解散の際には容赦することなく民党を攻撃すべきだと考えていたことがわかる。

また、八月二十九日には、内務大臣から各府県に訓令が出され、吏党候補擁立のための事前調査がなされた。このうち東京[43]、秋田[44]、鹿児島への訓令は現存している。ただし、具体的な調査結果を含んでいるのは、鹿児島県について調査が行われたもののみである[45]。

調査内容は、有望な者の党派、経歴、勢力の比較であり、その対象となったのは以下の①から④の者である。①現衆議院議員中、着実の党派に属する者で再選有望な人物、②再選の見込みがない場合には当選見込みの人物、③現衆議院議員中自由党又は改進党に属する者で、選挙区において着実温和にして競争可能な人物（官吏・民間かは不問）、④同上の競争者がない場合は、自由党又は改進党に属する者で性質持論の比較的に温和順良な人物。これに加えて、次の⑤、⑥の二項目も調査された。⑤候補者たるべき人物の資産・職業・年齢、親密な交友の人名党派別等、⑥各選挙区内各党派もしくは無所属派の勢力比較、区内各市町村長、助役他勢力ある主要人物の人名・職業・党派別。

これをみると、内務省の事前調査が広範囲の人物を対象とし、また内容も相当詳細であることがわかる。特に④において、着実派が存在しない場合には、民党所属者の中で比較的温和な人物も調査対象としている点が注目される[46]。政府による民党に対する切り崩し工作につながる可能性をもつからである。

鹿児島県の事例では、全選挙区で調査が行われ、厚地政敏、西彦四郎、奥田直之助、柏田盛文、高橋為清、中村博愛、大島信の七名が吏党候補として記載され、選挙区内の有力者も詳細に調査された。このうち実際に候補者となったのは、厚地政敏、柏田盛文、高橋為清、大島信の四名であった（高橋のみ落選）。鹿児島県は前回選挙で自由党が全勝した地域であったが、第二回選挙では自由党は三議席に減少した。事前の調査が有権者の色分けと吏党候補の発掘に役立ち、選挙運動にも効果があったとみていいだろう。

以上のように、解散以前において、二十四年五月に知事からの民党攻撃の建議書が提出されたこと、二十四年夏には内務省の訓令に従い、候補者選定と有力者リスト作成のための調査がなされていたことは、ともに今まで重視されていない事実であり、政府側の選挙準備は、これまで考えられていたよりも周到なものであったといえる。

（2）解散上奏文

十二月二十五日、内閣は天皇に衆議院の解散を上奏し、天皇は憲法第七条にもとづき解散を命じた。上奏文には、第二議会で議会が内閣提出の予算案などに協力しないことが挙げられ、「臣等躬重責に当り国事を以て此の如き議会の賛画に託するハ国家の昌運臣民の福利と相容れざることを信ず[47]」と、議会が国家の発展を妨げているとする解散理由が書かれている。

これを受けて、各地で知事が解散の意味を喧伝し始める。京都においては、北垣国道知事が上奏文を取り上げ、議会が「国運の発達に於て慎重の顧念を欠き維新以来進歩の事業及国家経綸上必要なる急務に排斥の意を表する等国家の昌運人民の福利と相容れさる」ことを広く伝えるため、大臣上奏書を印刷し、郡吏員、町村吏員、学校教員、諸会社、農会組合、選挙権者に配布した[48]。つまり、解散は議会の民党が「国家の昌運人民の福利」に反するために行われたことであると広めようとした[49]。また、埼玉でも知事が解散の意味について「虚言浮説」が「民心を惑乱」するのを防ぐために、大臣上奏書の趣旨を「貫徹」させ、人民に「国民の大義を誤らしめざる様精々尽力せらるへし」と各郡長に内訓で命じた[50]。高知では、調所広丈知事が、県の官吏に向けて以下の内容の訓示を行った[51]。

民党を以て国家を破壊するものと認め、且つ　陛下の解散を命し玉ひし前議会の民党員を再選するは　陛下の聖旨を体せざるものなり。尚ほ強て之を再選するものは国賊なり朝敵なり……苟も職を現政府に奉するものは予と雖とも身命を抛て民党議員の再選を妨害すべし。一個人資格の名義を以て運動するには官吏と雖とも敢て法律上差支なき次第なり。

これにより、前議員を選ぶ者は「国賊」、「朝敵」扱いされ、県吏は民党議員の再選阻止を命じられたこと、県吏が「一個人資格」で選挙運動することは「法律上差支なき」こととの指示があったことがわかる。

以上のことから、各地の知事は、解散は天皇の指示で民党の前議員を落選させるために行うという説明をしていた。表現は「国賊」などと過激だが、民党議員の再選を憂慮する天皇の意向に沿った訓示であったことは確かである。つまり天皇の意向が松方、品川を経由して地方の府県知事に正確に伝わっている点は重要である。

（3）解散後の訓令

解散後に出された内務大臣の訓令は、明治二十四年十二月二十五日と二十五年二月三日に出された二通である。[52]いずれも一見選挙に際して警察の取締りを強化させる一般的な内容であり、実際に先行研究ではそのように解釈されている。[53]

まず、解散当日の訓令は以下の内容であった。

今般衆議院の解散を命せられたるに付ては各選挙区人民に於て或は喧噪紛擾を来し平素の業務に安んせさるの

状況に至るやも難計に付精々鎮静の道を尽すへし又議員選挙等に関し自然法律命令に違反する等の所為あるに於ては毫も仮借する所なく厳重の処置を為し以て安寧秩序を保持することを務めらるへし

後半部分に「又議員選挙等に関し自然法律命令に違反する等の所為あるに於ては毫も仮借する所なく厳重の処置を為し以て安寧秩序を保持することを務めらるへし」とある。これは、前述の二十四年五月の府県知事の建議書中に、治安を妨害する民党に対しては、議会を解散して「毫も仮借する所あるへからす」と厳しい対応をとるように提案した内容と文面が符合している。この府県知事の民党に対する認識をふまえて読めば、内相が訓令において厳重の処置をもって安寧秩序を維持することを命じたとき、念頭にあったのは、「秩序安寧を紊乱」する民党候補のみに対する取締り処置であったと推測される。[54] 実際に、佐賀県では警察署長名の通達で「毫も仮借することなく『法律の範囲内に於て』厳然たる所置を執行し彼等をして運動の余地なからしむる様致度」[55] と警察官に命令が出されていることからもわかる。すなわち、訓令を受け取った側は、民党候補の選挙運動の余地をなくすために「仮借することなく」、「法律の範囲内」で「厳然たる処置」をとることができるという認識をもったのである。[56] したがって、各府県において民党側の選挙活動を具体的に取り締まる根拠を与えたことになる。井上毅は予戒令に反対する論の中で、「法は犯罪の外は言論の自由を保證したるに、本案は粗暴の言論なる空漠なる文字を用ゐて其自由を奪はんとする事。行政官殊に警察官の目には凡そ政府反対の言論は皆粗暴なり」と述べ[57]、法の拡大解釈の危険性と警察官の傾向を指摘した。訓令に関しても同じことが言えるだろう。ここでは割愛するが、第六章で紹介した通り、内相の訓令翌日には園田安賢警視総監が具体的に集会・結社に関して厳重取締を指示し、一月八日には小松原英太郎内務省警保局長が政府を侮辱する言説に対して官吏侮辱罪の適用を促す指示を出している。

二月に入り、各地の選挙競争が激化し始めた。品川は次のように松方に伝えた。[58]

高知、大阪、富山等血を見せはじめ、今日より十五日間は、寒中に血花を散らす事も候半と憂慮仕候、行掛り、萬不得止事と存候、今日迄は、存外に各府県ともに静穏に経過仕候

治安責任者が流血の選挙騒動を「不得止事」ととらえ、「存外に各府県ともに静穏」とまで書いている。佐々木氏は「進んで実力行使を容認する気は無かったが、さりとて敢えて止める気も無く、官民激突はある程度既定の事実と考えていた節がある」と解釈するだけである(59)。地方の状況を正確に把握した上で事態を存外に静穏とみるのは、さらなる流血騒動を覚悟していたことを示している。つまり、選挙に良い結果を求められている品川の立場からすれば、多少の無理がなければ民党の議席を奪うことは容易ではないことを認識していたと解釈すべきである。

かかる状況をふまえて出された二月三日の訓令については、以下の通り、一見再度の取締り強化を命じた内容にみえる(60)。

選挙期日追々切迫するに従ひ競争の熱度を増し近来暴行殺傷等の事件を生する地方往々有之依て昨年十二月二十五日訓令の旨に依り此際一層警察の注意を周到にし予防の取締を厳密にし万一殺傷等の事件を生するときは直ちに其犯人を逮捕する様厳重取締注意せらるへし

しかし、高知では、訓令の内容とは異なる措置が内相自身によって執られている。高知県は全国で最も激しく選挙戦が展開され、「暴動」、「戦争」と表現されるほど治安が悪化した地域であるが、なかでも第二区は国民派候補と自由派候補の勢力が均衡していたため、警官、壮士が加わって暴動が拡大していた。一月二十九日、農商務省管

轄の高知県三原小林区署に暴徒が乱入し、川島亨一郎署長と親族二名が重傷を負う事件が発生した。この事件を受けて、陸奥宗光農商務大臣は内務省に対して署員の安全確保を要請したが、品川内相は、党派に関係していないことを取締強化の条件として挙げ、積極的に治安回復を図ろうとしなかった(61)。結局、陸奥が高知大林区署長に対して署員の選挙への関与を戒める指令を出した上で再度内相に安全確保を求め、品川はこれに応じたのであるが、品川の対応は民党支持者に対しては安全を保証しないと受け取れるものであり、三日に自らが発した「厳重取締」とはほど遠い対応であった。

しかも、三日の訓令を受けて園田警視総監が各警察署長に出した訓令は、以下の内容であった(62)。

自今衆議院議員総選挙の為各地到る処人心此の一途に傾向しあるか如しと雖も不逞の徒は此際機に乗し如何なる不穏の企を為し或は危険なる行為を計るもの万無きを保し難し各署長に在りては素より其辺に注意あるは深く信する処なりと雖も尚ほ充分視察を遂け苟も国家に害を謀るものある時は未発に之を防制し得る様精々注意せらるへし

先の解散当日の訓令と同様、一般的な内容に見える内務大臣の「予防の取締」を促す訓令を受けて出された警視総監の訓令は、「不逞の徒」や「国家に害を謀るもの」の行為を「未発に防制」するよう注意する内容になっている。ここでも秩序を乱す過激派、すなわち民党側が取締り強化の対象として認識されている。したがって、地方の現場においては内務大臣の公式の訓令を文字通りには受け取っていなかったと推定される。

（4）松方・品川内諭

公に出された訓示は以上の二通であるが、その他に、明治二十四年十二月二十八日には内相から知事へ親展書による命令も出された[63]。新聞によれば、その内容は「成るへく厳正中正不偏不党の名士を選挙せしむることに注意し且つ従来政党に関係深き官吏は断然免職せしむること」であった[64]。各地で知事が民党派郡長に代えて選挙干渉に積極的な人物を次々と起用したのは、この指示を実行したことがわかる。当時福井県知事であった牧野伸顕の回想にも、「品川内務大臣は議会の解散後、特に地方官を招集して解散の止むなきに至った経緯を述べ、来るべき選挙においてはなるべく中正の人物を挙げるように尽力して貰いたいとの大体の希望を、熱意を込めて慫慂された」とあり、中正の人物を選出するように指示がなされたのは事実のようだ[65]。粟谷品三は、九州漫遊後の品川に対して自由党員が選挙干渉を問い質したときに同席し、品川が「時の内務大臣弥二は地方長官に向け夫々訓令したり此干渉したることは自分は当然と思ふなり」と答えたという[66]。九州漫遊中に品川が干渉を公言したことは知られているが、地方長官に対してそれぞれ訓令したということは、府県によって訓令の内容が異なっていたことを示している。注目すべきは、親展書の日付が、松方が品川に選挙状況について天皇に奏上することを求めた日と同日ということである。つまり、選挙干渉に関して、天皇から松方首相、品川内相を経由し、府県知事へと指示が垂直的に降りていることを示している[67]。

佐々木隆氏は、地方官から松方に宛てた書簡（勝間田稔愛媛県知事、藤島正建千葉県知事）の分析により、松方首相と品川内相からの内諭について、「松方内諭は地方長官に政府支持議員が新議院で多数を占めるよう投票誘導の努力を求めたもの、品川内諭は同趣旨の下に細部を指示したもの」と内容を推定している[68]。佐々木氏の見解を検討するため、両内諭の内容について改めて検討し、その後、内諭を受けた知事の行動について考察したい。

まず、内容に関して、永峰弥吉宮崎県知事は、「内務大臣御内訓之次第も有之、生等平生之志操勃興奮発、可及的尽力周旋仕候、……不案内之生地ニ御座候間、万々不行届之義不少候……深ク恐懼痛心罷在候」と述べ、さらに「今度ハ特ニ親書ヲ賜候、付而は、一層興起仕候義ニ御座候」と松方に伝えている。(69) 両内諭を読み、「志操」が「勃興」、「奮発」、「興起」し、失敗を「恐懼」するというのであれば、限定的に「投票誘導の努力」を命じたものとは通常考えられない。また、船越衛宮城県知事は、松方からの二十七日付「御願書」を二十九日に受け取り、解散については「縷々ノ尊命」を謹んで承り、「如貴命、内務大臣よりも、厚御訓示有之、於拙生も、乍不及、兼而、覚悟罷存候得ハ、十分注意仕居候」と述べた。そして、選挙区の現状を伝えた後、「右両区之競争ハ、尤甚シカルベク奉存候、其他も、改自相合シテ、一方ト競争致候に付、寸時も油断ハ不仕、精々、注意ヲ加へ、目的可相達奉存候間、其段ハ、御安意被下度候」と述べた。(70) つまり、首相、内相からの訓示に対して「覚悟」をもって「注意」し、「油断」せず「目的」を達するから「御安意」くださいと、永峰知事ほどではないが、決意を伝えている。

上記二書簡は、まさに佐藤暢案の「第一に、監督の下に在る知事に内諭し、此勇気を移し、選挙に当らしめ」という提案通りと解釈できる。そして内容は知事に対して地方の状況を報告させ、選挙に覚悟をもって注意し、油断せず目的を達するようにというものであったことが読み取れる。いうまでもなく、目的とは天皇からの指示である民党議員の再選阻止と政府支持派の当選であった。

また、選挙長として選挙に干渉した高知県高岡郡長・中摩速衛の次の述懐は、品川内諭の内容にふれている。(71)

内務大臣の命令で政府党たる国民派の候補を当選せしむべく勧誘に干渉に全力を尽せとの内命があり、私は知事から沢山の金を渡された。それで私はその金を撒いて投票の買収に取りかゝり郡書記はもちろん警察当局と協力してドシドシ金を使つた。所が匹夫婦女子に至るまで一人として金を受取る者が無いのみならず、金だと云えば却て激昂して反対の熱が高まるので全く手のつけようがなくなった。そこでやむを得ず腕力に訴え警官等をして乱暴を働かせ到る所に怪我人をつくった。

中摩によれば、品川内諭は政府支持派当選のために勧誘と干渉に全力を尽くせという内容であった。勧誘については投票誘導と解釈できるが、干渉も指示に含まれていることは重要である[72]。中摩も最初は金による投票買収による運動を行ったが、逆効果となり批判され、最後は腕力で押し切ろうとしたという干渉に至る順序が明らかである。さらに述懐では記されていないが、中摩は選挙長として不正開票を指示し選挙結果を逆転させた疑いが濃厚であり、証拠となる投票の紛失で処分を受けている[73]。したがって、より正確に言えば、最後は腕力ではなく不正開票と証拠隠滅という犯罪行為まで行って目的を果たそうとしたのである。

以上のことから、両内諭は、勧誘のみならず干渉によって選挙の目的である政府支持派当選を、覚悟をもって実現するよう強く働きかけたと解釈するのが自然であろう。

（5）府県知事の対応

次に、内諭を受けた知事の対応について考察する。佐々木氏は、高知県の調所広丈知事を例にとって、干渉に熱心な知事は両内諭に対して従順ではなかったと述べている。まず、調所知事の実際の行動を考察し、続けてその他の知事の対応について述べたい。

第二章で述べた通り、調所知事は選挙期間の早い段階から危機的事態を鎮静化する力をすでに持たず無力化していた。もともと選挙以前から何度も、難治県の高知から治めやすい場所への転任を希望していた調所は、選挙後の依願免官を松方に求めた。しかし、希望に反し留任となった。その後、選挙干渉の更迭人事により、鳥取県知事に転任となったが、より治めやすい愛知県知事への転任を松方首相に懇願した。

この件に関して、暴発説は開き直った知事が政府の意向を無視した独自判断の末に暴走し、流血の事態を引き起こしたと解釈してきた。しかし、調所をめぐる一連の転任騒動をみれば、調所は松方の指示通り、県吏に法律の範囲内で一個人の資格をもって民党議員を落選させるよう訓令を出したが、それが干渉と受け取られ、難治県である高知の激しい選挙戦の中で事態を収拾する力を失い、失意のうちに治めやすい県への転出を懇願したと解釈するのが自然だろう。

次に、高知に次いで騒動が大きかった佐賀県知事の樺山資雄も、松方内閣瓦解後の第二次伊藤内閣において内務大臣になった井上馨に対して、首相と内相の指示にもとづき廟議決定されたため、自分としては最も好まざることであったが、国家のため一身を犠牲にして選挙に干渉したと述べた[74]。非職処分後の弁明ではあるが、少なくとも品川に対して過度の忠誠に奔って黙認を見越して暴走した知事像とは程遠い[75]。

一方、干渉に消極的であった鈴木大亮秋田県知事は、郡長宛の内訓案において、「衆議院議員は国民の意思を代表する者」であるから、選挙人が「任意の投票」をしなければ「真成の民意」を代表したとはいえない。したがって、町村長や町村吏員が選挙競争に「党派の何たるを問はす苟も之に干渉」することは許されず、選挙法に禁止されていることを述べている[76]。同じ内諭を受けた知事の中にも、干渉を防止する知事も存在したことがわかる。ただし、管見の限り明確に選挙への干渉を否定したのは鈴木知事だけである。

さて、佐々木氏の暴発説は、松方や品川が法令遵守や治安維持を命令したにもかかわらず流血の事態に至った理由として、死傷者が多く出た一〇府県の知事に薩摩閥、古参地方官が多く、「彼らが内務省の黙過を見越して干渉に奔った可能性」を挙げている[77]。佐々木説を支持する飯塚一幸氏も、流血の事態と各府県での干渉のバラつきの原因として知事が干渉を仕切り責任を負うしくみだったことを挙げている[78]。死傷者が多く出た県だけを取り出してみると干渉に熱心な知事が暴力を辞さない姿勢をとったように見える。しかし全体を検討しなければこれをもって暴発説の根拠としてよいかわからない。

佐々木氏の主張の真偽を明らかにするため、知事の属性によって選挙結果に差があるのか数量的に検討したい。まず、府県知事を属性で二つに分ける。第一に藩閥の危機から自発的に干渉に乗り出す可能性が高い薩長出身者、黒田・松方系官僚、古参地方官の知事計二五名を分類し[79]、第二にそれ以外二〇名を分類する[80]。そして、干渉に成功した府県と失敗した府県のそれぞれに第一属性の知事が占める割合を比べてみる。暴発説が正しければ、第一属性の知事は成功に多く失敗に少ないはずである。成功と失敗の基準としては、第一回総選挙から第二回総選挙にかけての政府派議員の増減を府県別に定数に占める割合で順位づけし、成功は割合がプラスの府県と増減なし（政府派が優位）とし、失敗はマイナスの府県と増減なし（民党が優位）とする。その結果、表28の通り、第一属性の知事は成功二八人のうち一六人（五七％）、失敗一六人のうち九人（五六％）となった[81]。その差は一％であり、成功と失敗の割合はほぼ同じである。

つまり、自発的に干渉に乗り出す可能性の高い知事とそうではない知事とで成否に差がないのであるから、薩長・古参地方官などの知事の属性では府県ごとの選挙結果の違いを説明できない[82]。第一属性の知事が暴力を辞さない強権的な姿勢をとったことは確かであっても、彼らだけが干渉に熱心だったとはいえない。したがって、佐々木氏の暴発説については、先述の調所の「開き直り」と併せ、実態にそぐわないことは明らかである。また、この結果は全国的に干渉が行われたということも示しており、知事に天皇からの命令が伝わり実行されたことの傍証となる。

表 28　府県別議席変化と知事の属性

	府県	定数	第2回 着実	第2回 過激	第1回 着実	第1回 過激	増減 差	増減 割合	知事氏名	記号	出身
1	佐賀県	4	**4**	0	0	**4**	4	100.0	樺山資雄	薩	薩摩
2	富山県	5	**5**	0	1	**4**	4	80.0	森山　茂		奈良
3	石川県	6	**5**	1	1	**5**	4	66.7	岩山・武井		薩・姫路
4	鳥取県	3	**3**	0	1	**2**	2	66.7	西村亮吉		土佐
5	徳島県	5	**4**	1	1	**4**	3	60.0	関　義臣		福井
6	岐阜県	7	**7**	0	3	**4**	4	57.1	小崎利準	古	三重
7	鹿児島県	7	**4**	3	0	**7**	4	57.1	山内堤雲	黒	幕臣
8	山形県	6	**6**	0	3	3	3	50.0	長谷部辰連	黒	福井
9	高知県	4	2	2	0	**4**	2	50.0	調所広丈	黒	薩摩
10	長崎県	7	**5**	2	2	**5**	3	42.9	中野健明		佐賀
11	岩手県	5	**4**	1	2	**3**	2	40.0	服部一三	長	長州
12	宮崎県	3	**2**	1	1	**2**	1	33.3	永峰弥吉		幕臣
13	三重県	7	**4**	3	2	**5**	2	28.6	成川尚義	古	上総
14	青森県	4	1	**3**	0	**4**	1	25.0	佐和　正		仙台
15	福井県	4	1	**3**	0	**4**	1	25.0	牧野伸顕	薩	薩摩
16	滋賀県	5	**4**	1	**3**	2	1	20.0	大越　亨		福島
17	大阪府	10	**9**	1	**7**	3	2	20.0	山田信道	古	熊本
18	兵庫県	12	3	**9**	1	**11**	2	16.7	周布公平	長	長州
19	京都府	7	**6**	1	**5**	2	1	14.3	北垣国道	古	鳥取
20	福岡県	9	**8**	1	**7**	2	1	11.1	安場保和	古	熊本
21	東京府	12	**8**	4	**7**	5	1	8.3	富田鉄之助		仙台
22	山口県	7	**7**	0	**7**	0	0	0.0	原　保太郎		京都
23	和歌山県	5	**5**	0	**5**	0	0	0.0	千田・沖		薩・鳥取
24	奈良県	4	**4**	0	**4**	0	0	0.0	小牧昌業	黒	薩摩
25	熊本県	8	**7**	1	**7**	1	0	0.0	松平正直	古	福井
26	島根県	6	**5**	1	**5**	1	0	0.0	篠崎五郎	薩	薩摩
27	広島県	10	**8**	2	**8**	2	0	0.0	鍋島　幹		佐賀
28	宮城県	5	**4**	1	**4**	1	0	0.0	船越　衛	古	広島
29	岡山県	8	4	4	4	4	0	0.0	千阪高雅		米沢
30	長野県	8	3	**5**	3	**5**	0	0.0	浅田徳則		京都
31	新潟県	13	2	**11**	2	**11**	0	0.0	籠手田安定		長崎
32	栃木県	5	0	**5**	0	**5**	0	0.0	折田平内	黒	薩摩
33	千葉県	9	1	**8**	2	**7**	−1	−11.1	藤島正健	松	熊本
34	茨城県	8	3	**5**	4	4	−1	−12.5	石井省一郎		岩手
35	埼玉県	8	2	**6**	3	**5**	−1	−12.5	久保田貫一		兵庫
36	愛媛県	7	0	**7**	1	**6**	−1	−14.3	勝間田稔	長	長州
37	大分県	6	3	3	**4**	2	−1	−16.7	岩崎小二郎	松	長崎
38	秋田県	5	1	**4**	2	**3**	−1	−20.0	鈴木大亮	黒	仙台
39	香川県	5	1	**4**	2	**3**	−1	−20.0	谷森真男		東京
40	福島県	7	3	**4**	**5**	2	−2	−28.6	渡辺　清		長崎
41	神奈川県	7	0	**7**	2	**5**	−2	−28.6	内海忠勝	古	長州
42	山梨県	3	**2**	1	**3**	0	−1	−33.3	中島錫胤		徳島
43	愛知県	11	**6**	5	**10**	1	−4	−36.4	千田貞暁	薩	薩摩
44	静岡県	8	1	**7**	4	4	−3	−37.5	時任為基	黒	薩摩
45	群馬県	5	1	**4**	**3**	2	−2	−40.0	中村元雄	松	大分
		300	168	132	141	159	＋27				

凡例　薩：薩摩出身、長：長州出身、古：古参地方官、黒：黒田系官僚、松：松方系官僚

注 1　当選者の分類、数字は「衆議院総選挙議員候補者名簿」(「品川弥二郎文書」) にもとづく。

注 2　網掛け部分の岡山県は、政府派と民党が同数であり、かつ増減なしのため、成功・失敗のどちらにも分類できない。

四　政府・内務省の具体策

本節では、民党（自由党、改進党）の連携に危機感をもった政府・内務省が、どのような民党対策を講じたのか考察する。

（1）告訴、告発、拘束

政府は、まず佐藤案で提案されていた自由党、改進党に対する告訴、告発などを実施し、民党候補の選挙活動に打撃を与えようとした。

自由党『党報』告発問題については、すでに研究がなされている[83]。この問題は、内務省が内務大臣の職務を侮辱した自由党『党報』の発行人や板垣退助を新聞紙条例違反によって告発しようとした問題であるが[84]、結局、井上毅、尾崎三良ら法制官僚からの強い反対もあり中止された。

また、内務省は集会及政社法違反でも自由党、改進党への取締りを実施しようとした。この事件は、自由党総理板垣退助と改進党代議総会長大隈重信が連名で石川県の民党候補者を推薦する広告を出したことに対して、内務省警保局保安課長山田幹が二月九日、代表二名と両党の関係者四二名を集会及政社法第二十八条違反で告発した事件である[85]。嫌疑をかけられた者の中には選挙に立候補した者が多数含まれており、彼らは投票日直前の二月十三日から断続的に裁判所に召喚され取り調べを受けた。結局、四月二十九日に予審が終結し、証拠不十分で免訴となった[86]。尾崎三良はこの事件についても、田中不二麿司法大臣に「是レ甚得策ニアラザルヲ論ジ、先般自由党宣言書告発ノ時ト同様中止ト為ラン事ヲ望ム」と述べ[87]、内務省の方針に反対する姿勢を示した。

この事件で告発された改進党の肥塚龍は、選挙前日に召喚された。肥塚は東京二区で渡邊洪基に六票差で敗れた経緯について、次のように書き残している。(88)

選挙前日（十四日）東京地方裁判所より余と島田三郎氏を召喚せり何事かと出廷すれば彼法官は曰く党派と党派との聯合提携は法の禁ずる所……此両伯に此書を出さしめたるは足下二人の依頼に出てたるものなりと聞くと言語道断の質問をなし而して発信者たる両伯へは一言半句の質問もなし余等両人相当の弁論をなして退廷したるが為之一刻千金に値する選挙の前日の半日を費し微弱なる芝区進歩派候補者を落選……

これにより、肥塚は、予審のために選挙運動に支障を来たしたことが落選に大きく影響したととらえていることがわかる。

上記二事件は内務省が民党を対象に行なった告訴、告発の事例であるが、個別選挙区を見ると、民党候補に対して直接捕縛を狙った事例もあった。まず、第二章で取り上げた高知二区の自由党候補林有造の事例である。二月十四日、郡長、警部長が「凶徒嘯集之条ニ当ル巨魁林ヲ捕縛ス」ると決めたことを受けて、十五日以降、多数の巡査が捕縛に動いていることを知ると、林は宿毛郡から愛媛、神戸へと避難した。(89)結局、二十一日に林の逮捕は取り消された。次に、第四章で取り上げた佐賀一区の自由党候補松田正久の事例である。鶯崎頼之小城警察署長は巡査に松田を殺せと命じて捜索させたという。(90)この命令の背後には、内務省の大浦兼武主事が、大木喬任の司法人脈を通じて司法省に松田拘引の令状を出すよう求めたことがあった。結局、松田も、小城から神戸経由で東京まで避難し、司法省が難色を示したことで身柄を拘束されることはなかったが、激戦区では、選挙後に候補者の捕縛を狙うという悪質な事例も存在したことがわかる。

以上の民党候補に対する告訴、告発、拘束の事例は、単に民党候補の選挙運動に対する打撃という意味に止まらず、衆議院議員選挙法第十七条の「刑事ノ訴ヲ受ケ拘留又ハ保釈中ニ在ル者ハ其ノ裁判確定ニ至ルマテ選挙権ヲ行フコトヲ得ス及被選人タルコトヲ得ス」(91)という規定を悪用し、民党候補の被選挙権を剝奪することを企図したと考えられる。林の例のように、投票日を過ぎても捕縛の動きが継続しているのはそのためである。しかも、第一回総選挙の当選議員が会期前に逮捕された前例において、衆議院は不逮捕特権を会期前逮捕にも適用しないと、恣意的な逮捕で議会審議が歪められることを懸念し会期中の釈放を政府に求めたが拒絶され、議会の権利を確立できなかった(92)。警察の逮捕企図はその懸念が杞憂でなかったことを示しているとともに、確信犯的行動であった点でより悪質であるといえる。

したがって、内務省が法を悪用した実力行使を企図し、それを法制官僚が食い止めたというのが実態であった。

(2) 大隈資金問題

次に、佐藤暢案の「敵の弱点を抱へ」る例として、改進党候補への打撃を企図した事例を取り上げる。これは大隈資金問題ともいうべきもので、資金調達に苦しんだ大隈が選挙運動資金として長崎のキリスト教主教オリエンチスから五万円を借り、政権獲得の際はキリスト教に特別の保護を与える約束をしたという噂が流布した事件である。これが仏教徒の多い地方では改進党候補への逆風となった。

この噂は、明治二十五年一月十六日付『東京日日新聞』が掲載した投書記事が発端となった(93)。ところが、一月十三日の時点で渡辺昇会計検査院長は松方に「大隈党は目下頻リニ耶蘇教家之手を借り、運動は勿論、金策を亜米利加之司教ニ依頼シ、頗る好都合之運ニ相成候」と大隈がキリスト教司教に選挙資金の提供を依頼したことを伝えている(94)。渡辺は「選挙権を以て選挙に関与す何の嫌ふ所か之れあらん」(95)と述べるなど選挙干渉に積極的な人物であり(96)、

『東京日日』の記事は渡辺ら政府関係者が情報源である可能性が高い。

『東京日日』は、一月十七日以降、改進・自由両党の機関新聞から批判され、また二十日には築地天主教会事務所からも取消請求があったため、結局、二十二日付で取消記事を掲載した。だが、選挙後、渡辺が「今度隈党は耶蘇教師ニ金ヲ借、其道を信し、其助を得テ、運動云々之辞柄は、余程相響候ものと見へ、実に別書之方策、乍早晩、感心歟、又可笑歟」と述べたように、キリスト教資金の噂は改進党に強い逆風となったのである。(97)

この問題が実際に改進党候補に与えた影響について、第一章で述べた島田孝之（富山四区）の例をみておきたい。島田は二月三日、壮士二名に襲撃され、顔に五ヶ所の軽傷を負った。(98)これを対立候補の機関紙『北陸政論』は、「島田孝之氏仏教信者に殴打せらる」と題して次のように報じた。(99)

> 貴殿は今般大隈伯が耶蘇教某より借入たる金の内七百円を貰ひ来り運動なし居るよし果して然らば当選の暁には仏教を廃止し耶蘇教を保護せらるゝ積りなるや如何と問ひ掛けしか島田氏は左様なことは少しもなしと短簡に答へけれはチョン髷男はナニ左様なことがないとは虚言だ此奴は仏敵に違ひない生して置くべからす……

壮士が島田を襲撃した理由が、実際にキリスト教資金疑惑にあったのかどうかは他の資料では確認できないが、『北陸政論』はこれ以後、島田の負傷とキリスト教資金疑惑を攻撃材料として書きたてた。二月九日付には「仏教信者は悉く我党に帰す」、「島田孝之氏危篤なり」、「島田氏洗礼を受く」の三記事を掲げ、選挙当日の十五日付には、「改進党員を投票するものは仏敵なり」、「島田孝之氏死せしとの風説」、「島田孝之氏告発さる」の三記事を掲載し、出所不明の報道で島田を攻撃することで、島田のみならず県下の改進党候補へのダメージを狙った。選挙の結果、富山県の改進党前議員三名は全員落選した。(100)

上記の事件から、佐藤の選挙対策案で示されたように、政府関係者が「敵の弱点」を材料に新聞を使って流言を広げ、民党に打撃を与えたことがわかる。

(3) 選挙資金

全体としては、第一節で述べた通り、政府は選挙資金として内閣機密費から五〇万円を支出し、閣僚の私財を投じた分については選挙後に天皇が一〇万円を補塡した。

個別にみれば、政府は選挙期間中様々な地域から運動費用を請求されている。福島県の例では、渡辺清知事が松方に対して選挙運動に費用が嵩んだために二万円の増額を要請している[101]。憲兵、歩兵が派遣された佐賀県では、樺山資雄知事が「此六七日間ニ勝敗ヲ決スル場合ニ於テハ、金力ヲ以テ制スルハ尤必要之手段」として、西郷従道前内務大臣に対して松方に二五〇〇円の下付を要請することを依頼している[102]。第四章で述べた通り、佐賀の選挙費用は総額五万円を超える規模であった。同じく憲兵が派遣された高知県では、大谷靖内務省庶務局長から調所広丈知事に一月二十六日から二月二十二日の間に計六回、選挙後の四月に一回追加され、総額九八〇〇円の振り込みがあった[103]。これとは別に吏党候補一名に四〇〇〇円が支出されている。憲兵の高知県派遣費総額五四二九円と比べるとその額の大きさがわかる。

資金の使途については全てを明らかにする資料は見当たらないが、投票買収、供応、運動員・壮士雇用、場合によっては武器購入が考えられる。ただし、買収については、有権者の票を買うだけでなく、政府側が擁立した候補に対しても行われたとみるべきである。すでに述べたように、茨城二区の野口勝一と佐賀三区の五十村良行に同じ一〇〇〇円が選挙後に別の人脈から渡されている。もちろん選挙費用を渡したという意味があるにせよ、政府として議会で政府寄りの採決態度を取らせるためには、候補段階で資金提供の見返りに候補になってもらう必要もあっただろう。その根拠となるのは、選挙後に品川が山県有朋に対して述べた「味方七八分は〇で買上げたる味方」という言葉である。[104] 〇は金を指すことは明らかである。

（4）内務省の動き

当時の内務省首脳の様子について、平山成信内閣書記官長は後年の述懐で次のように語った。[105]

　……品川内相は病気で九段上の自邸に引籠中であつたから、白根次官が専ら事に当り小松原氏及び当時警保局主事であつた大浦兼武氏と相謀つて穏健なる政府党候補の為に画策を運《ママ》らされた、恰度今日の会計検査院の前に警保局長の官舎があつて此処を選挙の本部として万端の事務を取扱つた、余はこの選挙事務に密接の関係があつたのではないが、内閣書記官長の職にあつた関係で時々此処に出入して種々の相談にも與りまた情況なども聞いて居た

これにより、内務省は、白根専一次官、小松原英太郎警保局長、大浦兼武警保局主事を中心として警保局長の官舎に選挙本部を設置し、情勢分析や指揮命令を行なったことがわかる。[106]

具体的には、地方官からの報告をもとに各府県選挙区の情勢を分析し、吏党候補と民党候補の当落予想を行いながら、選挙区によっては候補者の擁立や資金提供など具体的に選挙運動に介入していった。当落予想は、各選挙区の候補者名や票読みを記入した「衆議院選挙議員候補者名簿」[107]を作成し行っていた。[108] ここでは内務省の介入がどのように行われたのか事例を挙げてみていきたい。

重点地域について個別に支援する動きがあった。例えば、改進党の有力議員犬養毅の選挙区である岡山三区の吏

党候補の擁立には品川内相が自ら動いた。[109] 当初品川は小松原英太郎警保局長を擁立しようとしたがうまくいかず、岡山県議会議長香川真一が三井物産の馬越恭平を千阪高雅知事に推薦し、内相への上申がなされた。[110] 三井との協議で、品川は自ら渋澤栄一、益田孝との交渉にあたり、松方には西村虎次郎、中上川彦二郎の承諾を得るように求めた。[111] 中上川は承諾はしたが、三井としては味方できないとの態度であったため、品川は松方に再度の説得を要請した。品川は「犬飼《ママ》の強敵ハ、自分之選挙区外ニ出てゝ八方ニ切リ廻シ、実ニ中国ヲ席巻スルの勢」とみており、中国地方に強い影響力を持つ犬養の勢いを止めるために三井の力を必要としていたようだ。[112] だが、結果は、馬越は犬養に敗れてしまい、[113] 犬養の勢いを止めることはできなかった。

岡山では品川の動きとは別に、小松原と千阪知事が地元選出の野﨑武吉郎貴族院議員に書簡を送り、一区において吏党候補の坪田繁を当選させるよう要請した。[114] 重点候補に対しては、その地域出身者や関係する者が役職を問わず運動していることがわかる。

大浦兼武は大木喬任文相や高島鞆之助陸相など他省の大臣と連絡を取りながら、各地方に地縁のある官僚や知事ら地方官僚とのパイプ役を担っていた。大木文相とは大木の司法人脈と連絡を取りつつ佐賀の選挙に、[115] 高島陸相とは児島惟謙と連絡を取りつつ愛媛や香川の選挙に関して動いていた。大浦の役割は候補擁立や選挙運動の支援、そして資金提供であった。例えば、愛媛五区では、地縁のある児島惟謙からの書簡について伝え、各候補者が「中立主義を取り破壊党に加担せすと児島氏に於て口にて云ひたるとて信用する訳には成り難く」、離党し証拠を示さなければ「県庁の方にて之を妨けさる様通知難敷事」と高島に述べている。[116] これにより、大浦は吏党候補を選定し県庁にその選挙運動を妨害しないよう指示する立場にあったことがわかる。決して知事の一存で選挙を差配していたわけではない。

以上の動きを見ると、内務省は警察官を用いた取締りや地元有力者の擁立・協力要請というリソースで選挙の主導権を握り、閣僚や府県とのパイプ役として行動し、吏党候補支援の選挙運動を指導したことがわかる。

五　外国人顧問の選挙干渉論

選挙後、尾崎三良法制局長官は、四人の外国人顧問（いわゆる御雇外国人）に「官吏ノ選挙ニ干渉スル事件質問」を発し、回答を求めた(17)。

尾崎の質問は、選挙に際して政党が様々な手段で自党候補者を当選させようとするのは欧州諸国でもみられ、政府も多少選挙に干渉して国家の秩序的進歩を妨げない人物を選出させることに注意せざるを得ないようだが、もし政府の干渉を許すとすればドイツにおいて地方官が選挙に干渉する程度はどの程度まで達するか教示を請うものであった。

各顧問の回答を以下にまとめて示したい。

（一）　モスターフ

衆議院は憲法上の規定にもとづき国民に参政権を保証するものである。選挙は法律上の規定に則るだけでなく各選挙人の信ずるところによって行い、他からの干渉によって本心を枉げるべきでない。それは当選者によって組織される代表体の性質上からであり、憲法上明記されてなくても各立憲諸国に通用する。しかし、現実には各国とも政党が当選目的で不正の行為をなし、結果を左右している。立憲制の弊害といえる。不正に対しては刑法上の制裁があるが、防止するには不足し、国民代表の趣旨を貫徹できていない。政府は選挙者が不当な干渉を受けることなく選挙権を行使するようにする権利義務がある。これは反対党の攻撃を免れるためではなく、国政維持の機関として国家全般の利益上必要だからである。

具体論として、政府は直接間接を問わず選挙権抑制の目的で行う以下の行為は刑法上明文なくとも避けるべきである。（イ）選挙もしくは棄権に対して報酬および特待を付与すること、（ロ）逆に不利益、特に免職を脅迫に用いること、（ハ）直接間接に選挙者に対して特定候補に投票もしくは棄権させること、記名投票制の日本においては容易であるから特に注意して禁止すること、ドイツでは同様の例で選挙無効になることがしばしばある、（ニ）法令に基づかず選挙目的の出版、集会、結社において言論の自由を禁止すること、ドイツでは禁止する法令を公布したことで選挙無効となる、（ホ）反対党の官吏に対して懲戒処分を行うこと、（ヘ）選挙権行使のための休暇または辞職の申請を拒絶すること。

一方、政府が実行可能な行為は以下の通りである。（イ）官吏もしくは自治体が施政状況に関する個々の問題を出版、集会、結社などで選挙者に解説すること、（ロ）政府が政略に対する攻撃への弁駁として上記（イ）と同様の行為を行うこと、（ハ）上記二項目の行為を奨励すること、（ニ）官吏が公開の集会に出席すること、（ホ）反対党より脅迫を受けた者に能力相当の官職を授与すること。

最後に、モスタープは不当な選挙干渉が行われた選挙は無効となるかという点に論及する。欧州諸国の憲法にはスイス以外は選挙効力の有無は議会に委ね、裁判させる。その裁判には裁判所に控訴することを認めている。日本では落選者が選挙無効の訴えを裁判所に提起することができるだけである。したがって、日本の裁判所の裁判では、選挙法九十九条の場合を除き、ただ選挙干渉の事実を確定するだけで選挙無効にはできない。ただし、官吏が選挙法もしくは選挙法施行規則の規定を守らない場合は責任を免れないし、刑法上の明文がないという理由で干渉の責任は免れない。それは干渉の行為は「立憲制の本旨に於て固く禁する所」だからである。

（一一）リョースレル（ロエスラー）

確固たる原則を定めにくい。プロイセンのように立憲制度創立の当初においては政府を組織する能力なき政党の手に政権を委ねることを防ぐことが必要になる。日本も憲法の実施から日が浅く、政党抗争の弊害甚だしく反対党の攻撃が激しく、選挙法に欠点がある状態では、反対党の行為を自由にすれば政府の将来、国民の福利安寧に危険を生じる。選挙人の選挙自由の権利を保護するため政府の干渉を要望すべきである。なぜならば、干渉を欠けば選挙人は政党の集会や新聞などの勧誘に従い、または威嚇脅迫によって、政党の候補を選挙するのが常である。そのような威迫から免れ純良なる国益増進の主義によって判断させるには選挙自由の権利を保護すべきだからである。

では、政府は正当な目的でどの程度まで立ち入ることができるかという点は世間の意見は分かれ一致は難しい。反対党は選挙干渉を批判するし、政府は全ての方法で干渉することを主張する。他国では選挙法で官庁が選挙に干渉することを全て禁止した例もある。プロイセンでは政府が選挙区を政略上設定できると認定し、官庁および官吏の干渉を行わせた。

政府がしてはならないことは、政府の利益になる選挙結果を得る目的のため現行法に違反することである。具体的には違法な形で、選挙人に賄賂を贈ること、反対党の選挙人を選挙から排除すること、投票を無効とすること、反対党の人を讒謗または暴行すること、選挙長の選挙執行時の違法行為である。また、現行法の範囲内であっても不当な党派的圧制により選挙人の判断を欺き選挙の自由を侵害することは許されない。具体的には、（イ）官庁が直接政府党候補者を定めること、（ロ）同候補者の勝利を謀り、反対党候補者の不利益を官より命令すること、（ハ）官の職権を利用し、または脅迫して選挙人を威嚇すること、（ニ）官が政府党の選挙に保護を加え、もしくは報酬として党派上の利益を約束すること、（ホ）名誉および権利、思想を害する方法で官吏を使うことである。

（三）パテルノストロ

政府の権力が強い国では政府が選挙に干渉することは常に物議を来すのは免れない。英国では大臣が政党員として集会、懇親会、新聞などを通じて自党候補の選挙を助ける。フランス、イタリア、ベルギーその他の諸国においては英国を模範としている。ただし、しばしば権力を濫用し行政上の方便で選挙に干渉し、候補者を指定することがある。この問題は理論上の問題ではなく、政略上の問題である。その国の政治教育や政治上の慣習によって異ならざるを得ないからである。英国では、政府を構成する与党が政党として選挙を戦い政府として戦うわけではない。政党組織、政治教育が進歩している国だからこそできることである。国によってはやむをえず干渉しなくてはならないこともあるだろう。フランスにおいても税関長が部下に反対党に反抗すべきとの秘密訓令を配ったことが議会で追及されると、大蔵卿は、訓令は寛恕すべきではあるが、称揚すべきでも正確なものでもないと一言で済ませた。政府の干渉を許すといっても、その場合は政府は道義を保てなくなる。

（四）ボアソナード

政府が選挙に干渉するのは欧州諸国においてよくみられる。しかし、適法でも正格でもない。もし選挙の正当性に疑義がある場合は、議院は選挙資格審査権をもって選挙を取り消す。したがって、もし政府が干渉したければ、巧妙に秘密に穏和に実施するしかない。そのためには老練果敢な内務大臣が必要である。内務大臣が地方官を使って選挙に干渉するのは普通のことであり、自然、必然のことであるが、あまり公然とやるものではない。この問題は畢竟理論上の問題ではなく、政略上の問題である。選挙前に下問がなかったことを惜しむ。

小括

本章で明らかにしたことをまとめたい。

まず、第二回衆議院議員選挙においては、広く藩閥全体に藩閥体制と立憲政治の危機という意識が共有された。ただし、その危機に対する対策は政治家によって異なり、当時の議論では、民党への政権譲渡、憲法停止、連続解散、早期決着、新党結成の五つの論が提示された。憲法停止論と連続解散論を同一とみなす研究者もいるが、両者は異なる論である。従来、山県や品川は連続解散から憲法停止まで主張したとみられてきたが、憲法停止を主張した形跡はなく、彼らの連続解散論には早期決着を期待する内容も含まれていた。天皇も伊藤博文ら改革派に近い立場といわれてきたが、強い危機感から連続解散と議会運営の見通しを憂慮し、早期決着を目指し、一回の選挙で全力を尽くして議会運営の円滑化が可能な良い結果を出すよう松方首相に求めていた。それを受けて、松方は品川内相に対して選挙の見込みを天皇に奏上するよう指示した。そして、品川は府県知事に対して親展書簡で選挙対策を個別具体的に指示した。したがって、坂野潤治氏の系統的指令説の通り、天皇が選挙に対する方針として干渉を指示したととらえるのが自然であろう。ただし、干渉せよと命じたわけではなく、政府にとって良い選挙結果を出すことを命じたこと自体が干渉である。命じられた側は一回の選挙で結果を出すために無理してでも民党候補を落選させようとしたのであった。選挙干渉が天皇の発意なのか、それとも天皇が藩閥政治家の意向を汲んだものなのかという論点があったが[118]、早期決着という他の政治家が主張していない結論に至ったことから、天皇の発意とみるべきであろう。

天皇からの明確な指示を受け、政府周辺では選挙に勝つための二種類の対策案が作成された。金子案は、知事と連絡を取りつつも、大臣、旧藩主、官吏を総動員するという、内務省主導ではない選挙運動を提言していた。一方、佐藤案は、知事に吏党候補支援を迫るものであり、知事、警部長という内務省の指令系統を重視する選挙運動を提言していた。近年の研究で知事が干渉の責任を負うしくみだったことが、地域ごとの干渉の程度の違いや流血の事態をうみだしたとする見方が出てきた(119)。概ね頷ける見方であるが、首相周辺で知事に対し、結果が出せなければ内務大臣の信頼を失うという強圧的な指示を出す提案があり、内相の内訓もその趣旨で出されたと推測されることが見落とされている。つまり、知事に一任したわけではなく、内閣から地方へ圧力をかけた実態がある。

実際の選挙では、内務省の指令系統以外の人員も動いたが、選挙運動の中心はやはり内務省であったといえる。というのも、内務省は解散前から選挙準備のための調査を実施し、民党に対抗できる候補の発掘を進めており、選挙期間中も中正の候補を当選させるように知事に求め、民党候補への取締りを念頭に置いた訓令を発していたからである。しかも重点地域には、内相自ら候補擁立に動き、また資金を工面するなど奔走していたのである。この点は金子案よりも佐藤案の構想に近い動きが現実化したといえる。

また、政府内でも意見対立があったが、自由党、改進党への告訴、告発、拘束が内務省主導で検討された。自由党『党報』告発問題だけではなく、集会及政社法違反事件、大隈資金問題など改進党も対象とする告発や風説流布、そして、有力自由党候補二人に対する捕縛未遂も行われた。内務省・警察は各種法令を選挙用に最大限悪用したといえる。これに対して司法省が反対の姿勢を示し内務省に自重を求めた。したがって、既存研究でいわれてきた以上に、政府による民党攻撃は激しく行われたといってよいだろう。内務省が訓令で警察の厳重な取り締りを命じること自体が、民党側に対する一方的な取り締りを許可する意味をもち、それが民党弾圧につながり、やがては紛争へと発展していったという経緯を見ても、現地の暴動は、暴発したものとみるよりも、政府、内務省などの選挙に対する過度の介入が発端となったとみる方が妥当である。

外国人顧問からは、欧州諸国の経験から政府が選挙に干渉することはしばしば行われてきたという指摘があった。ただし、立憲政治の本旨をふまえて政府の干渉を否定的にとらえるモスターフのような意見もあった。パテルノストロとボアソナードの二人は、選挙干渉は結局のところ「理論上の問題」ではなく「政略上の問題」であり、欧州諸国でも争いを生む問題であることから、干渉をするならば巧妙に目立たない形でやるべきだと述べた。モスターフとリョースレルは具体的に政府が行ってはならない行為を指摘したが、第二回総選挙で日本政府はそのほとんどの行為を実行したことがわかる。他国では選挙の正当性に対する疑義がある場合に選挙無効の手続を定めていることが干渉の歯止めになることを指摘する意見もあった。ボアソナードの最後の「選挙前に御下問なかりしを惜む」というコメントは、恐らく大騒動に発展しない方法を助言できたことを示している。

したがって、以上の考察により、選挙干渉の性格については、天皇の主導的指示、事前の選挙準備、対策案作成をみれば、台頭する民党への危機感を共有した政府が、坂野氏の主張通り、天皇からの垂直的指令系統に基づき、吏党候補当選のために総力を挙げて選挙に干渉したものであるといえる。

註

（1）　伊藤之雄『立憲国家の確立と伊藤博文――内政と外交一八八九〜一八九八』（吉川弘文館、平成十一年、八六頁）。

（2）　明治二十四年十二月二十六日付松方正義宛山県有朋書簡（松方峰雄、兵藤徹編『松方正義関係文書』第九巻、大東文化大学東洋研究所、昭和六十三年、一三八頁）。なお、佐々木隆氏はこの書簡を引用し、山県が総選挙で持論の温和派育成論を述べていると紹介しているが、連続解散からの関連で仮定の話をしていることを示していない（佐々木隆『藩閥政府と立憲政治』吉川弘文館、平成四年、二〇二頁）。

（3）　高橋秀直「書評・伊藤之雄著『立憲国家の確立と伊藤博文』」『日本史研究』第四六二号、平成十三年二月、一四〇頁。なお、高橋氏は、憲法停止論は保守派の一部が一時的に唱えたに過ぎず、伊藤博文だけでなく藩閥勢力の大部分は立憲制の定着を目標としていたと述べている。妥当な見方であろう。

（4）伊藤之雄氏はこの書簡を引用しているにもかかわらず、樺山の連続解散からの憲法停止論を品川も解散直後から方針としていたと主張し、樺山と品川を同じグループに入れている（前掲『立憲国家の確立と伊藤博文』九四頁）。しかし、品川が憲法停止論まで述べている資料は管見の限り見当たらない。

（5）明治二十五年一月二十日付品川弥二郎宛都筑馨六書簡（「品川弥二郎文書」国立国会図書館憲政資料室蔵）。

（6）十二月二十七日付伊藤博文宛伊東巳代治書簡（伊藤博文関係文書研究会編『伊藤博文関係文書』第二巻、塙書房、昭和四十九年、一七三頁）。

（7）安田浩「似非実証的論法による一面的な指導者像の造形――伊藤之雄氏の伊藤博文論の問題点」（国立歴史民俗博物館編『「韓国併合」一〇〇年を問う』岩波書店、平成二十二年、三六〇―三六二頁）。同『近代天皇制国家の歴史的位置――普遍性と特殊性を読みとく視座』（大月書店、平成二十二年、二三二―二三三頁）。

（8）土方は高知県の情勢をふまえ、「最早小児に名力《ママ》は不可与、憲法も議会も断然中止」と述べた（一月二十九日付品川弥二郎宛土方久元書簡、尚友倶楽部品川弥二郎関係文書編纂委員会編『品川弥二郎関係文書』第六巻、山川出版社、平成十五年、五六頁）。

（9）十二月二十四日付伊藤博文宛井上毅書簡（前掲『伊藤博文関係文書』第一巻、昭和四十八年、四二三頁）。佐々木隆「明治天皇と立憲政治」（福地惇、佐々木隆編『明治日本の政治家群像』吉川弘文館、平成五年、三一五頁）。

（10）十二月二十七日付伊藤博文宛井上毅書簡（前掲『伊藤博文関係文書』第一巻、四二四頁）。

（11）十二月二十六日付伊藤博文宛徳大寺実則書簡（前掲『伊藤博文関係文書』第六巻、昭和五十三年、二一六頁）。

（12）十二月三十一日付山田顕義宛徳大寺実則書簡（日本大学大学史編纂室編『山田伯爵家文書』第一巻、日本大学、平成三年、一〇六―一〇七頁）には、具体的に、「此後之選挙ハ党派代議士テナク、実業家之良民を選挙致し候様、為国家企望仕候」と徳大寺の希望ではあるが、党派代議士ではなく実業家を選出することを望んでいる。

（13）前掲『立憲国家の確立と伊藤博文』八六頁。

（14）十二月二十八日付品川弥二郎宛松方正義書簡（前掲『品川弥二郎関係文書』第七巻、平成二十一年、七五頁）。

（15）伊藤之雄『山県有朋――愚直な権力者の生涯』（文春新書、平成二十一年、二六一頁）。

（16）宮内庁編『明治天皇紀』第八巻（吉川弘文館、昭和四十八年、三頁）。なお、根拠となっている「徳大寺実則日記（写）」一月七日条（早稲田大学図書館渡辺幾治郎文庫蔵）には伊藤が「衆議院議員選挙見込無之事」と返答したとある。ところが、佐々木隆氏も伊藤之雄氏もこの事実には一切触れず、十六日の政党組織を提案した件のみを取り上げている。

(17) 伊藤之雄氏は、伊藤博文が四度の憲法停止危機に際して憲法を守るために行動したことで憲法停止は避けられたと評価する(前掲『立憲国家の確立と伊藤博文』三二五―三二六頁)。これに対して安田浩氏は、憲法危機が実在しないことを指摘した上で、危機とされる四度のうち三度が伊藤内閣であり、解散を選択していることを指摘し、「憲法危機を阻止する政治行動が伊藤の主眼であったとするなら、その政権担当の時期に議会解散の選択することはあっても、事態は本当の憲法危機ではなかったとするか、逆に憲法危機の存在をあくまで主張するなら、伊藤の立憲制論は、伊藤氏の主張するような議会制への発展を志向するものではなかったとするか、そのいずれかでないと論理的に矛盾してしまう」と指摘している(前掲『近代天皇制国家の歴史的位置』二四〇頁)。ここでは、伊藤が首相ではない唯一の明治二十五年の危機に関しても、伊藤の冷淡な姿勢をみれば、伊藤之雄氏の描く憲法危機に立ち向かう伊藤博文像は成り立たないことを指摘したい。

(18) 前掲十二月二十七日付伊藤博文宛伊東巳代治書簡(前掲『伊藤博文関係文書』第二巻、一七五頁)。

(19) 十二月二十七日付杉孫七郎宛品川弥二郎書簡(「杉孫七郎文書」国立国会図書館憲政資料室所蔵)。なお、この状況で、品川が「天皇の真意を誤解」(前掲『立憲国家の確立と伊藤博文』八六頁及び伊藤之雄『伊藤博文――近代日本を創った男』講談社学術文庫、平成二十七年、三二三頁)することは考えられない。

(20) 「土方久元日記」二月十六日条(「土方久元関係文書」C―一〇、首都大学東京図書館所蔵貴重資料)。すでに伊藤之雄氏が前掲『明治天皇』(三〇八頁)で当資料を用いている。

(21) 前掲一月二十九日付品川弥二郎宛土方久元書簡、二月二十二日付品川弥二郎宛徳大寺実則書簡(前掲『品川弥二郎関係文書』第五巻、平成十一年、二〇〇頁)。

(22) 「警視庁報①六〇―三」(識別番号五二三一九、宮内庁宮内公文書館蔵)。同簿冊に含まれているのは大阪府知事の報告のみであり、他の府県については不明である。

(23) 松方内閣の選挙資金調達については、すでに佐々木隆氏が取り上げている(前掲「明治天皇と立憲政治」三一七―三一八頁)。ここでは同論文を参照した。

(24) 明治二十四年十二月二十二日付伊藤博文宛杉孫七郎書簡(前掲『伊藤博文関係文書』第六巻、六〇頁)。

(25) 「金を以運動する」を根拠に政府の方針は買収であると解釈する見方があるが、解散決定すら行われていない段階で政府の選挙方針が決まっているとは考えづらい。金庫番として万が一解散になった場合の資金調達を請け負ったという程度ではないか。

(26) 二月十九日条、四月二十七日条（前掲「徳大寺実則日記（写）」）。

(27) 前掲「明治天皇と立憲政治」三一八頁。

(28) 前掲『立憲国家の確立と伊藤博文』九五頁。伊藤氏は選挙干渉が天皇の発意ではない根拠として、民党を懲らしめるという藩閥全体の意向を反映したことを挙げていたはずである。しかし、下付金に関する部分では干渉をめぐって藩閥内に対立が存在することになっている。これは矛盾ではないか。

(29) 前掲『明治天皇紀』第八巻、二五―二六頁。

(30) 「福岡佐賀高知出張復申書」（「内大臣府文書二五・侍従各地巡視復命書四」早稲田大学文学部史学資料室蔵）。

(31) 「衆議院議員選挙ニ係ル騒乱（佐賀、高知）一〇六―一・二」（識別番号五三五八四・五三五八五、宮内庁宮内公文書館蔵）。残念ながら他の年の選挙関係書類が多い。

(32) 例えば、佐々木隆「干渉選挙再考――第二回総選挙と九鬼隆一」（『日本歴史』第三九五号、昭和五十六年四月）は、九鬼隆一の集票活動について松方正義宛書簡を中心に考察している。

(33) 「憲政史編纂会収集文書」は「農商務大臣陸奥宗光衆議院ノ解散ニ会シ総選挙ノ方策ヲ按《ママ》ンジ意見書ヲ内閣総理大臣松方正義ニ提出ス、後来官権ノ選挙干渉ハ一ニ此ノ方針ニ拠ルト云フ」（「憲政資料稿本・明治二四年資料」所収）として、金子案と同一の案を陸奥のものとしているが、「陸奥宗光文書」中の「解散後ノ選挙ニ関スル意見」は、金子が品川に送付したものと同一であり、しかも「貴族院」用箋をもちいていることから、貴族院書記官長である金子堅太郎の意見書と判断した。同じ意見書は、「第二議会解散ニ関スル上申書」と題して伊藤博文編『秘書類纂・帝国議会資料』上巻（復刻版、原書房、昭和四十五年、四九三―四九六頁）にも所収されている。

(34) 明治二十四年十二月（日付不詳）品川弥二郎宛金子堅太郎書簡（前掲『品川弥二郎関係文書』第三巻、平成八年、一六一―一六四頁）。書簡冒頭に「秘密　解散後ノ選挙ニ関スル意見」という題が付けられている。

(35) 同前書、一六四頁。

(36) 「衆議院議員選挙区一覧図」（「梧陰文庫井上毅文書」國學院大學図書館蔵）。緒言は明治二十六年十月付となっているが、凡例には「此図ハ明治二十五年二月衆議院議員臨時総選挙ノ当時各地方ニ於ケル各党派ノ勢力竝当選者ノ主義ヲ一目瞭知セシムルヲ以テ目的トス」とあることから、第二回総選挙時に作成されたことは明らかである。

(37) 「旧藩主利用策」『国民之友』第一四三号、明治二十五年一月二十三日。逆に、相良家が改進党に金を出しているという噂について、白根専一内務次官が過敏に反応している例もある（二月七日付品川弥二郎宛白根専一書簡、前掲『品川弥二郎関係文書』第四巻、平成十年、三八一頁、二月八日付品川弥二郎宛杉孫七郎書簡の別紙）。これも内務省が旧藩主の影響力を無視できないものとみていたことを示している。

（38）十二月二十七日付松方正義宛佐藤暢書簡（前掲『松方正義関係文書』第八巻、昭和六十二年、二三一頁）。

（39）同前。

（40）十二月二十八日付松方正義宛佐藤暢書簡（同前書、二五四―二五五頁）。

（41）「地方長官口演書」（「品川弥二郎文書」国立国会図書館憲政資料室蔵）。なお、引用に際して句読点を付した。府県知事の連署には長崎・宮崎・鹿児島の三県が除かれている。

（42）府県知事には、薩摩、長州出身者や、政府に恩義のある人物が多く起用され、民党勢力に対して強硬姿勢をとる知事が目立った。

（43）明治二十四年八月三十一日付園田安賢警視総監発秘第一三号訓令（「警視庁史料・国事警察編」一四四―一四六頁、国立公文書館蔵）。なお、これは内務大臣訓令を受けて園田警視総監が発したものだが、調査内容は他県と同じである。

（44）明治二十四年八月二十九日付品川弥二郎内務大臣発訓第七三八号（「閣省内訓内達編冊」明治二十二年―二十五年、秋田県公文書館蔵）。

（45）「二十四年八月二十九日内務大臣訓令」（「衆議院議員選挙ノ場合鹿児島県下ニ於ケル再選見込ノ者ニ関スル取調報告」、「松方家文書」マイクロフィルム版近代諸家文書集成）。この件に関しては、既に中原英典「『予戒令』小史」（『レファレンス』第三三五号、昭和五十三年十二月、一一頁）が簡単に触れている。

（46）有馬学氏は、選挙干渉事件が「ムラ」の中に複雑に存在する対立を「民党対吏党」の構図にしたと主張する（有馬学「松方内閣の選挙干渉とは何か？」『日本歴史』第六〇〇号、平成十年五月、一四四―一四七頁）。これを「至言」と評価する向きもあるが（成田憲彦「初めての解散と選挙大干渉」『選挙』第五四巻、第一号、平成十二年一月、七頁）、事前調査の周到さをもってみれば、政府にとって味方となり得る勢力の確保は当然の措置であることがわかる。

（47）『東京朝日新聞』明治二十四年十二月二十七日付。

（48）明治二十四年十二月二十八日付北垣国道知事発訓令（「訓示」京都府立総合資料館蔵）。

（49）さらに北垣知事は一月六日の郡長会議において、政府系候補は大臣と縁故のある者か知事の推薦による者に限定し、当落の責任は知事が負い、選挙運動は知事と協議して行い、候補者一人当たり三千円の運動資金を支出する方針を伝えた（前掲「初期議会と民党」六七頁）。これは第三節の佐藤暢案において提案されていた内容と同趣旨である。
(50) 明治二十四年十二月二十九日付内訓第一四号（「帝国議会・県制」埼玉県立文書館蔵）。
(51) 「高知県選挙干渉事略」（「高知県選挙干渉資料三」「憲政史編纂会収集文書」国立国会図書館憲政資料室蔵）。
(52) 「選挙取締ニ関スル内務大臣訓令」（前掲「松方家文書」）。
(53) 前掲『藩閥政府と立憲政治』二〇二―二〇三頁。ただし、佐々木氏も「毫も仮借する所なく」が実力行使を含む選挙干渉を含意している可能性は指摘している。
(54) これは、既に紹介した金子案が知事や郡長に法令の範囲内での取締りを命じていたことの問題点でもある。
(55) 明治二十五年二月四日付宮本専一郎佐賀警察署長通達（『選挙干渉ニ関スル参考書類』衆議院事務局、明治二十五年、一四六頁）。
(56) 坂野潤治『大系日本の歴史一三・近代日本の出発』（小学館ライブラリー、平成五年、二二三頁）。坂野氏は、前掲通達を紹介し、この認識に当時の警察の法意識が現れているとしている。
(57) 一月十九日付伊藤博文宛井上毅書簡（前掲『伊藤博文関係文書』第一巻、四二六頁）。
(58) 明治二十五年二月一日付松方正義宛品川弥二郎書簡（前掲『松方正義関係文書』第八巻、二九七頁）。
(59) 前掲『藩閥政府と立憲政治』二一四頁。
(60) 前掲「選挙取締ニ関スル内務大臣訓令」。
(61) 「高知選挙事件大略」（原敬文書研究会編『原敬関係文書』第五巻、日本放送出版協会、昭和六十一年、四三六―四三七頁）。この間の詳しい経緯については、第二章参照。
(62) 二月五日付園田安賢警視総監発秘二号訓令（前掲「警視庁史料・国事警察編」一六二―一六三頁）。
(63) 「内務大臣の親展書」（『東京日日新聞』明治二十四年十二月三十日付）。
(64) 「選挙に関する政府の方針」（『東京日日新聞』明治二十五年一月十四日付）。
(65) 牧野伸顕『回顧録』上巻（中公文庫、昭和五十二年、一六一頁）。牧野は松方に宛てた書簡において、「県下選挙区は、従来尽く自由党所属議員の占有する所に相成、今般種々手配を尽くし、忠良の人物を選出致度希望ニて、各区共に競争中々烈布」（一月二十日付松方正義宛牧野伸顕書簡、前掲『松方正義関係文書』第七巻、昭和六十一年、四七七頁）と、忠良な人物が当選するように努力していることを伝えた。

(66)〔覚書〕(「深瀬文書」六―一六一、八尾市立歴史民俗資料館蔵)。深瀬和直は大阪府で各地の郡長を歴任した人物である。選挙当時は丹北・河内・高安・若江・大県・渋川郡長を務めていた。深瀬和直および深瀬文書に関しては、重岡伸泰「郡長深瀬和直と初期選挙」(『研究紀要』第一六号、八尾市立歴史民俗資料館、平成十七年三月、五九―八五頁)、関西郡部研究会「深瀬文書目録・解題」(『研究紀要』第一八号、同前、平成十九年三月、六〇―一四四頁)を参照のこと。

(67)一般的に組織における指示は、中央(上)が示す方針・目標が現場(下)に降りていくに従って具体的な方法・手段となっていくものである。したがって、天皇が干渉の具体策を示さなければ干渉を指示したとみなさない解釈は組織の常識から逸脱している。「どのような能動的君主も、詳細な具体的政治行為まで指示するわけではない」と批判する論者も存在する(安田浩『天皇の政治史――睦仁・嘉仁・裕仁の時代』青木書店、平成十年、一一三頁)。また、近代立憲制において、政府が選挙に干渉することを公式に発表することは、世論の反発を招くという次元ではなく、自らの統治の前近代性をさらけ出すという点で考えにくい。同じ政府が第一回総選挙を穏便に済ませることに腐心したことを想起されたい。したがって、干渉が指示されたかどうかは公式の発表の有無では判断できない。

(68)前掲『藩閥政府と立憲政治』二〇二頁。

(69)一月七日付松方正義宛永峰弥吉書簡(前掲『松方正義関係文書』第八巻、六七―六八頁)。なお、佐々木隆氏は「松方正義文書」を丹念に調査されているが、これまでの研究において、佐藤暢書簡、七月二九日付調所書簡、永峰書簡、船越書簡については全くふれていない。

(70)十二月三十日付松方正義宛船越衛書簡(前掲『松方正義関係文書』第六巻、昭和六十年、一七五―一七六頁)。

(71)津村久茂『高知県史』上(高知県史編纂会、昭和二十六年、二五五頁)。

(72)樺山資雄佐賀県知事も、非職処分後の弁明ではあるが、「内務大臣カ我々地方官ヲシテ選挙ニ干渉シ忠良ノ代議士選出スヘキ内命ヲ下シ」と述べている(「樺山資英文書」一四八―四、国立国会図書館憲政資料室蔵)。当書簡の性質、内容についての詳細は第四章参照。

(73)詳細は第二章参照。

(74)前掲「樺山資英文書」一四八―四。

(75)前田亮介氏は、二十五年七月の段階で樺山資雄が高島鞆之助に対して、自分は憲法停止論の立場から選挙干渉を批判したが採用されなかったと述べたことを指摘している（前田亮介『全国政治の始動――帝国議会開設後の明治国家』東京大学出版会、平成二十八年、二四〇頁）。

（76）明治二十五年一月九日付内訓第三号修正案（「明治二十五年・秘書」秋田県公文書館蔵）。なお、すでに簡潔に吏員の干渉を戒める内容の一月四日付内訓案があったにもかかわらず、丁寧に選挙人の権利や民意を説く長文の内訓に書き改めさせている。知事の強い意志がみてとれる。

（77）前掲『藩閥政府と立憲政治』二一四―二一五頁。

（78）前掲「初期議会と民党」六七頁。

（79）根拠としたのは、佐々木隆氏の前掲『藩閥政府と立憲政治』と「藩閥の構造と変遷――長州閥と薩摩閥」（『年報・近代日本研究』第一〇号、昭和六十三年十一月）である。

（80）第二属性に石川県と和歌山県を分類した。これは両県とも選挙前に知事が交代したため新旧知事の影響力を判断できないためである。なお、佐々木氏は石川県を一〇府県中に入れているが、石川県は前知事死去を受けて後任に選ばれた武井守正知事が赴任せずに辞職したため（『石川県史』第四編、石川県、昭和四十九年、三九七頁）、事実上知事不在であったことから、知事の出身を考察する例としては適切でないと考える。

（81）民党候補と政府系候補の分類は、表の注の通り、内務省作成の名簿に基づいている。

（82）しかも上位一〇人と下位一〇人に限定してみると、第一属性の知事は上位一〇人中五人に対して下位一〇人中七人となり、下位の方に割合として多く含まれることがわかる。

（83）佐々木隆「自由党『党報』告発問題をめぐって」『新聞学評論』第三四号、昭和六十年三月。

（84）明治二十五年一月十二日付「告発書」（前掲『松方正義関係文書』第八巻、三三七―三四〇頁）。これは白根専一が松方正義に送付したものである。白根は内閣が起訴を断念したことを指して、「小生之苦心水泡に属する而已ならず、惣《ママ》選挙之形勢に差響き実に遺憾」と不満を品川に伝えた（二十六日付品川弥二郎宛白根専一書簡、前掲『品川弥二郎関係文書』第四巻、二八九頁）。

（85）『立憲改進党党報』第二号、明治二十六年一月五日、三四―三六頁（文献資料刊行会編『立憲改進党党報』第一巻、柏書房、昭和五十四年所収）。

（86）「予審終結決定書」（「大隈文書」早稲田大学蔵マイクロフィルム）。

（87）伊藤隆、尾崎春盛編『尾崎三良日記』中巻（中央公論社、平成三年、五六九頁）。

(88) 『肥塚龍自叙伝』（肥塚麒一、大正十一年、六〇頁）。
(89) 二月二十三日付小野梓宛林有造書簡（「小野梓文書」国立国会図書館憲政資料室蔵）。なお、事件の詳しい経緯は、第二章参照。
(90) 笹川多門『松田正久稿』（江村会、昭和十三年、一二四―一二五頁）。なお、事件の詳しい経緯は、第四章参照。
(91) 『法令全書』明治二十二年二月、法律第三号。
(92) 拙稿「第一回衆議院議員選挙の当選者をめぐる訴訟・逮捕事件と議院の自律性――議員資格審査と不逮捕特権を中心に」『近代日本研究』第三四巻、平成三十年二月、一七一―一七五頁。
(93) 「運動費の出所」（『東京日日新聞』明治二十五年一月十六日付）。
(94) 一月十三日付松方正義宛渡辺昇書簡（前掲『松方正義関係文書』第九巻、昭和六十三年、九四―九五頁）。
(95) 『東京日日新聞』明治二十五年二月九日付。
(96) 渡辺は、尾崎三良らとともに、東京一区の候補者選定にも関わっていた（前掲『尾崎三良日記』中巻、五五八頁以下）。詳細は第五章参照。
(97) 二月二十七日付松方正義宛渡辺昇書簡（前掲『松方正義関係文書』第九巻、九五頁）。「別書」には、「大隈伯ハ先般ノ議員総選挙ノ節、キリスト教師某ヨリ運動費五万円ヲ借受ケ、他日政権ヲ掌握スルトキハ、云々ノ説、社会ニ伝布セン、日本在来ノ仏教信徒ノ輩ハ一層ノ疑惧ヲ抱キ、改進党ハ皆耶蘇教ナリ、ト云フノ帰向ニ傾キ、夫レカ為、議員ノ数ヲ減スルニ至リシヲ大ニ嘆シ」という記述がある（別紙二、同前書九八頁）。
(98) 詳細は第一章参照。
(99) 『北陸政論』明治二十五年二月四日付。
(100) ただし、島田孝之は当選訴訟に勝訴し当選が認められた。詳しくは、第一章参照。
(101) 二月八日付松方正義宛渡辺清知事書簡（前掲『松方正義関係文書』第九巻、九一頁）。
(102) 二月八日付西郷従道宛樺山資雄知事書簡（同前書、六三二頁）。
(103) 「明治二十五年高知県選挙干渉資料 一」（「憲政史編纂会収集文書」所収）。詳細は第二章参照。
(104) 三月五日付山県有朋宛品川弥二郎書簡（尚友倶楽部山縣有朋関係文書編纂委員会編『山縣有朋関係文書』第二巻、山川出版社、平成十八年、二〇〇頁）。
(105) 有松英義編『小松原英太郎君事略』（木下憲、大正三年、六五頁）。

（106）ただし、品川が病気であったという平山の説明には異論もある。今井良一に宛てた品川の書簡を見たという人物によれば、品川は家に籠もって「民党を叩き潰」すための「大童の策動」をしていたという（杉村幹『警察物語』日本出版、昭和十七年、一一三頁）。
（107）「品川弥二郎文書」九五六（国立国会図書館憲政資料室蔵）。
（108）小松原英太郎警保局長は一月二十四日、品川内相に重要選挙区の模様を問い合わせた返答の電信綴りを送り、翌日には「全国各選挙区各候補者競争之模様、勢力の強弱凡そ見込」を電信で送ると伝えた（一月二十四日付品川弥二郎宛小松原英太郎書簡、前掲『品川弥二郎関係文書』第三巻、四五八頁）。また、白根専一は二月十八日、松方首相に、先般送った「衆議院議員候補者調」について、万一漏洩すると方略が水泡となる危険があるため選挙終了後も極秘にしておくことを念押ししている（二月十八日付松方正義宛白根専一書簡、前掲『松方正義関係文書』第八巻、三三三頁）。このことから「衆議院選挙議員候補者名簿」が、内務官僚によって作成され、品川や松方に提出されたものということがわかる。
（109）太田健一「明治二十五年の選挙干渉――岡山県知事・貴族院議員の動向を中心に」（『倉敷の歴史』第一六号、平成十八年三月）は、野崎武吉郎貴族院議員の書簡を用いて岡山県の選挙状況を詳細に明らかにしているが、馬越の立候補については、香川に推挙されたことの指摘に止まり、中央での根回しについては触れていない。
（110）前掲『小松原英太郎君事略』一五七頁。馬越は、上京した香川に二月六日から八日まで会っている（「当用日記（明治二十五年）」、「馬越恭平関係文書」東京大学近代日本法政史料センター原資料部蔵）。
（111）二月八日付松方正義宛品川弥二郎書簡（前掲『松方正義関係文書』第八巻、二九七頁）。
（112）二月九日付松方正義宛品川弥二郎書簡（同前書、二九八頁）。
（113）馬越は選挙当日、品川に伺いをたて、翌十六日選挙敗北の報告を聞いた（前掲「当用日記」）。犬養一四一四票に対し、馬越は六二一票であった（衆議院事務局編『第一回乃至第七回衆議院議員総選挙一覧』明治三十七年、四七頁）。
（114）前掲「明治二十五年の選挙干渉」一六―一七頁。
（115）詳細は第四章参照。
（116）一月十五日付高島鞆之助宛大浦兼武書簡（神奈川県立文書館蔵山口コレクション）。
（117）「陸奥宗光関係文書」六一―三三（国立国会図書館憲政資料室蔵）。以下、外国人顧問の回答は同資料にもとづく。
（118）伊藤之雄氏の見解（前掲『立憲国家の確立と伊藤博文』八六頁）。

(119) 前掲「初期議会と民党」六七頁。

終章

前章までは、新事実を含めて事実の再構成を中心に選挙干渉事件の一連の流れをたどってきた。本章では従来の研究で取り上げられていない点をまとめた上で、まず選挙干渉事件自体がもつ意義について、通説に対する見解を含めてまとめたい。その上で、当事件がどのように政治史上に位置づけられるかという点を考察する。

先行研究では、佐々木隆氏が最も詳細に当事件に関する論点を考察してきたといえる。佐々木氏は、松方首相と品川内相の内諭・訓令を検討し、九鬼隆一による関西方面の投票誘導工作、自由党『党報』告発未遂事件、白根専一内務次官を中心とした内務省幹部の動き、高知県での知事の開き直りなどを取り上げている。

一方、本書において取り上げた論点は次の通りである。天皇による指示、集会及政社法違反事件（以上、第八章）、立民党候補捕縛未遂事件（第二・四・八章）、大隈資金問題（第一・八章）、選挙長不正開票事件（第一・二・三章）、候補者調査、選挙対策献言（以上、第八章）、言論規制、法運用変更（以上、第七章）、憲兵・歩兵派遣（第二・四章）、当選訴訟（第一・三章）、選挙結果と議席構成、選挙後の多数派工作、議員の議案賛否態度（以上、第六章）などである。いずれもこれまで詳細が明らかになっていなかった論点である。

次に、選挙干渉事件がもつ意義についてまとめる。

第二回総選挙における選挙干渉は、藩閥政府の総力戦によるものと意義づけることができる。従来、当事件に関しては、一部の政治家、知事による暴走との位置づけや、周到な準備なく突発的に暴力沙汰に発展していったという偶発性を強調する研究がほとんどであった。しかし、これまでに述べてきたとおり、政府は選挙の前年に解散に備え各県の候補発掘のため状況を調査した。解散決定後は早期決着を望む天皇からの指示を受け、一度の選挙で議会運営を円滑化するため、松方首相に具体的選挙対策が提案され、総力を挙げて選挙に介入していった。総力戦ゆえに松方は選挙対策を内務省に一本化せず、あえて統制しなかった。そのため、内務省とそれ以外の動きが衝突したり、齟齬をきたしたりした。それが偶発性の表出のように見えてきたのだろう。

ただし、総力戦とはいいながら、藩閥勢力は一枚岩ではなく、思惑は様々であった。藩閥政治家の中には藩閥の危機であると同時に、自分に近い人物を選挙で当選させ、議会に自らの勢力をもち、政治力を拡大させることができる好機ととらえた人物もいた。本書では特に大木喬任を取り上げ、選挙干渉を機に議会における大木派を形成するために司法人脈を駆使したことを明らかにした。

伊藤博文については、選挙干渉事件前後においても憲法停止危機を回避するために、新党結成を提案して枢密院議長の辞表を提出したことで憲法を守ったと高く評価する見方がある。(1) しかし、この見方についてはそもそも憲法危機といえる事態が存在したのかなど、すでに疑問が提示されている。(2) 加えて、本書で明らかにした内容をふまえると、従来の伊藤への評価にはさらに問題がある。まず、伊藤は解散直後から一月にかけて選挙結果を憂慮する天皇の二度の下問に答えず、選挙対応について助言をしなかった。従来の研究が強調する伊藤の新党結成の意向表明は、一月十六日の三度目の下問に対してであり、伊藤が積極的に動いた形跡は見当たらない。次に、最初の危機が「第二回総選挙後」に設定されていることである。(3) 他の危機はいずれも解散危機が挙げられているが、最初だけが選挙後であることには不自然さが感じられる。(4) 実際には第二議会解散から総選挙の結果がわかるまでが藩閥全体の危機、立憲政治の危機と認識されていたのであって、選挙後は、藩閥政治家は選挙に勝利したと一様に安堵した状態であったからである。

また、前日まで連続解散論を唱えていたはずの品川内相は、松方から天皇の指示を聞くと、一回の選挙で決着をつけるために動き始めた。連日選挙情勢を天皇に報告し、府県知事に具体的指示を伝えた。品川は天皇の明確な指示に従い選挙に成果を出す責任と治安を維持する責任との間で板挟みになっていた。流血の事態を「憂慮」しながら「行掛り、萬不得止事」と述べた言葉はまさにそれを象徴している。また、二度も取締りを厳格にするよう府県知事に求める訓令を出しながら、自らそれを破るような対応をしたこともその現れである。民党候補を落選させることの困難さを知る品川は、最終的には治安維持よりも天皇の求める選挙の成果を優先することを選ばざるを得なかった。

政府は選挙対策の要として府県の実情を知る知事に期待し、目的を果たすと同時に法律を守ることを求めていた。品川と同様、府県知事も天皇が求める成果と政府の求める法令遵守との間で板挟みにあっていたといえる。その点で従来の研究は、導入されたばかりの近代立憲制の中で権力を法令の範囲内で抑制的に振るい、なおかつ民党優位の情勢下で選挙に勝たなければならないという二律背反的な課題に直面した当時の政治家、官僚の苦悩を読み取れていなかったと言わざるを得ない。そして、厳密に法令を遵守したのでは到底成果を得られない地域では過度に干渉がなされ、反発した民党との間で衝突が起き、流血の事態や選挙長による結果操作にまで発展していったのである。(5) 暴発説により「開き直り」と解釈されてきた高知県の調所知事が述べた無力感と失意の転任希望は、実は最も困難な状況の中で最も深く苦悩した現れであったといえる。高知に次ぐ騒動に発展した佐賀県の樺山知事も、干渉自体には反対だったが内務大臣から指示され国家のために従ったと弁明した。調所とは異なる姿勢であるが、いずれの知事も暴発説のいう「過度の忠誠に奔った」とは程遠い姿が実態だった。

さらに、知事は選挙行政において円滑に選挙を執行する責任も負っていた。つまり、選挙事務責任者が政府支持派を当選させる指示を受け、同時に治安維持と法令遵守を求められるという状況に置かれたのである。そのため、不正開票と結果操作が行われる余地が生まれてしまった。系統的指令により、最終的には開票の現場責任者である郡長が不正に手を染めてまで民党前議員を落選させ、政府支持派を当選させた構図が明らかとなった。

なお、当時の選挙では記名投票を採用していた。記名投票はよく知られるように投票者に対する脅迫、暴行などの選挙妨害をもたらした一方で、実は投票を無効と判定された有権者が訴訟を提起し、候補が当選訴訟を争うことによって当選者の変更を可能にする一面をもっていた。これまでの研究では流血の事態や実力行使などが選挙干渉の典型として扱われてきたが、富山、高知でみられたごとき官吏による不正開票こそ、民党候補を落選させる最後の手段であり、禁じ手ではあるが、最も有効かつ明白な選挙干渉であった。

同様に、民党候補に対する告訴、告発、拘束の動きは、選挙運動を妨害するだけでなく、刑事事件で拘留された者は裁判確定まで被選挙人たる資格を失うことを定めた選挙法第十七条の規定を悪用し、仮に投票の結果として当選したとしても議員となることを妨害する悪質な狙いをもっていた。しかも、衆議院が当選者の会期前逮捕に対しても不逮捕特権を適用し会期中に釈放させる権利を第一議会で確立しようとしたが、政府はこれを拒絶しており、不逮捕特権が適用されないことを承知の上で行った点でより悪質であった。

また、暴動が起きなかった地域では選挙干渉が行われなかったとみる見方があるが、それは正しくない。暴動が起きなかったのは、先の例とは逆に政府が強硬手段をとる必要がない地域、もしくは民党に対抗する勢力に乏しく強硬手段をとれない地域である。第五章で述べた通り、東京では財閥の当主、藩閥関係者、名士が多く選挙権をもっていた。そのような有権者に対しては、関係者を通じた言葉による説得が行われ、買収、脅迫、暴力など強硬手段はなじまなかった。特に一区の尾崎三良による私情を捨てた候補擁立と選挙運動は成功した事例として象徴的である。一方、七区・九区の角田・鳩山両改進党候補に対してはその手法は通用せず、政府側は失敗した。しかし、同じ東京でも一般市民に対しては他の府県で見られたような警察官による圧迫や、民党陣営への暴力事件が起きている。したがって、相手によってとれる手段が限られていたのであり、干渉しなかったわけではない。

次に選挙干渉事件を政治史上に位置づけていきたい。

第一に、選挙干渉における明治天皇の立場について取り上げたい。

これまで系統的指令説と暴発説が対立したように、明治天皇による選挙への主導的な政治関与の有無によって、天皇が専制君主と立憲君主のどちらに評価されるかが分かれるとされてきた。通説では、当該期の明治天皇は立憲君主として振る舞い、政治に対しては主導的に関与しなかったといわれる。佐々木隆氏や伊藤之雄氏はともに通説を唱えている。しかし、第八章で述べた通り、天皇は第二回総選挙で民党前議員が再び当選してしまうと議会運営の困難さが解消されないことを憂慮し、松方に再三の沙汰を示し、全力を尽くして民党議員を減らし穏健な政府支持議員を増やすという「良結果」を求めた。天皇がこのような指示を出したこと自体が選挙に対する干渉であったことは明らかである。そして、連続解散論を主張し民党勢力を削減させようとする政治家はいたが、天皇は他の政治家が主張していない早期決着を命じたのであるから、明らかに天皇の主導的な指示であり、政治関与であった。

ただし注意を要するのは、天皇の指示は全力で政府にとって良い結果を出すことであり、干渉せよと直接述べたわけではない。したがって、内容として干渉を指示したかについては検討の余地が残る。系統的指令説を唱える坂野潤治氏は、天皇が選挙干渉を「命じたにひとしい」と実質的意味において干渉を指示したととらえる立場である。(6) 一方、暴発説を唱える佐々木隆氏は、天皇が「具体的方策を指示していたとは考え難い」と具体的方策に踏み込まなければ干渉指示とはみなさない立場である。(7) これに対して、安田浩氏は佐々木氏の見解を「明治天皇を救出しようとする弁護士の議論」と批判している。[8] 本書では、天皇が藩閥保守派の主張する連続解散論を憂慮したことを重視する。すなわち、天皇は幾度もの解散を経て民党勢力を削減する主張を退け、より困難な一回の選挙で民党勢力を上回る議席を取り一気に決着をつける決断を下したのである。通常の方法では実現困難なことについて手段を問わず、尽力することと良い結果を出すことを求めたのであれば、具体的方策に踏み込まなくとも実質的意味において干渉を指示したととらえる方が近いだろう。以上のことから、学説対立に関しては、系統的指令説に軍配が上がる。

第二回総選挙において、天皇は明確に行政府を用いて立法府を制御させる意思表示をしたといえる。しかも、多くの研究が無視してきたが、実は前年の大津事件においても大国ロシアとの関係を重視した天皇が司法権の独立を侵害し、津田三蔵を死刑にするよう検事総長に指示し、裁判に干渉を加えたことが明らかにされている。[9] つまり、天皇は第一次松方内閣期において、明治二十四年の外交上の危機（大津事件）に際しては内閣を使って裁判に干渉し、津田を死刑にするよう圧力をかけ、翌年の内政上の危機（選挙干渉事件）に際しては内閣を使って議会の選挙に干渉させ、民党から議席を奪い議会運営を円滑化しようとしたのである。しかし、いずれの事件でも意図した結果は得られず、天皇の意思を貫徹できなかった松方内閣は責任をとって大臣が辞任する事態となった。したがって、立憲体制の成立時から天皇は制度化された立憲君主として振る舞い、政治には介入せず抑制的な権力行使を心がけていたとの通説は正しくない。[10] 平時はともかく、初期の政治上の重大危機に際しては君主として明確に意思表示し主導的に行動したのである。

以上述べてきた通り、明治立憲制初期における天皇に対する従来の評価は、二度にわたる天皇の主導的な政治関与をふまえて今後修正されるべきである。

第二に、選挙干渉と立憲政治について取り上げたい。

本来、君主制における立憲政治とは、憲法によって君主の権力（統治権）の範囲が規定され、その行使に際しては他の国家機関の関与が必要となる政治のことである。[11] 君主が無答責であるのは立憲君主制も専制君主制も同じであって、異なるのは、内閣との関係でいえば、国務大臣が統治権の行使に関与（輔弼）することにより無答責の君主に代わって責任を負う点にある。選挙干渉の問題点は、君主が統治権を使って内閣を動かし、民選議院の議員に自らの望む人々を当選させることが憲法上、そして立憲政治上許容されるのかということである。これが許容されるとすればどのような事態になるか。君主が自らの望んだ議員によって立法権を協賛され、また必要な場合にはかかる議員から上奏を受けることすら考えられる。そうなれば、立法権の行使に民選議院による協賛を必要とすることで制限を加えた憲法の規定は空文化し、選挙によって国民の政治参加を可能にする立憲政治は画餅に帰す。[12]

憲法起草に際して議会の専横への警戒と法案審議への期待という二律背反的な要素にバランスを取ることに腐心した伊藤からすれば、[13] かかる事態は憲法上、立憲政治上許されないと考えたことは容易に推測できる。[14] なればこそ、伊藤は選挙干渉を批判し、政府党結成により立憲政治の枠内で民党に対抗する策を打ち出したのであろう。また、第八章で紹介した通り、外国人顧問のモスタ―フは国民に参政権を保証することを重視し、選挙は選挙人の本心を干渉によって枉げるべきものではないと考え、当選者によって組織される代表体の性質上から選挙干渉は「立憲制の本旨に於て固く禁する所」と断言した。つまり、先の「憲法危機」という考え方を使えば、選挙干渉における憲法危機は、憲法停止ではなく、天皇が内閣を使って民選議院を行政の統制下に置くことで立憲政治の骨抜きを図ったことこそが憲法危機だったといえる。

この危機に対して、帝国議会は選挙干渉を批判することで対抗した。第三議会において、貴族院は衆議院に先立って選挙干渉を批判し政府の反省と今後の防止を促す建議案を可決し、衆議院も天皇への上奏案こそ否決するが、政府に対する選挙干渉批判の決議案を可決し、両議院は足並みを揃え、立憲政治の骨抜きを許さなかった。また、政府の激しい干渉に屈せず、民党候補への投票を自らの意思通り行った有権者と、政府による多数派工作に屈しなかった議員の行動もまた立憲政治を守ったといえるだろう。

天皇の権力行使の実態に関して、鳥海靖氏は、「第一次松方内閣から第二次伊藤内閣の時期が、かなり重要」[15]と述べ、明治二十五年八月、第二次伊藤内閣の組閣前に、伊藤が天皇から干渉をしないとの約束を取り付け、自由党との接近・提携へと進んだことが「立憲主義的政治運営」を定着させたと指摘した[16]。鳥海氏の指摘に付け加えるとすれば、伊藤の政府党結成提案を蹴ってまで行った選挙干渉とその後の多数派工作の失敗によって民選議院をコントロールできなかったことこそ、天皇が政治に介入しない立憲主義的政治運営を定着させた最大要因だったといえるのではないか。その点で、明治立憲制における権力の割拠性や天皇の立憲君主化は、伊藤ら起草者がそのように設計したのは事実であっても、実際に確立したのは天皇が主導的に裁判や選挙に干渉した二度の危機を経てからであった。言い換えれば、天皇は二度の危機に際して能動的行動をとり、司法・立法との軋轢を生じさせたことから、立憲政治を維持するためには受動的に行動せざる得なくなったともいえる。

第三に、選挙干渉と司法権・法制度との関連を取り上げたい。

従来の研究においては、明治立憲制を検討する際、行政権と立法権の相克を天皇、藩閥政府、帝国議会の政治関係を中心に考察する視座が一般的であった。司法権はその独立性を巡って別に扱われてきた。しかし、立憲体制の三権分立は天皇と政府、議会、裁判所の力関係をすべて検討しなければ、不十分なのではないか。

本書ではその点を踏まえて述べてきたつもりである。すなわち、第二回総選挙当時の明治政府においては、法制度の範囲内で選挙に関与すべきとする勢力と、法の運用を選挙対策用に切り替えて積極的に選挙に介入すべきとする勢力が存在した[17]。前者の中心は司法省や法制局の官僚（井上毅や尾崎三良ら）であり、後者の中心は内務省（品川弥二郎、白根専一、大浦兼武、小松原英太郎ら）や府県知事であった。選挙干渉が全国的な騒動に発展する中で、板垣や大隈を狙った訴追や、民党有力候補者に対する身柄拘束・訴追が最終的に挫折したのは、政府内に前者のような勢力が存在したからであった。しかし、司法省内部にも後者の考え方に立脚する者が存在したことは無視できない。特に大木喬任につながる司法省の人々（「大木派」）は、内務省幹部と連携して、民党有力候補を捕縛する手続きをとろうとしていたのである。一方で、高知や富山の選挙長による不正行為によって落選した議員は当選訴訟に勝訴し、議会に戻ってきた。これは司法権が行政権の権力の濫用を戒めたことを意味し、政府の権威は失墜した。さらにいえば、選挙干渉事件においては、一部の司法関係者が防波堤となったことで政府の作り上げた近代法制度は辛うじて守られたといってよいだろう。選挙干渉に積極的な勢力であっても、全面的に選挙干渉を正当化できず、一個人の資格で選挙に介入しているとの弁明を用意していた（第八章）ことは、条約改正をにらんで作り上げてきた立憲政治体制に対して配慮せざるを得なかったことを意味している。

以上のことから、一連の干渉で濫用された行政権に対して司法権が最終的に節度をもってたしなめたことで、前年の大津事件に続いて明治二十五年の選挙干渉事件においても、辛うじて立憲政治が機能したといえる。

第四に、選挙・議会と藩閥体制について取り上げたい。

藩閥政治家・官僚によって構成された体制において、明治十年代の自由民権運動に対しては、弾圧立法にもとづいた取締りで対応できた。しかし、明治憲法で議会制度が導入され国民の政治参加が認められたことで、新たに登場した約四十万人の有権者と選挙に関わる無数の非有権者に対しては、従来の強権手法は通用しなかった。[18]第七章の言論規制においてみられた法運用の変更はその現れである。さらに選挙で選ばれた様々な経歴をもつ三〇〇人の衆議院議員に対しても同様であった。開票当初は政府支持派勝利に安堵した藩閥政治家たちであったが、第六章で述べた通り、第三議会召集までの多数派工作に苦戦し、選挙で買収したはずの議員に裏切られ、選挙干渉を批判され、議会運営を円滑化するまでには至らず停会を余儀なくされた。その後、議会での多数派を確保するため、第二次伊藤内閣は自由党との連携に動いたのであった。したがって、天皇の指示で早期決着を狙ったことが、皮肉にも藩閥政府が超然主義を捨て政党と提携するのを早めたといえる。その点では第二回総選挙は藩閥にとって、新党を結成せず、大規模な干渉によって民党から議席を奪うという二度と採用できない手法で挑む最後の決戦であったともいえよう。(19)

結論をまとめたい。明治二十五年の選挙干渉は、連続解散を憂慮し早期決着を目指す明治天皇によって一回の選挙で議会運営を円滑化できる結果を出すことを命じられた松方・品川や全国の知事が、治安維持や法令遵守との間で板挟みになりながら、最終的に天皇の命令を優先させたために各地で騒乱が起きた事件である。立憲政治との関係でいえば、天皇は衆議院を行政の統制下に置こうと立憲政治の骨抜きを図ったが、結果的に議会運営を円滑にはできなかったことで、かえって政治に介入しない立憲主義的政治運営を受け入れることを余儀なくされた。天皇と政府による立憲政治の骨抜きを防いだのは、足並みを揃えて選挙干渉を批判した帝国議会と、政府の権力濫用を戒めた裁判所、司法官僚、そして民党への投票を自らの意思通り行った有権者と、政府による多数派工作に屈しなかった議員であった。それらの機関や人々の努力によって立憲政治は辛うじて機能していたといえる。

最後に、研究手法について付言したい。藩閥政府の寡頭支配が選挙・議会に対しては通用しない側面が出てきたように、従来の研究手法も本書で論じてきたように限界が見えてきた。つまり、寡頭支配分析であれば、少数の有力藩閥政治家の意思決定と交渉が政治を動かすため、私文書に残る書簡や日記で内幕を探り、論じることで政治史を語ることができた。実際にそのような手法は多くの研究成果を挙げてきた。しかし、書簡に頼りすぎる手法は、書簡や日記が現存しない、あるいは少ない政治家（あるいは事例）に対しては通用せず、そのような政治家はたとえ存命中に政治力があり、要職を歴任したとしても（あるいは重要な事例であっても）分析の対象にならないため、

得て して無視され、あるいは過小評価される。[20] つまり資料の多寡が政治家（事例）の評価に直結する欠点がある。政治家では今回取り上げた大木喬任が典型例である。選挙干渉は、選挙運動、議会政治、当選訴訟など、分析すべき対象が多岐にわたり、政治家の書簡のやりとりで収まる事例ではない。そのため必然的に多様な資料を収集しなければ分析できない対象であった。今後は行政文書、裁判資料、議会資料、統計資料を用いた多角的な政治史研究が必要なのではないだろうか。[21]

また、政治史研究は歴史研究であると同時に政治研究でもある。本論で述べた通り、開票結果での各党の議席分布と議会開会時の議席分布は異なる場合があり、また議案採決においては必ずしも所属政党の姿勢と同じ賛否表明をするわけではない。従来の研究はそれらの違いに注意を払ってこなかった。現代政治においても選挙後に政党が離合集散し、また開会までに統一会派を組むことや、議場での党議拘束と造反は頻繁に行われることを考えると、政治史において政治学的視点をもって研究することの必要性を痛感する。その点で今後の選挙史研究において、歴史研究の手法である地道な史料発掘及び史料批判と、政治学の手法である数量分析及び理論分析を組み合わせることができれば、新たな研究成果が期待できるのではないだろうか。[22]

序章で述べた通り、近年、選挙干渉事件に関して過小評価する書物が出てきている。本書で論じてきたことをふまえれば、選挙干渉は立憲政治上の危機そのものであり、包括的な検討なくして評価することはできない。本書における検討が充分なものかどうかは読者の判断に委ねたいが、少しでもその歪みを是正できていれば幸いである。

註

（1）伊藤之雄『立憲国家の確立と伊藤博文――内政と外交一八八九～一八九八』（吉川弘文館、平成十一年、九〇、九四、三二五―三二八頁）。

(2) 第一章で述べた通り、安田浩氏は、憲法危機が存在したのか、伊藤博文の行動は憲法危機を阻止する目的であったのかという二点について検討し、四回の憲法危機がいずれも実証的論拠に乏しいこと、四回のうち三回は伊藤自身が政権担当者でいずれも解散を実施していることを挙げて伊藤之雄氏の説を批判した(「似非実証的論法による一面的な指導者像の造形――伊藤之雄氏の伊藤博文論の問題点」国立歴史民俗博物館編『「韓国併合」一〇〇年を問う』岩波書店、平成二十三年)。また、高橋秀直氏も、同じく伊藤博文が解散を実施した事例が多いことから伊藤が自ら憲法危機を招いている場合もあると指摘し、また、伊藤を評価するあまり山県が憲法停止論を唱えているかのような間違った評価をしていることを指摘した(「書評・伊藤之雄著『立憲国家の確立と伊藤博文』」『日本史研究』第四六二号、平成十三年二月)。

(3) 前掲『立憲国家の確立と伊藤博文』三二五頁。

(4) 第二議会解散から選挙までに伊藤博文が積極的に動いていないことを直視せず、伊藤を称揚するために選挙後の危機を強調した感がある。その点を注(2)の安田氏の批判に付け加えれば、すべての危機について伊藤氏の説は説得力をもたないことになる。

(5) このような流血の事態に至る段階的な過程をみれば、流血の事態は「ハプニング」(村瀬信一『明治立憲制と内閣』吉川弘文館、平成二十三年、一一二頁)と軽く済ますわけにはいかないのではないか。佐々木氏の暴発説が知事の危機感と現場の複雑な状況をくみ取っていたのに比べて、「ハプニング」では相当に軽い意味づけが感じられる。実態は、知事はおろか現場の官吏・警官にまで吏党候補当選が至上命題として浸透していたことを示しているからである。

(6) 坂野潤治『大系日本の歴史一三・近代日本の出発』(小学館ライブラリー、平成五年、二二二頁)。

(7) 佐々木隆「明治天皇と立憲政治」(福地惇、佐々木隆編『明治日本の政治家群像』吉川弘文館、平成五年、三一五頁)。

(8) 安田浩『天皇の政治史――睦仁・嘉仁・裕仁の時代』(青木書店、平成十年、一一三頁)。

(9) 新井勉氏は、長年にわたり大津事件を研究され、同事件における天皇の裁判干渉を明らかにした。特に、五月十五日の京都御所での各大臣列席の場で、天皇が三好検事総長に津田三蔵を死刑にせよと命令したことは松方首相宛野村靖書簡で明らかである(新井勉『大津事件――司法権独立の虚像』批評社、平成二十六年、一二九―一三二頁)。新井氏は大津事件と翌年の選挙干渉事件の共通性を「天皇が総理大臣に良民が議員になることを望むと話し、政府が全国の知事を指揮して選挙干渉を行わせた事実と、天皇が総理大臣や元老に犯人を死刑に処することを望むと伝え、政府が裁判官を説得して法律をまげた裁判を行わせようとした事実は、同じ政治手法であった」と指摘している(新井勉『大津事件の再構成』お茶の水書房、平成六年、一一七頁)。

(10) 坂本一登氏も、「憲法制定と同時に天皇が完全な『立憲君主』となり、天皇の権力が零になったことを必ずしも意味するものではない」と述べている（坂本一登『伊藤博文と明治国家形成――「宮中」の制度化と立憲制の導入』講談社学術文庫、平成二十四年、三七四―三七五頁、原書は吉川弘文館、平成三年発行）。

（11）橋本誠一「帝国憲法の再検討――比較憲法史的考察を手がかりに」『静岡大学法経研究』第四二巻、第二号、平成六年二月、参照。

（12）明治憲法の議会主義的側面の指摘については、瀧井一博『文明史のなかの明治憲法――この国のかたちと西洋体験』（講談社、平成十五年、一九二頁）参照。

（13）久保田哲「伊藤博文の『立法』観――『協賛』をめぐる一考察」『年報政治学』二〇一四―Ⅱ、平成二十七年一月、二四九頁。伊藤の憲法構想の全体像については、瀧井一博『伊藤博文――知の政治家』（中公新書、平成二十二年）参照。

（14）伊藤は憲法審議の枢密院会議で顧問官の発言を二回禁止した。その二回とも議会の議定権を否定し、天皇を能動的君主として規定しようという意図による発言であった（前掲『伊藤博文と明治国家形成』三五三頁）。また、伊藤にとっての立憲主義とは「国民に政治参加の権利を保障し、そのための制度としての代議制議会を設ける」ことであるとの指摘もなされている（瀧井一博「日本憲政史における伊藤博文の遺産」駒村圭吾、待鳥聡史編『「憲法改正」の比較政治学』弘文堂、平成二十八年、四三六頁）。

（15）宮内庁編『明治天皇紀』第八巻（吉川弘文館、昭和四十八年、一一七頁）。伊藤が「大事件は固より悉く叡慮を候するに怠らざるも、他は総て自ら其の責に任ぜん」といったのに対して、天皇は「卿の言善し、朕敢へて何事も干渉するの意なし、唯奏聞あれば意見を告ぐべし」と答えた。

（16）鳥海靖『日本近代史講義――明治立憲制の形成とその理念』（東京大学出版会、昭和六十三年、一九―二〇頁）。

（17）この点はすでに佐々木隆氏が指摘している（同『藩閥政府と立憲政治』吉川弘文館、平成四年、三九二頁）が、その後の研究で掘り下げられてきたとは言えない。

（18）当時の有権者と非有権者の政治参加および政治意識については、拙稿「初期議会期における市民の政治参加と政治意識――議会観、議員観を中心として」『近代日本研究』第三〇巻、平成二十六年二月、参照。

（19）明治二十五年以降で次に選挙干渉が問題となるのは、二十年以上経過した第二次大隈重信内閣での第十二回総選挙（大正四年）であった。与党・立憲同志会と野党・立憲政友会が争った選挙で、第二回総選挙で暗躍した大浦兼武が内務大臣となって選挙に干渉したが、自身の議員買収が発覚し、大臣辞任・政界引退に追い込まれた。

（20）例えば、日記や書簡が豊富な原敬は評価が高まったのに対して、加藤高明は資料の少なさから低く評価されてきたことについては、奈良岡聰智『加藤高明と政党政治――二大政党制への道』(山川出版社、平成十八年、七―一〇頁)参照。

(21) 池上俊一氏の紹介によれば、フランスにおける政治史は二〇世紀のアナール学派による批判を経て、「学際的な分野」となり、「諸学問分野……の十字路」として様々な方法、モデル、分析を取り入れるようになった。そこでは、「権力保持者の間の力関係や諸制度だけでなく、具体的・物理的な権力行使の有り様」なども調査するようになったという(池上俊一「甦る政治史」『UP』第四五巻、第一一号、平成二十八年十一月、二五―三一頁)。

(22) 小宮一夫「日本政治史における選挙研究の新動向」『選挙研究』第二七巻、第一号、平成二十三年六月、六五頁。具体例として、拙稿「明治期小選挙区制における選挙区割りと選挙区人口――明治二十二年衆議院議員選挙法未成案をめぐって」『選挙研究』第三〇巻、第一号、平成二十六年六月、参照。

参考文献

［未公刊史料］

国立国会図書館憲政資料室蔵「有松英義関係文書」「伊東巳代治文書」、「井上馨関係文書」、「大木喬任文書」、「小野梓文書」、「樺山資英文書」、「河野広中文書」、「品川弥二郎文書」、「杉孫七郎文書」、「都筑馨六文書」、「陸奥宗光関係文書」、「高知県選挙干渉資料一―三」（「憲政史編纂会収集文書」）。

國學院大學図書館蔵「梧陰文庫井上毅文書」。

マイクロフィルム版近代諸家文書集成「松方家文書」。

早稲田大学図書館渡辺幾治郎文庫蔵「徳大寺実則日記（写）」。

早稲田大学蔵「大隈文書」。

早稲田大学文学部史学資料室蔵「内大臣府文書二五・侍従各地巡視復命書四」。

首都大学東京図書館蔵貴重資料「土方久元日記」（「土方久元関係文書」C―一〇）、「花房義質関係文書」。

明治大学博物館蔵「大木文書」。

東京大学近代日本法政史料センター原資料部蔵「中山寛六郎文書」、「馬越恭平関係文書」。

神奈川県立文書館蔵「山口コレクション」。

神戸市文書館蔵「鹿島秀麿文書」。

高知市立自由民権記念館蔵「片岡家資料」、「弘瀬家資料」、「細川家資料」。

八尾市立歴史民俗資料館蔵「深瀬文書」。

東京都公文書館蔵「吉野泰平家文書」。

埼玉県立文書館蔵「湯本家文書」、「帝国議会・県制」。

滑川市立博物館蔵「世路手記」全三冊。


国立公文書館蔵「警視庁史料・国事警察編」、「公文雑纂」明治二十五年・七巻・内務省一、「公文雑纂」明治二十五年・第九巻・陸軍省、「公文類聚」第十六編・明治二十五年・第四十一巻・警察・行政警察、「記録材料・功程報告・内務省」明治十八―二十五年度、「功程報告・記録材料・陸軍省」明治二十四年度。

宮内庁宮内公文書館蔵「警視庁報①六〇―三」、「衆議院議員選挙ニ係ル騒乱（佐賀、高知）一〇六―一・二」

防衛研究所図書館蔵「明治二十五年分憲兵屯田兵司令部日報」、「陸軍省・壹大日記」明治二十五年三月。

秋田県公文書館蔵「閣省内訓内達編冊」明治二十二年―二十五年、「明治二十五年・秘書」。

京都府立総合資料館蔵「訓示」。

富山県立図書館蔵「富山県報」。

富山県公文書館蔵「明治二十四年・機密文書」。


【公刊史料】


伊藤博文関係文書研究会編『伊藤博文関係文書』第一、二、四、六巻（塙書房、昭和四十八―四十九、五十一、五十三年）。

伊藤博文編『秘書類纂・帝国議会資料』上巻（復刻版、原書房、昭和四十五年）。

尚友倶楽部品川弥二郎関係文書編纂委員会編『品川弥二郎関係文書』第二―七巻（山川出版社、平成六・八・十・十一・十五・二十一年)。

松方峰雄、兵藤徹編『松方正義関係文書』第七—九巻(大東文化大学東洋研究所、昭和六十一—六十三年)。

日本大学大学史編纂室編『山田伯爵家文書』第一巻(日本大学、平成三年)。

原敬文書研究会編『原敬関係文書』第五巻(日本放送出版協会、昭和六十一年)。

早稲田大学史資料センター編『大隈重信関係文書』第二巻(みすず書房、平成十七年)。

堀口修、西川誠編『末松子爵家所蔵文書』上巻(ゆまに書房、平成十五年)。

「渡辺国武関係文書(二)」『社会科学研究』第一八巻、第五号、昭和四十二年。

伊藤隆、酒田正敏編『岡崎邦輔関係文書・解説と小伝』(自由民主党和歌山県支部連合会、昭和六十年)。

西田長寿編『陸羯南全集』第三巻(みすず書房、昭和四十四年)。

宮内庁編『明治天皇紀』第八巻(吉川弘文館、昭和四十八年)。

衆議院事務局編『選挙干渉ニ関スル参考書類』明治二十五年。

衆議院事務局編『第一回乃至第七回衆議院議員総選挙一覧』明治三十七年。

衆議院事務局編『第一回乃至第十七回総選挙・衆議院議員当選回数調』昭和六年。

衆議院事務局編『第一回議会乃至第五十五回議会衆議院議員党籍録』昭和三年。

衆議院事務局編『衆議院事務局諸課報告第三回』明治二十五年。

『帝国議会衆議院議事速記録』第四巻(東京大学出版会、昭和五十四年)。

『帝国議会貴族院議事速記録』第四巻(東京大学出版会、昭和五十四年)。

『大日本帝国議会誌』第一巻(大日本帝国議会誌刊行会、大正十五年)。

『内務省統計報告』第一一巻(日本図書センター、平成元年)。

末松謙澄「二十五年総選挙統計」『国家学会雑誌』第六巻、第六六—七〇号、明治二十五年。

『選挙実録』(民友社、明治二十五年)。

角利助『第三期議会』(角利助、明治二十五年)。

岩松要輔編『衆議院議員総選挙ニ就テノ始末』(小城郷土史研究会、昭和四十五年)。

徳富猪一郎編『公爵松方正義伝』(公爵松方正義伝編纂会、昭和十年)。

春畝公追頌会編『伊藤博文伝』中巻(春畝公追頌会、昭和十五年)。

河野磐州伝編纂会編『河野磐州伝』下巻(河野磐州伝刊行会、大正十二年)。

大山卯次郎編『松岡康毅先生伝』(大山卯次郎、昭和九年)。

『品川先生追懐談集』(産業組合中央会山口県支会、昭和九年)。

牧野伸顕『回顧録』上巻(中公文庫、昭和五十二年)。

『肥塚龍自叙伝』(肥塚麒一、大正十一年)。

関直彦『七十七年の回顧』(三省堂、昭和八年)。

日本史籍協会編『谷干城遺稿』第二・三巻(復刻版、東京大学出版会、昭和五十一年)。

原奎一郎編『原敬日記』第一巻(福村出版、昭和四十年)。

伊藤隆、尾崎春盛編『尾崎三良日記』中巻(中央公論社、平成三年)。

『尾崎三良自叙略伝』(中央公論社、昭和五十二年)。

塵海研究会編『北垣国道日記「塵海」』(思文閣出版、平成二十二年)。

橋本五雄編『謝海言行録』(復刻版、大空社、昭和六十三年)。

橋本五雄『金竹餘影』(冨山房、昭和十七年)。

杉井広吉、香川悦次編『大浦兼武伝』(博文館、大正十年)。

有松英義編『小松原英太郎君事略』(木下憲、大正三年)。

大町桂月『伯爵後藤象二郎』(冨山房、大正三年)。

川田瑞穂『片岡健吉先生伝』（湖北社、昭和五十三年）。

笹川多門『松田正久稿』（江村会、昭和十三年）。

渋谷作助『武富時敏』（「武富時敏」刊行会、昭和九年）。

野島幾太郎『新井章吾先生』（野島幾太郎、昭和五年）。

『東京朝日新聞』、『大阪朝日新聞』、『大阪毎日新聞』、『東京日日新聞』、『北陸政論』、『岩手公報』、『改進新聞』、『毎日新聞』、『日本』、『国民新聞』、『時事新報』、『新愛知』、『富山日報』、『朝野新聞』、『中央新聞』、『読売新聞』、『佐賀新聞』

『官報』

文献資料刊行会編『立憲改進党党報』第一巻（柏書房、昭和五十四年）。

文献資料刊行会編『復刻自由党々報』第一巻（柏書房、昭和五十四年）。

『法令全書』明治十三、二十、二十二、二十三、三十三年。

『明治二十五年・大審院判決録』（復刻版、文生書院、昭和六十一年）。

『明治二十六年・大審院判決録』（復刻版、文生書院、昭和六十一年）。

『行政裁判所判決録』第六巻（東京法学院、明治二十九年）。


『石川県史』第四編（復刻版、石川県、昭和四十九年）。

富山県編『富山県史』通史編Ⅴ・近代上巻（富山県、昭和五十六年）。

『富山県政史』第四巻（富山県、昭和十六年）。

礪波市史編纂委員会編『礪波市史』資料編三・近現代（礪波市、平成五年）。

富山新聞社『越中の群像』（桂書房、昭和五十九年）。

津村久茂『高知県史』上巻（高知県史編纂会、昭和二十六年）。

高知県編『高知県史』（高知県文教協会、昭和四十五年）。

高知県警察史編さん委員会『高知県警察史』明治・大正編（高知県警察本部、昭和四十九年）。

『大内町史』（大内町役場、昭和三十二年）。

『東津野村史』上巻（東津野村教育委員会、昭和三十九年）。

中村市史編纂室編『中村市史』（中村市、昭和四十四年）。

須崎市史編纂委員会編『須崎市史』（須崎市、昭和四十九年）。

宿毛市史編纂委員会編『宿毛市史』（宿毛市教育委員会、昭和五十二年）。

佐川町史編纂委員会編『佐川町史』下巻（佐川町役場、昭和五十六年）。

橋田庫欣、津野松生編『宿毛市史資料一六・林家文書』（宿毛市教育委員会、昭和六十一年）。

佐賀県議会史編纂委員会編『佐賀県議会史』上巻（佐賀県議会事務局、昭和三十三年）。

佐賀県史編さん委員会編『佐賀県史』下巻（佐賀県、昭和四十二年）。

『東京市史稿・市街編第八十三』（東京都、平成四年）。

慶應義塾福澤研究センター編『慶應義塾入社帳』第一巻（慶應義塾、昭和六十一年）。

『職員録』（明治二十五年・甲、内閣官報局）。

『国史大辞典』第八巻（吉川弘文館、昭和六十二年）。

伊藤隆・季武嘉也編『近現代日本人物資料情報辞典』第一巻（吉川弘文館、平成十六年）。

［著書］

青木康『議員が選挙区を選ぶ――一八世紀イギリスの議会政治』（山川出版社、平成九年）。

青木康編著『イギリス近世・近代史と議会制統治』（吉田書店、平成二十七年）。

ジョージ・アキタ（荒井孝太郎、坂野潤治訳）『明治立憲政と伊藤博文』（東京大学出版会、昭和四十六年）。

新井勉『大津事件の再構成』（お茶の水書房、平成六年）。

新井勉『大津事件――司法権独立の虚像』(批評社、平成二十六年)。

有泉貞夫『明治政治史の基礎過程――地方政治状況史論』(吉川弘文館、昭和五十五年)。

有山輝雄『「中立」新聞の形成』(世界思想社、平成二十年)。

安在邦夫『自由民権運動史への招待』(吉田書店、平成二十四年)。

家永三郎『歴史のなかの憲法』上巻(東京大学出版会、昭和五十二年)。

五百旗頭薫『大隈重信と政党政治――複数政党制の起源　明治十四年―大正三年』(東京大学出版会、平成十五年)。

磯部四郎『議院法衆議院議員選挙法及貴族院令注釈』明治二十二年。

伊藤之雄『立憲国家の確立と伊藤博文――内政と外交一八八九〜一八九八』(吉川弘文館、平成十一年)。

伊藤之雄『政党政治と天皇』(講談社、平成十四年)。

伊藤之雄『明治天皇――むら雲を吹く秋風にはれそめて』(ミネルヴァ書房、平成十八年)。

伊藤之雄『伊藤博文――近代日本を創った男』(講談社、平成二十一年、のちに講談社学術文庫、平成二十七年)。

伊藤之雄『山県有朋――愚直な権力者の生涯』(文春新書、平成二十一年)。

伊藤之雄『昭和天皇と立憲君主制の崩壊』(名古屋大学出版会、平成十七年)。

稲田正次『明治憲法成立史』上・下巻(有斐閣、昭和三十五・三十七年)。

稲田雅洋『自由民権運動の系譜――近代日本の言論の力』(吉川弘文館、平成二十一年)。

上野利三『日本初期選挙史の研究――静岡・三重編』(和泉書院、平成二十一年)。

鵜飼新一『朝野新聞の研究』(みすず書房、昭和六十年)。

大阪事件研究会『大阪事件の研究』(柏書房、昭和五十七年)。

大津淳一郎『大日本憲政史』第三巻(実文館、昭和二年)。

大西裕編著『選挙ガバナンスの実態　世界編――その多様性と「民主主義の質」への影響』(ミネルヴァ書房、平成二十九年)。

岡義武『岡義武著作集・明治政治史Ⅱ』（岩波書店、平成四年）。

大日方純夫『日本近代国家の成立と警察』（校倉書房、平成三年）。

片岡安編『大正昭和政治史の一断面』（西川百子居文庫、昭和九年）。

川人貞史『日本の政党政治一八九〇―一九三七年――議会分析と選挙の数量分析』（東京大学出版会、平成四年）。

G・キング他（真渕勝監訳）『社会科学のリサーチ・デザイン――定性的研究における科学的推論』（勁草書房、平成十五年）。

楠精一郎『明治立憲制と司法官』（慶應通信、平成元年）。

久保田哲『元老院の研究』（慶應義塾大学出版会、平成二十六年）。

久米郁男『原因を推論する――政治分析方法論のすゝめ』（有斐閣、平成二十四年）。

坂本一登『伊藤博文と明治国家形成――「宮中」の制度化と立憲制の導入』（吉川弘文館、平成三年、のちに講談社学術文庫、平成二十四年）。

佐々木隆『藩閥政府と立憲政治』（吉川弘文館、平成四年）。

佐々木隆『メディアと権力』（日本の近代一四、中央公論新社、平成十一年）。

佐々木隆『明治人の力量』（講談社、平成十四年）。

笹原正志『帝国議会解散史』（内外館、昭和七年）。

島内嘉市『年譜考大木喬任』（アピアランス工房、平成十四年）。

自治省選挙部編『選挙法百年史』（第一法規出版、平成二年）。

季武嘉也『選挙違反の歴史――ウラからみた日本の一〇〇年』（吉川弘文館、平成十九年）。

季武嘉也、武田知己編『日本政党史』（吉川弘文館、平成二十三年）。

杉村幹『警察物語』（日本出版、昭和十七年）。

宗我部英意『土佐明治史』（日本宗我部新聞社、昭和十二年）。

外崎光広『土佐自由民権運動資料集』（高知市文化振興事業団、平成四年）。

高橋雄豺『明治警察史研究』第三巻（令文社、昭和三十八年）。

高橋雄豺『明治年代の警察部長』（良書普及会、昭和五十一年）。

瀧井一博『文明史のなかの明治憲法――この国のかたちと西洋体験』（講談社、平成十五年）。

瀧井一博『伊藤博文――知の政治家』（中公新書、平成二十二年）。

田中貢太郎『貢太郎見聞録』（東京・大阪毎日新聞社、大正十五年）。

田中貢太郎『林有造伝』（土佐史談会、昭和五十四年）。

辻清明『日本官僚制の研究』（弘文堂、昭和二十七年）。

津田茂麿『明治聖上と臣高行』（復刻版、原書房、昭和四十五年）。

寺崎修『自由民権運動の研究――急進的自由民権運動家の軌跡』（慶應義塾大学法学研究会、平成二十年）。

東京朝日新聞政治部編『その頃を語る』（朝日新聞社、昭和三年）。

鳥海靖『「明治」をつくった男たち――歴史が明かした指導者の条件』（ＰＨＰ研究所、昭和五十七年）。

鳥海靖『日本近代史講義――明治立憲制の形成とその理念』（東京大学出版会、昭和六十三年）。

永井和『青年君主昭和天皇と元老西園寺』（京都大学学術出版会、平成十五年）。

永井良和『フランス投票時代の鳴動――近代市民社会の政治参加』（芦書房、平成十一年）。

永井良和『普通選挙の幕開け――フランスの先駆けと試練』（芦書房、平成十九年）。

奈良岡聰智『加藤高明と政党政治――二大政党制への道』（山川出版社、平成十八年）。

西川誠『明治天皇の大日本帝国』（講談社、平成二十三年）。

西田長寿『明治時代の新聞と雑誌』（増補版、至文堂、昭和四十一年）。

西田長寿『日本ジャーナリズム史研究』（みすず書房、平成元年）。

西山由理花『松田正久と政党政治の発展――原敬・星亨との連携と競合』（ミネルヴァ書房、平成二十九年）。

林田亀太郎『日本政党史』（大日本雄弁会、昭和二年）。

坂野潤治『明治憲法体制の確立』（東京大学出版会、昭和四十六年）。

坂野潤治『大系日本の歴史一三・近代日本の出発』（小学館ライブラリー、平成五年）。

保城広至『歴史から理論を創造する方法――社会科学と歴史学を統合する』（勁草書房、平成二十六年）。

前田英昭編著『選挙法・資料』（高文堂出版社、平成十四年）。

前田亮介『全国政治の始動――帝国議会開設後の明治国家』（東京大学出版会、平成二十八年）。

前田連山『政変物語』（文成社、大正六年）。

升味準之輔『日本政党史論』第二巻（東京大学出版会、昭和四十一年）。

増田知子『天皇制と国家――近代日本の立憲君主制』（青木書店、平成十一年）。

松田富雄編『島田孝之とその生涯』（島田孝之先生顕彰会、昭和四十五年）。

松本三之介、山室信一校注『日本近代思想大系一一・言論とメディア』（岩波書店、平成二年）。

間宮国夫『西原清東研究』（高知市民図書館、平成六年）。

村瀬信一『明治立憲制と内閣』（吉川弘文館、平成二十三年）。

村瀬信一『帝国議会――〈戦前民主主義〉の五七年』（講談社、平成二十七年）。

明治維新史学会編『講座明治維新五・立憲制と帝国への道』（有志舎、平成二十四年）。

安田浩『天皇の政治史――睦仁・嘉仁・裕仁の時代』（青木書店、平成十年）。

安田浩『近代天皇制国家の歴史的位置――普遍性と特殊性を読みとく視座』（大月書店、平成二十三年）。

山本武利『近代日本の新聞読者層』（法政大学出版局、昭和五十六年）。

山本文雄編著『日本マス・コミュニケーション史』（増補版、東海大学出版会、昭和五十六年）。

由井正臣、大日方純夫校注『日本近代思想大系三・官僚制・警察』（岩波書店、平成二年）。

吉川洋子編『民主化過程の選挙――地域研究から見た政党・候補者・有権者』（行路社、平成二十二年）。

【論文】


有馬学「松方内閣の選挙干渉とは何か？」『日本歴史』第六〇〇号、平成十年五月。

有馬学「第二回総選挙における永江純一の遭難手記」『九州文化史研究所紀要』第四四号、平成十二年三月。

安在邦夫「一八九二年選挙大干渉の歴史的位相――自由民権運動史の視点より」『高知市立自由民権記念館紀要』第三号、平成五年十二月。

飯塚一幸「初期議会と民党」（明治維新史学会編『講座明治維新五・立憲制と帝国への道』有志舎、平成二十四年）。

五百旗頭薫「藩閥と民党」（『岩波講座・日本歴史』第一六巻・近現代二、岩波書店、平成二十六年）。

池上俊一「甦る政治史（歴史学の作法一二）」『ＵＰ』第四五巻、第一一号、平成二十八年十一月。

伊藤勲「選挙干渉小史（研究ノート）」『上智法学論集』第一八巻、第三号、昭和五十年三月。

伊藤克司「明治後半の衆議院選挙――阿子田積の見た運動人・有権者・候補者」『岐阜県歴史資料館報』第二一号、平成十年三月。

伊藤隆「「野口勝一」という人物」『ＵＰ』昭和四十九年三月。

伊藤之雄「近代天皇は『魔力』のような権力を持っているのか」『歴史学研究』第八三一号、平成十九年九月。

稲田正次「選挙干渉に関する犬養書翰」『明治文化』第一三巻、第六号、昭和十五年六月。

大内宏一「当選に異議あり――ビスマルク時代のドイツ帝国議会における選挙審査」（村岡哲先生喜寿記念論文集刊行会編『近代ヨーロッパ史論集』太陽出版、平成元年）。

太田健一「明治二十五年の選挙干渉――岡山県知事・貴族院議員の動向を中心に」『倉敷の歴史』第一六号、平成十八年三月。

岡山敏明「書簡にみる岐阜県の選挙干渉」『岐阜史学』第九八号、平成十三年九月。

尾形善次郎「佐賀県内に於ける選挙大干渉の経緯――佐賀新聞保存紙をもとに」『高知市立自由民権記念館紀要』第三号、

平成五年十二月。

尾佐竹猛「選挙干渉の信念」『明治文化』第一〇巻、第六号、昭和十二年六月。

小原淳「政治文化としての帝国議会――帝国議会研究の成果と課題（2）」『和歌山大学教育学部紀要人文科学』第六六集、平成二十八年二月。

大日方純夫「初期議会をめぐる大隈重信と立憲改進党――第二議会前後を中心として」『早稲田大学史紀要』第二一号、平成元年三月。

河西英通「大井憲太郎と初期議会自由党――組織改革をめぐって」『歴史評論』第四四三号、昭和六十二年三月。

関西郡部研究会「深瀬文書目録・解題」『研究紀要』第一八号、八尾市立歴史民俗資料館、平成十九年三月。

楠精一郎「日本政治史における選挙研究」『選挙研究』第一四号、平成十一年。

久保田哲「伊藤博文の『立法』観――『協賛』をめぐる一考察」『年報政治学』二〇一四―Ⅱ、平成二十七年一月。

國岡啓子「明治期地方長官人事の変遷」（伊藤隆編『日本近代史の再構築』山川出版社、平成五年）。

公文豪「高知県における選挙大干渉について」『高知市立自由民権記念館紀要』第三号、平成五年十二月。

小宮一夫「日本政治史における選挙研究の新動向」『選挙研究』第二七巻、第一号、平成二十三年六月。

後藤靖「問題の所在」『高知市立自由民権記念館紀要』第三号、平成五年十二月。

斉藤洋子「内務大臣副島種臣と第三議会」『社学研論集』第八号、平成十八年九月。

佐々木隆「干渉選挙再考――第二回総選挙と九鬼隆一」『日本歴史』第三九五号、昭和五十六年四月。

佐々木隆「第一次松方内閣期の新聞操縦問題」『東京大学新聞研究所紀要』第三一号、昭和五十八年。

佐々木隆「自由党『党報』告発問題をめぐって」『新聞学評論』第三四号、昭和六十年三月。

佐々木隆「第一次松方内閣の崩壊」（一―五）『聖心女子大学論叢』第七一―七五号、昭和六十三年七月、十二月、平成元年七月、十二月、平成二年七月。

佐々木隆「藩閥の構造と変遷――長州閥と薩摩閥」『年報・近代日本研究』第一〇号、昭和六十三年十一月。

佐々木隆「明治天皇と立憲政治」(福地惇、佐々木隆編『明治日本の政治家群像』吉川弘文館、平成五年)。

佐々木隆「『大木喬任関係文書』所収司法・検察関係者書翰翻刻」『参考書誌研究』第六六号、平成十九年三月。

重岡伸泰「郡長深瀬和直と初期選挙」『研究紀要』第一六号、八尾市立歴史民俗資料館、平成十七年三月。

重松優「大木喬任伝記資料『談話筆記』について」『ソシオサイエンス』第一二号、平成十八年三月。

重松優「青年大木喬任と佐賀勤王党」『社学研論集』第一一号、平成二十年三月。

篠田充男「明治二十五年臨時総選挙における『土佐派』の対応について——資料紹介を中心にして」『高知市立自由民権記念館紀要』第二号、平成五年三月。

新藤東洋男「明治二五年の選挙干渉事件と学校騒動——福岡県三池郡地方の場合」『日本歴史』第一九六号、昭和三十九年九月。

末木孝典「初期議会期における市民の政治参加と政治意識——議会観、議員観を中心として」『近代日本研究』第三〇巻、平成二十六年二月。

末木孝典「明治期小選挙区制における選挙区割りと選挙区人口——明治二十二年衆議院議員選挙法未成案をめぐって」『選挙研究』第三〇巻、第一号、平成二十六年六月。

末木孝典「第一回衆議院議員選挙の当選者をめぐる訴訟・逮捕事件と議院の自律性——議員資格審査と不逮捕特権を中心に」『近代日本研究』第三四巻、平成三十年二月。

季武嘉也「山県有朋と三党鼎立論の実相」(伊藤隆編『山県有朋と近代日本』吉川弘文館、平成二十年)。

M・W・スティール「議会政治の誕生—大同団結と参加危機」(坂野潤治、宮地正人編『日本近代史における転換期の研究』山川出版社、昭和六十年)。

瀬畑源「書評・伊藤之雄『昭和天皇と立憲君主制の崩壊——睦仁・嘉仁から裕仁へ』」『歴史学研究』第八一九号、平成十八年十月。

高橋秀直「書評・伊藤之雄著『立憲国家の確立と伊藤博文』」『日本史研究』第四六二号、平成十三年二月。

瀧井一博「日本憲政史における伊藤博文の遺産」(駒村圭吾、待鳥聡史編『「憲法改正」の比較政治学』弘文堂、平成二十八年)。

土屋礼子「明治初期の言論統制と小新聞の筆禍」『メディア史研究』第一号、平成六年三月。

筒井秀一「府県会規則下高知県会議員の異動について」『高知市立自由民権記念館紀要』第五号、平成八年三月。

寺崎修「明治二十五年・選挙干渉事件の新資料――高知県第二区衆議院議員当選無効訴訟事件判決書」『法学論集』第四九号、平成六年三月。

寺崎修「自由民権家の出獄と公権回復――大阪事件関係者の場合」『法学論集』第五一号、平成七年三月。

寺崎修「日本政治史研究の現状と課題」(寺崎修編『近代日本の政治』法律文化社、平成十八年)。

東京大学法学部近代立法過程研究会「近代立法過程研究会収集資料紹介(一四)・有松英義関係文書(一)」『国家学会雑誌』第八六巻、第三・四号、昭和四十八年六月。

鳥海靖「藩閥対民党――第一回総選挙~第四回帝国議会」(内田健三、金原左門、古屋哲夫編『日本議会史録一』第一法規出版、平成三年)。

中原英典「『予戒令』小史」『レファレンス』第三三五号、昭和五十三年十二月。

成田賢太郎「政務部問題の位置」(福地惇、佐々木隆編『明治日本の政治家群像』吉川弘文館、平成五年)。

成田憲彦「初めての解散と選挙大干渉」『選挙』第五四巻、第一号、平成十二年一月。

橋田庫欣「サイサイ騒動――明治25年総選挙に於ける幡多の暴動」『土佐史談』第一五八号、昭和五十七年一月。

橋本誠一「帝国憲法の再検討――比較憲法史的考察を手がかりに」『静岡大学法経研究』第四二巻、第二号、平成六年二月。

馬場孤蝶「選挙物語」『明治文化研究』第四巻、第七号、昭和三年七月。

林茂「第三議会と第一次松方内閣の瓦解」(一―五)『国家学会雑誌』第六二巻、第一〇・一一号、第六三巻、第一―三号、昭和二十三年十・十一月、二十四年三月。

播磨龍城「明治二十五年の選挙大干渉と新潟の騒擾」『明治文化』第一三巻、第五・六号、昭和十五年五月、六月。

坂野潤治「明治天皇の選挙干渉——伝記と議会議事録を読む」『日本の歴史別冊・歴史の読み方七』(朝日新聞社、平成元年)。

平田奈良太郎「選挙犯罪の研究(特に買収犯罪に就て)」『司法研究報告書集』第一九輯、第八巻、昭和十年。

深谷博治「第一次松方内閣の政務部問題の顛末」(尾佐竹猛編『明治文化の新研究』亜細亜書房、昭和十九年)。

福地惇「第一次松方内閣期の政府系新聞統一問題——伊藤、井上、伊東の動きを中心に」『史学雑誌』第八三編、第六号、昭和四十九年六月。

真辺将之「帝国議会開設後の保守党中正派——『中正日報』における言論活動」『歴史学研究』第七八四号、平成十六年一月。

明神健太郎「選挙干渉と斗賀野戦争」『土佐史談』第一五八号、昭和五十七年一月。

村上一博「明治二五年における富山県礪波郡の衆議院議員選挙関係訴訟(上・下)」『法律論叢』第八五巻・第六号、第八六巻・第一号、平成二十五年三月、七月。

村瀬信一「『吏党』大成会の動向」『日本歴史』第四五四号、昭和六十一年三月。

村瀬信一「明治二〇〜三〇年代政治史研究の現状と課題」『年報近代日本研究』第一〇号、昭和六十三年十一月。

村瀬信一「『成田直衛日記』にみる明治期の総選挙」『皇学館論叢』第二三巻、第六号、平成二年十二月。

村瀬信一「明治期における政党と選挙」『日本歴史』第五四四号、平成五年九月。

村瀬信一「吏党」(有馬学、三谷博編『近代日本の政治構造』吉川弘文館、平成五年)。

村瀬信一「明治二五年初頭の政府党計画をめぐる若干の問題」『日本歴史』第六〇〇号、平成十年五月。

森田美比「初期議会のころの野口勝一」『日本歴史』第四六九号、昭和六十二年六月。

森山誠一「選挙大干渉と石川県」『高知市立自由民権記念館紀要』第三号、平成五年十二月。

安田浩「似非実証的論法による一面的な指導者像の造形——伊藤之雄氏の伊藤博文論の問題点」(国立歴史民俗博物館編『「韓国併合」一〇〇年を問う』岩波書店、平成二十二年)。

安田浩「法治主義への無関心と似非実証的論法――伊藤之雄「近代天皇は『魔力』のような権力をもっているのか」に寄せて」『歴史学研究』第八七七号、平成二十三年三月。

初出一覧

序章　書き下ろし
第一章　「明治二十五年・選挙干渉事件の一考察――富山県第四区の場合」『法学政治学論究』第五五号、平成十四年十二月。
第二章　「明治二十五年・選挙干渉事件の一考察――高知県第二区の場合」『法学政治学論究』第五九号、平成十五年十二月。
第三章　「明治二十五年・選挙干渉事件における当選訴訟――高知県第二区の場合」『法学政治学論究』第七一号、平成十八年十二月。
第四章　「明治二十五年・選挙干渉事件と大木喬任――佐賀県を事例として」『近代日本研究』第二八巻、平成二十四年二月。
第五章　書き下ろし
第六章　「第2回衆議院議員選挙の結果と議会運営――選挙干渉の有効性分析」『選挙研究』第二六巻、第二号、平成二十二年十二月。
第七章　「明治二十五年・選挙干渉事件における言論規制」『近代日本研究』第二六巻、平成二十二年二月。
第八章　「第2回衆議院議員選挙における政府の方針」『選挙学会紀要』第三号、平成十六年十二月。「明治二十五年・選挙干渉事件と立憲政治――系統的指令説と暴発説をめぐって」『近代日本研究』第三二巻、平成二十八年二月。
終章　書き下ろし

あとがき

本書は、慶應義塾大学に提出した博士論文「選挙干渉と立憲政治――明治二十五年・選挙干渉事件の研究」を元にしつつ構成や内容に大幅に修正を加えたものである。

内容として、明治二十四年末の第二議会解散から翌年の総選挙を経て第三議会までの約半年という政治史の研究対象としてはきわめて短い期間に焦点を絞っている。多くの政治史研究が歴史上の何らかの区切りを対象に行われていることを考えると、一事件を追い続けることは珍しいかもしれない。しかし、例えば大津事件に関しては何冊もの研究書が出版され、活発に論争されてきたのに比して、選挙干渉事件は内政上の一大事件として通史で必ず取り上げられ、研究者による論争が続いてきたにもかかわらず、これまで一冊も研究書が書かれることがなかった。そのことをふまえると、当該事件を掘り下げることで明治立憲政治体制の揺籃期に天皇、内閣、政党、裁判所などがどのような役割を担い、行動したのかを分析することには大きな意義があると思われる。そして結果として、これまでの研究の誤りを正し、不足を補うことができたのではないかと思う。

明治二十五年の選挙干渉事件を研究テーマとしたのは、大学院の博士課程に進んだ年であった。手始めに富山県の事例を調べる中で、選挙長の驚くべき不正があり、当選訴訟で当選者が交代する異例の事態となったことを知り、こうした重大な事実を看過して通説が語られていることに違和感を感じた。なぜ選挙長が開票作業で恣意的な無効判定という不正行為をしてまでも民党候補を落選させたのかという最初に感じた疑問に対する答えが、本書を書き終えたことでようやく出せた気がする。博士論文完成まで一〇年を超える時間を費やしたが、一つの事件を扱うには長すぎたという思いと、時間をかけたからこそ核心部分にたどり着けたという思いが今は交錯している。

私が近代日本政治史を専攻することになったきっかけは、慶應義塾大学三年時に寺崎修先生（慶應義塾大学名誉教授）の研究会に入ったことである。その年は先生が駒澤大学から慶應義塾大学に移って来られた最初の年にあたり、したがって私は研究会の第一期生であった。当時の研究会は自由民権運動をテーマにしており、私は三田祭発表に向け板垣退助について調べたことから、卒業論文は板垣と北一輝の接点について扱った。実は、もともと国際政治を研究したくて政治学科に入ったのだが、未公刊の一次史料にふれ、厳密な史料批判が求められる政治史にすっかり魅せられ、以後、修士・博士課程と進み、現在まで研究を続けることになった。

大学時代から今日にいたるまで、長きにわたりご指導をいただき論文審査の副査も務めていただいた寺崎先生は普段とても温厚だが、学問に対する姿勢は禁欲的で厳しく、本質を突く先生の言葉は常に私の研究上の指針である。特に、先生が強調されてきた歴史研究における実証主義の重要性、通説を打ち破ることの醍醐味については、何度も思い出しながら論文を書いてきた。先生の教えをどこまで生かすことができたか、甚だ心許ないが、研究成果を一冊の形にできたことに一応の安堵を覚えている。

博士論文審査に関しては、大学院同期の小川原正道氏（慶應義塾大学法学部教授）に多忙ななか主査を務めていただき、大変お世話になった。この場を借りてお礼申し上げたい。また副査を務めていただいた玉井清先生（慶應義塾大学法学部教授）にも大変お世話になり、感謝申し上げたい。玉井先生には日本選挙学会での口頭発表に際してお世話になったほか、地味ながら大事な研究をしていると励ましていただいている。

大学院を出てから、私は高校教員として公民の授業をしながら研究を進めてきた。大学院生時代に研究者と教師のどちらの道を取るかについて延々と悩み続けていたが、教師になっても研究はできると思い教師になった。その選択は、学ぶ対象が広がった点では自分らしいとは思っている。現在の勤務校である慶應義塾高等学校では、慶應義塾一五〇周年にあたる記念すべき年から教鞭を執っている。一貫教育校ならではの授業「卒業研究」では論文指導を行い、顧問をしているホッケー部は各地（遠くは岩手や福井）で強豪校との練習試合をこなし毎年全国大会に出場している。かように多様な仕事ができるのは高校教員の醍醐味であろう。勤務校では研究も含め教員の専門性が重視されている。また、慶應義塾福澤研究センターの兼任所員として『慶應義塾史事典』や『福澤諭吉事典』の項目執筆などに携わることもできている。米山光儀元所長をはじめ、センターの西澤直子教授、都倉武之准教授、所員の山内慶太教授には知的刺激をいつもいただいている。センターでは毎年大阪・中津見学が企画され、一貫教育校の先生方と一緒に学生・生徒を連れて行っている。都倉准教授は寺崎研究会の後輩に当たる。同研究会では他にも研究者として活躍している後輩がおり、毎年のOB会で話を聞くのが私の楽しみである。特に久保田哲氏は後輩ながら私より一歩先を行く存在であり、博士論文や出版などに関して貴重な話を聞かせてもらった。

現在の環境においては、研究人脈を広く築き上げることは難しく、執筆した論文に対する反響が学問的刺激を受ける貴重な機会である。これまで発表した論文に対して感想やアドバイスを下さった先生方には感謝申し上げたい。この季武嘉也先生は、お目にかかる前から、論文に対する感想を丁寧に手紙に綴って下さり、大変励みになった。この場を借りてお礼申し上げたい。また、小宮一夫先生には、『選挙研究』（第二七巻・第一号）誌上におけるレビュー論文において、拙稿に関して、「一書にまとまった折に、……選挙干渉の政治的意義をどのように打ち出すかが期待される」（六〇頁）と有り難くも言及していただいた。そのご期待にどこまで応えられたかわからないが、ご批判は甘んじて受けたい。坂野潤治先生からも、拙稿「明治二十五年・選挙干渉事件と立憲政治」に対して「明治立憲制の二重構造に改めて驚いた」と感想を送っていただき、明治憲法をめぐる穂積八束と美濃部達吉の二大潮流を著書として完成させてほしいとの身に余る期待と励ましを頂戴した。ご期待に添うためにはどれほどの歳月を要するのか非才の身には見当も付かないが、歩みを止めずに一歩一歩進むことだけはお約束したい。

平成二十一年度から二十三年度にわたり、慶應義塾学事振興資金の研究補助を受けることができ、様々な場所の資料館、文書館に足を運ぶことができた。第四章、第六章、第七章はその成果の一部である。また、二十九年度は一年間、勤務校から国内留学の機会をいただき、本書の完成にも時間を使うことができた。関係する方々にお礼申し上げたい。

本書の出版には、慶應義塾学術出版基金より平成二十九年度前期出版補助を受けることができた。また、慶應義塾大学出版会の飯田建氏には、節目で重要な指摘とアドバイスを頂戴し、こうして本の形になるまで支えていただいた。合わせて感謝申し上げる。

最後に、私事で恐縮だが、自立を促しながらも長い学生生活を許してくれた父母と、日頃お世話になっている義父母に感謝したい。そして、学生の頃から大変なときも互いに励まし合ってきた妻と、いつか読者になってくれるだろう二人の娘に本書を捧げたい。

平成三十年三月

末木　孝典

著者紹介
末木 孝典（すえき たかのり）
1977年生まれ。2004年慶應義塾大学大学院法学研究科政治学専攻博士課程単位取得退学。博士（法学）。現在、慶應義塾高等学校教諭、慶應義塾大学非常勤講師、慶應義塾福澤研究センター所員。
主な業績として、「明治期小選挙区制における選挙区割りと選挙区人口—明治22年衆議院議員選挙法未成案をめぐって—」『選挙研究』第30巻・第1号、2014年7月（2014年度日本選挙学会優秀論文賞）、「初期議会期における市民の政治参加と政治意識—議会観、議員観を中心として—」『近代日本研究』第30号、2014年2月、「司法省顧問カークウッドと明治政府」『日本歴史』第759号、2011年8月などがある。

選挙干渉と立憲政治

2018年7月14日　初版第1刷発行

著　者————末木孝典
発行者————古屋正博
発行所————慶應義塾大学出版会株式会社
〒108-8346　東京都港区三田2-19-30
TEL〔編集部〕03-3451-0931
〔営業部〕03-3451-3584〈ご注文〉
〔　〃　〕03-3451-6926
FAX〔営業部〕03-3451-3122
振替　00190-8-155497
http://www.keio-up.co.jp/
装　丁————鈴木　衛
印刷・製本——株式会社理想社
カバー印刷——株式会社太平印刷社

Printed in Japan　ISBN 978-4-7664-2530-7

索　引

事 項

あ行

か行

さ行

た行

な行

は行

ま行

や行

ら行

わ行

人名

あ行

か行

さ行

た行

な行

は行

ま行

や行

ら行

わ行